KB108328

모세종의 오피니언

모세종 지음

제이앤씨
Publishing Corporation

머리말

　외국을 연구하는 학자로서 사회현상에 대한 오랜 통찰을 바탕으로, 한국사회가 겪고 있는 각종 문제를 보다 글로벌한 관점에서 접근하여, 그에 대한 문제제기 및 의견제시를 통해 국가발전에 작게나마 기여할 목적에서, 그간 '인천일보', '경인일보', '경기일보', '기호일보', '중부일보', '한국일보', '동아일보', '중앙일보', '경향신문', '아시아경제', '인천저널', '인하대학신문' 등 여러 언론매체에 기고한 내용을 분야별로 정리하고, 부족한 부분은 수정 보완하여 하나로 묶었다.

　일본연구를 바탕으로 한 인문학자로서 한일관계 및 한국의 정치 관련 문제, 사회의 각종 제도와 정책 및 국민의 의식문제, 주택·부동산 문제, 방송 및 한국어사용 등에 관한 문제, 공교육 붕괴로 빚어진 교육 및 대학, 연구 관련 문제, 기타 인천시민으로서 일부 인천시에 관한 견해 등을 본서의 주요 내용으로 담았다.

　집필에 있어서는 학자적 식견에 따라 좌우의 치우침이 없이 객관적인 시각에서 기술하려고 노력하였다. 격동하는 시대에 한국사회의 건전한 발전을 위해, 본서가 국내뿐만 아니라 국제사회에서의 한국에 대해 함께 생각해볼 기회를 제공할 수 있기를 기대한다.

2020. 2. 2
모 세 종

목차

머리말_3

1. 정치 대정부 · 선거 · 국회의원

단죄는 정의사회 구현의 조건	13
진보개혁정권과 종북세력화	16
전관예우는 인격적인 것이어야	19
공평 인사가 대통합 출발점	22
권력을 남용하지 마라	25
정책이나 제도, 국민을 위한 것이어야	28
개인정보 유출은 정부 책임	31
진정한 국방의 의무	34
공권력이 살아야 모두가 산다	37
국민은 빠진 검경수사권 조정	40
법관의 양심적 행동 바란다	43
김영란법 적용대상에 공사구별은 불필요	46
선거법·부정청탁금지법 개정해야	49
개혁의 대상 적절한가	52
시대흐름 올바로 읽는 국가정책이어야	56
아직도 권력 앞에 무기력한 한국사회	60
국민 일상 위협하는 적폐해소가 더 절실	63
국가가 늘 싸우고 사는 국민 만들어	66

국민통합의 정치 절실하다   69

선거와 노령화시대의 대표   72

공천도 스스로 못하는 정당   75

국민의 뜻은 '지자체의회 폐지'   78

지방선거 후보선택은 인품·주변인물 살펴야   81

'주인' 우롱하는 '머슴'   84

국회의원 당선횟수 제한해야   87

'국회의원 권한' 제3기구서 만들어야   91

국회의원 비례대표제   95

국회의원의 분노조절장애   98

2. 국제 한일관계 · 국제관계

역사에 대한 진정한 반성에서 나올 수 있는 행동인지   103

꼬인 국제관계 해법은 없나   106

한일협력과 국민정서   109

한일관계, 민간교류에서 해법을   112

일본의 변화와 한국의 자각   115

한일관계에서 얻어야 할 교훈   118

일본의 사죄보다 중요한 것은 우리의 자세   121

새로운 국제 감각 만들어야   125

사드배치, 한국의 미래 내다봐야   129

국제관계는 생존전략이어야   132

한일관계의 현재에서   135

매각대금 한국이 일본에게 돌려주면   138

국제관계의 새 틀 대학생들이 모색하길   141

애국의 방법, 국민의 선택에 맡겨야   144

3. 경제 주택 · 세금

서민 울리는 정부 주택정책   149

'하우스푸어', 분양방법부터 바꾸자   152

무책임한 개발계획   155

수도권 신도시주택정책 당장 중단해야   158

부동산정책이 증세 위한 꼼수인가   161

과세 정책·제도에 문제 있다   164

세금은 걷기만 하면 되나   167

폐지가 옳은 전기세 누진제   170

혈세인 국회 예산심의, 납세자 안중에 없어   173

4. 사회 국민의식 · 정책 제도

고향 길을 꽃길로   179

연말에 이웃을 돌아보자   182

코리안 타임은 계속되는가   185

국민의 의식수준을 높이자   188

안전 불감증 국민이 타파해야   191

메르스 사태와 국민의 의식수준   194

배신과 소신   198

롯데 사태를 보며   202

갑의 횡포는 갑을 용인하는 사회의 책임   206

'차고 증명제' 도입 시기   210

동물보호의 전제는 사람의 안전과 이해   213

관공서 야간업무 부서를 216

지역 균형발전은 양보를 통해 이루어진다 219

건전한 '자치'를 이루려면 222

아파트 관리 새로운 제도 도입해야 225

순기능 못하는 댓글 폐지해아 229

선거의 여론조사·출구조사 재고되어야 232

'여론조사'라 하지 말고 '의견조사'로 바꿔야 234

5. 방송과 언어, 한국어 방송 · 언어표현 · 한국어

정치평론과 혹세무민 239

방송의 질 괜찮은가 242

실망스러운 '국가 재난대책' 방송 보도 245

뉴스가 국민에 전할 희망은 없는가 248

규제할 방송이 어디 '먹방'뿐인가 252

무절제한 방송언어 256

무절제한 표현과 언론의 자유 259

방송이 국민의 바른 언어 해쳐 262

한국인의 사고는 한글 속에서 265

한글운용에 한자의 도움 필요치 않아 268

의사소통 가로막는 사자성어 272

한글이 흔들리고 있다 275

부적절한 외국어 사용은 한국어에 대한 무지함의 표출 278

'반려견'은 적절한 표현인가 281

6. 교육 공교육과 제도 · 대학 · 연구

체벌과 교육현장   287

선생님 권위·사기 높이기   290

무너진 학교, 교사가 살려야   293

역사과목 수능 지정과 '참교육'   296

군대문제, 교육으로 풀어야   299

국가시험 출제오류는 출제위원 탓   302

사학법 재개정은 국민 뜻인가   305

교육감은 '능력' 보고 뽑아야   308

직업 선택 제도적 보장을   311

졸업·취업 시기 조화롭게   314

대학발전과 등록금   317

대학의 성적에 대한 인식 재고해야   320

대학 오리엔테이션 교내에서 이뤄져야   323

취업과 대학의 개혁   326

공간 재배치를 위한 연구 절실   330

인문학은 바른 인간양성과 국제경쟁력의 원천   333

외국어는 시기를 놓치면 하기 힘든 공부   337

4년의 짧은 대학생활, 학업에 빠져보면   340

총장 직선제 포기는 민주주의 포기   343

제자 배려 교육행위가 부정청탁 대가라니   346

학진, 학술지 공인 엄격히 해야   350

논문이란 창의적 성과를   353

논문의 현실과 학문의 발전   356

논문표절은 누구의 책임인가   359

논문표절은 교수들의 책임이다   362

7. 지역 인천시

'중앙공원'을 최고의 명소로 367

인천은 동북아시대의 중심 370

북경과 나고야를 보며 373

서해의 평화정착 없이 인천시의 자치구현은 불가 376

   — 온전한 인천 찾아줄 9·18 제3차 남북정상회담

출처_381

정치

— 대정부·선거·국회의원 —

단죄는 정의사회 구현의 조건

진보개혁정권과 종북세력화

전관예우는 인격적인 것이어야

공평 인사가 대통합 출발점

권력을 남용하지 마라

정책이나 제도, 국민을 위한 것이어야

개인정보 유출은 정부 책임

진정한 국방의 의무

공권력이 살아야 모두가 산다

국민은 빠진 검경수사권 조정

법관의 양심적 행동 바란다

김영란법 적용대상에 공사구별은 불필요

선거법·부정청탁금지법 개정해야

개혁의 대상 적절한가

시대흐름 올바로 읽는 국가정책이어야

아직도 권력 앞에 무기력한 한국사회

국민 일상 위협하는 적폐해소가 더 절실

국가가 늘 싸우고 사는 국민 만들어

국민통합의 정치 절실하다

선거와 노령화시대의 대표

공천도 스스로 못하는 정당

국민의 뜻은 '지자체의회 폐지'

지방선거 후보선택은 인품·주변인물 살펴야

'주인' 우롱하는 '머슴'

국회의원 당선횟수 제한해야

'국회의원 권한' 제3기구서 만들어야

국회의원 비례대표제

국회의원의 분노조절장애

모세종의 오피니언

단죄는 정의사회 구현의 조건

인천일보, 2012.10.30

한국은 권좌에 올라 권력을 휘두르며 악행을 저지르던 자들이 정권이 바뀌어도 여전히 권세를 누리거나 당당하게 살 수 있는 나라이다. 일제의 앞잡이 노릇을 해도 독재 권력에 타협해 개인의 이익만을 추구해도 사는데 별 지장이 없다. 오히려 애국을 하거나 불의에 맞서 싸운 자들만이 어려운 삶을 살고 있다. 우리 사회가 수단 방법을 가리지 않고 무조건 출세해야 한다고 잘못 생각하게 만드는 이유이다. 국가나 국민의 공익보다는 지역이나 개인의 사익만을 위한 성공이면 되는 것이다.

독재 시대에 국민을 핍박하고 인권을 유린하던 자들이 시대가 바뀌어도 버젓이 살아가는 사회에서 불의에 항거하던 자들만이 어리석어 보일 따름이다. 기회만 엿보고 이때다 하며 간신배의 역할을 하던 자들이 언제 그랬냐는 듯이 선량한 얼굴을 하며 살아가도 아무런 문제가 없다. 독재자가 잘못된 것이지 자신들은 잘못이 없다는 태도이다. 본인의 입신영달을 위해 했던 비굴함과 부정함은 전혀 없었던 듯이 말이다. 권력의 하수인이 되어 국민들을 괴롭히던 자들이 그때는 그럴 수밖에 없었다는 듯이 변명하며 당당하게 살아가도 국민들이 그 죄를 묻지 않는 사회가 지속되다 보니, 민주주의의 공정사회가 되어도 잘못된 충성과 권력을 남용하는 자가 반복되어 나오고 있는 것이다.

역사에서 보면 멸문지화를 당했을 자들도 축적된 부와 세를 바탕으로 아무 문제없이 태연히 재기하는 세상이 이어지고 있으니, 지금도 성공만이 중요한 것이지 어떤 방법으로 성공했느냐는 묻지 않으며, 부당하게 성공하거나, 성공해 부당한 권력을 행사해도 그 성공과 함께 과실을 나누려는 풍토가 이어지고 있는 것이다. 이는 비단 정치에서뿐이 아니다. 관이나 기업 등 조직이 있는 곳에서는 모두 비슷한 양상을 보인다.

역사의 교훈을 우리 자신들의 일이라 생각하지 않는 경향이 있다. 바른 말을 해야 한다고 배우지만 조직의 장에게 바른 말을 하거나 쓴 소리를 하는 부하는 거의 들어보기 힘들다. 역사는 한낱 공허한 픽션에 불과한 것이다. 장이나 오너의 눈에 벗어나면 언제 목이 잘릴지 모르는 세상이 된 듯, 권력자 주위에는 옛 시대와 다름없이 부당한 명령이라도 즉각 수행할 태도인 측근들이 포진하고 있다.

정상적으로는 성공하기 힘든 자들에게 맹목적 충성이야말로 개인의 입지를 확보하고 유지할 수 있는 절호의 기회인 셈이다. 흔히 역사의 판단에 맡기자는 말을 하지만 실은 자신들의 행동이 정의롭지 못하고 비굴하다는 것을 알면서 행동하는 경우가 많다. 출세를 위해 물불 안 가리는 충성과 아부, 권세를 믿고 부당하게 휘두르는 권력, 이 모두 모르면서 할 수 있는 행위는 아닐 것이다.

권력을 믿고 호가호위하던 자들을 단죄하지는 못할지언정 더 이상 사회나 조직에서 활보하며 살아가게 해서는 안 된다. 권력자만이 아니라 그 주변에서 함께 부당한 권한을 행사했던 자들도 책임을

지고 반성과 속죄의 길을 걷게 해야 한다. 아무리 악행을 저질러도 그 책임을 묻지 않는 사회에서 악습이 단절될 리 없다. 사회에 정도라는 것이 없어지게 되면 인간은 누구나 자신의 이익을 위해서만 행동하여 타인의 권리와 인권을 침해하게 된다.

현재도 권력이 있는 많은 곳에서 잘못된 인사와 그로 인한 폐해가 나타나고 있다. 잘못되었다고 수많은 지적이 있어도 그 인사가 철회되기는커녕 반복되기까지 한다. 국민이 반대하거나 구성원이 부적절하다고 지적을 해도 받아들여지는 경우가 거의 없다. 권력자의 행위가 준엄한 심판을 받지 않기 때문이다. 부당한 권력에는 사후 반드시 책임을 묻는 사회가 되어야만 정의로운 민주사회를 구현할 수 있을 것이다.

진보개혁정권과 종북세력화

인천일보, 2012.11.28

"우리의 소원은 통일 / 꿈에도 소원은 통일 / 이 정성 다해서 통일 통일을 이루자 / 이 겨레 살리는 통일 / 이 나라 살리는 통일 / 통일이여 어서 오라 통일이여 오라." 온 국민이 애원하듯 부르는 통일노래이다. 하지만 우리에게 진정 통일을 염원하는 마음이 있는지 의문이 든다.

남과 북이 한 치의 양보도 없이 대립하고 있다. 서로 좋아지는 듯했다가는 언제 그랬냐는 듯이 대립각을 세운다. 그런데도 늘 통일을 준비해야 한다고 강조하듯 이야기를 하니, 대립만 하는 남북관계에서 어떤 것이 통일을 위한 준비인지 찾을 수가 없다.

진정 통일을 위하는 것이라면 남과 북은 대화를 해야 할 것이다. 대화는 할 마음이 있어야 한다. 사이가 좋아야 하겠지만 사이가 나빠도 발전가능성을 염두에 두고 대화를 추진해 사이좋게 만들어야 한다. 희망을 가지고 해야 하는 대화에 상대가 나쁘니 할 수 없다는 말은 대화를 하지 않아도 된다는 말이고 통일이 필요 없다는 말이기도 하다. 막힌 남북관계를 뚫고 통일의 길로 가기 위해 북한과 대화하려는 세력을 북한추종세력으로 몰아붙인다면 그들은 통일을 원치 않는 세력일 뿐이다.

대화를 하기 위한 행동은 다양할 수 있다. 상대를 대화의 장으로 끌어들이기 위한 방법도 필요할 것이고, 대화에서 긍정적인 결실을 이뤄내기 위한 방법도 필요할 것이다. 우리가 할 수 있는 일과 북한이 할 수 있는 일은 상황에 따라 다를 수 있다. 우리에게 경제적 여유가 있으면 우리는 경제력을, 북한은 다른 것을 무기로 삼아 대화할 수 있을 것이다. 인간의 주고받음이 언제나 같은 것만으로 이뤄지는 것은 아니다. 주는 것이 있는데 받는 것이 없다고 퍼주기만 하느냐고 말하지만 과연 우리가 받은 것은 없는지 생각해봐야 한다.

경제적 지원의 대가로 통일의 길이 가까워진다면 우리의 뜻이 이뤄지고 있는 것이니 받은 것이 없다고만은 할 수 없을 것이다. 남북정상회담, 개성공단사업, 금강산관광 등이 서로 가까워지는 과정이 아니라고, 받는 것 없이 주기만 한 것이라고 말할 수는 없을 것이다. 물질이 가는데 마음만이 오는 경우도, 유리한 상황변화로 오는 경우도 있을 것이다. 이 모든 것이 큰 틀에서 보면 서로 주고받는 행위이다. 받는 자의 고마워함이 준 자에게 행복을 준다면 그것이 바로 주고받는 행위이다. 더불어 사는 사회에서 기부나 후원도 그런 것이다. 퍼주기의 대가가 퍼오기는 아닐 것이다. 북한에 퍼주기만 한다는 말은 편협한 대화관일 수밖에 없다.

통일을 위해 해야 하는 남북대화에 강약이 있을 수 있다. 북한의 이야기를 들어주듯 하는 대화법도 있을 수 있다. 필요에 따라 강경자세로 임해야 하는 대화법도 있을 수 있다. 하지만 지금처럼 긴장시키기만 하는 대화법은 그간의 결실과 감동을 훼손시킬 뿐이다.

북한의 이야기를 들어주며 대화하는 세력이 타도대상인 좌파종북세력이란 논리는 있을 수 없다. 남북 간에 당연히 있을 수 있는 관계를 권력쟁취를 위해 억지논리로 부정하는 구태는 통일을 가로 막는 행위이다. 현 정권이 퍼주기를 했다는 정권보다 국민의 삶의 질을 높인 것도 아니다. 오히려 퍼주기를 안하고 있는 지금이 일반 서민들의 삶은 더 힘들어지고만 있다.

북한을 추종하는 종북세력이 있을 수 있다. 하지만 민주주의를 신장시킨 진보개혁세력을 트집 잡아 종북세력이니 몰아내야 한다고 공격한다면 과연 그런 종북세력이 정권을 잡아 한국이 위태로워진 적이 있었는지 답해야 할 것이다. 종북세력이 10년이나 정권을 잡았는데 어째서 남한은 급속히 발전하고 북한은 상황이 더욱 나빠졌는지도 설명해야 할 것이다. 진정 북한을 추종하는 세력이 정권을 잡았다면 북한이 남한보다 더 발전하고, 종북세력으로 인해 남한이 위태로워졌어야 할 것이다. 진보개혁정권 하에서는 민주주의가 발전하고 보수정권 하에서는 민주주의가 퇴보했다는 평가에서도 종북세력 타령은 정권 및 기득권을 유지하겠다는 근거 없는 비방일 뿐이다.

전관예우는 인격적인 것이어야

인천일보, 2013.01.23

민주주의가 발전한 이 시대에도 선거로 권력을 쟁취한 자들은, 말은 국민으로부터 위임받았으니 국민의 뜻에 따른다 하면서 인사권은 그들 개인의 고유 권한인양 부당하게 행사하는 경우가 많다. 그 결과 정치권의 낙하산인사는 물론 정부나 지자체의 고위 인사들은 퇴임 후 전관예우의 형태로 공·사 관련기업으로 자리를 옮겨 혜택을 이어간다. 물론 경력이나 능력이 높게 평가 받아 긍정적일 수도 있다. 하지만 이렇다 할 경험이나 경력도 없이 자리만 차지하여 얼굴로만 역할을 하는 경우가 적지 않다. 여전히 권력이 모든 것을 말하는 시대가 이어지는 셈이다.

낙하산인사나 전직 고위공직자들이 부정을 무마시켜주거나 부당한 특혜를 얻어내는 도구가 되어, 사회의 부정부패 사건에 연루되는 경우를 심심치 않게 볼 수 있다. 이해관계가 있는 곳에서 그들이 부당한 역할을 하면서 예우를 받고 있었음이 드러난다. 하지만 그들이 연루된 비리사건은 발생했을 때에만 잠시 지적받다가 슬그머니 사라지기도 한다. 구조적인 문제가 아니라 개인적인 문제로 치부되는 것이다.

무릇 인간관계란 사적인 정에 휘둘리기 쉽다. 공사구별을 할 줄

아는 냉철한 이성이 있다 해도 지인, 옛 동료나 상관, 권력자의 부탁을 거절할 수만도 없다. 그러니 제도적 방지책에 의존할 수밖에 없는 것이다.

현대사회는 어느 조직이든 전문능력을 갖춘 자들이 치열한 경쟁 속에서 살아가고 있다. 그럼에도 불구하고 많은 공·사기업들이 대표나 고위임원을 전문능력에 상관없이 낙하산인사나 고위공직자들의 퇴임 후 자리로 마련하고 있어 부조리가 척결되지 못하고 있다. 공정한 인사가 정의사회구현의 기본이다. 설령 전문성이나 능력이 있는 인물이라 해도 권력이 영향력을 행사하여 보내는 자리는 부당한 것일 진데, 전문성이 없거나 능력이 떨어져도 별 문제없이 취임할 수 있어서는 안 될 일이다.

능력보다는 연줄과 배경으로 들어온 자들이 보일 수 있는 역할로는 기업의 부조리를 키울지언정 진정한 경쟁력을 확보할 수 없어 기업발전에 도움이 되지 못한다. 그런데 능력에 상관없이 낙하산이며 전관예우로 이 자리 저 자리를 돌아가며 혜택을 누리는 자들이 있어 공정사회를 저해하고 있다.

고위공직자들은 재직 중에 상당한 예우를 받는다. 현직에 있을 때 충분히 받은 공적인 예우를 퇴직 후에까지 받는다는 것은 공정치 못하다. 아무리 높은 지위에 있었고 존경받는 훌륭한 공직자였다 해도 퇴임 후에는 평범한 시민으로 돌아가 평범한 시민의 삶을 보여야 한다. 평범한 시민으로 사는 삶을 잊었다면 다시 연습을 하며 살아야 한다. 기업도 그들을 부당하게 이용하려는 태도를 버려야 하고, 본인들도 대접받던 공직자였다는 생각을 잊어야 한다.

고위공직자든 누구든 열심히 일한 자에 대한 예우는 마음으로 표시하는 인격적인 것이면 충분하다. 공적인 예우가 필요한 사안이라면 납득할만한 선에서 그 내용과 기간을 엄격히 정해 법에 따라 시행하면 될 일이다. 이 또한 특권을 인정하는 것이어서는 안 된다.

대통령 퇴임 후의 사저문제가 법적문제로 비화되어 국가의 명예가 실추되었다. 이 또한 전관예우에서 비롯된 폐해일 수밖에 없다. 전관예우의 폐지는 어느 누구에게나 동일하게 적용되어야 하는 기준으로, 전직에 지위고하가 있을 수 없다. 공직에서 물러난 자는 그 시점부터 공직자가 아닌 평범한 시민인 것이다. 그것은 대통령이어도 마찬가지이다. 공인이 아닌 사인을 국민의 세금으로 예우하는 것은 이치에 맞지 않는다. 혹 서슬 퍼런 권력자들이 통치하던 시대에나 통용될 퇴직공직자 예우에 관한 법률이나 전관예우의 관례는, 이제 민주주의사회의 만인 평등정신에 맞게 바로잡아, 부당한 특권이 존재하지 않는 사회를 만들어야 할 것이다.

공평 인사가 대통합 출발점

인천일보, 2013.02.25

선거란 기득권을 지키기 위한 세력과 그 기득권을 무너뜨리려는 세력 간 권력싸움이다. 권력을 독점해온 자들로서는 그 권력을 빼앗기지 않기 위해 선거에 온갖 수단을 동원하고, 후보도 자질보다 권력쟁취의 가능성에 초점을 맞춰 내세우곤 한다. 기득권 유지노력이 잘못된 것은 아니지만 기득권이란 공정한 경쟁에서 쟁취되어야 하는 것이다. 그런데, 우리의 경쟁은 여전히 지역, 이념, 세대 간 대립이란 바람직하지 않은 구도 속에서 벌어지고 있다.

같은 한국인끼리 선악판단이 그렇게 다를 리 없을 것이다. 독재권력이나 재벌권력 등의 부당한 권력을 더 좋아하고 옹호하는 특정지역이 있을 수 없고, 북한정권을 특별히 더 좋아하고 옹호하는 특정지역 또한 있을 수 없다.

대선은 기득권을 지키려는 세력이 힘과 조직을 바탕으로 싸움을 유리하게 이끌고, 이해관계가 없는 중도세력이 기득권층의 구호에 동조한 것뿐이다. 기득권층의 선전이 먹힌 것이다. 하지만 선거가 국민 분열을 조장시키지 않고 건전하기 위해서는 기득권 싸움이 정책대결의 구도로 바뀌어야 할 것이다. 결국 지역이 이슈가 되지 않는 선거 구도를 만들어야 하는데 그를 위해 지역갈등 해소를 위한 국가통합은 반드시 이루어져야 한다.

입법, 사법, 행정 3부의 주요 권력에 지역적 균형을 이뤄야 한다는 소리가 높다. 그간 소외받은 지역민들의 피해의식은 권력자에 대한 배타적 감정으로 고착되어 국가 분열적 선거결과를 보여 왔다. 국민대통합이 허울 좋은 구호로 그쳐서는 안 되는 이유이다.

인사가 만사라 했다. 국민대통합은 공정한 인사가 그 바로미터일 것이다. 그간 특정지역 출신이 국가요직을 독차지하며 한국사회를 재단한 탓에 일부 언론이나 기업 등의 사조직 또한 권력층과 함께하는 구조가 되어버렸다.

왕정도 아닌 민주주의사회에서 장 한사람이 모든 자리를 결정하는 구조는 그 자체가 반사회통합적일 수밖에 없다. 아무리 능력이 있고, 구성원의 지지가 높고, 조직을 위해 꼭 필요한 인물이라도 결정권자의 이해 없이는 발탁될 수 없는 것이다. 제도개선을 통해 대통령이 임명해야 할 자리도 합리적 수준으로 조정해야 하겠지만 아직은 많은 자리를 대통령이 결정하게 되니 결국 국민대통합은 대통령의 손에 달려있는 것이다. 팔도의 인재를 고루 등용하는 것만이 그간의 불신을 잠재우고, 향후 정치에 신뢰를 가져다 줄 것이다.

지방정부도 전혀 다를 바가 없다. 지방자치단체의 장들도 국민대통합 정신에 부응해 더 이상 자기사람을 쓴다는 소리를 듣지 않도록 공평인사를 해야 한다. 오히려 자기 쪽 사람이 아닌 자를 과감하게 중용하는 용단이야말로 차후 선거를 내다보는 최고의 전략이 될 것이다.

공직인사에 못지않게 중요한 것이 바로 기업의 인사일 것이다. 권력이나 배경이 없는 자들은 기업에서도 불이익을 당하는 빈곤의 악순환구조 속에 있어 왔다. 오히려 국가기관보다도 더 심각한 차별이 존재하는 곳이 기업일지도 모른다. 이미 대기업은 거대조직을 가지고 사회의 중요 구성체로서 온 국민들과 함께 호흡하고 있다. 진정한 국민대통합을 이루기 위해선 대기업도 지역적으로 치우치지 않는 인사를 해야 할 것이다.

이제는 정권에 기대어 성공할 수도, 정권에 보호받을 수도 없는 시대에 접어들었다. 더 이상 기업이 개인의 왕국으로 인식되어서는 국민의 저항을 감당해내기 어려울 것이다. 분명 공적 개입이 허락되지 않는 사적영역이지만 기업인사에도 국민대통합의 바람이 불기를 기대해 본다.

권력을 남용하지 마라

인천일보, 2014.01.02

권력은 국민으로부터 나오는 것인데, 권력을 잡고 나면 마치 그 권력이 하늘에서 내려온 것처럼 마음대로 휘두른다. 국민에게 위임을 받은 권력이라면 그를 맡긴 국민들의 뜻을 살펴 행하는 것이 당연한 도리이다. 헌법에 보장된 권한이라고 본인 생각대로만 행사한다면, 그 권한은 이미 국민과 유리된 것일 수밖에 없다. 국민의 투표로 위임 받은 한시적 권한을 국민의 뜻과 상관없이 개인의 절대 권력인 양 행사하는 것은 민주주의에 반한다.

정부나 지자체가 임명하는 모든 공직은 국민의 세금으로 운영되는 자리이다. 임명권자 개인을 위해 일하는 자리가 아니라, 국민을 위해 일하는 자리이다. 그렇다면 장관이든 누구든 공직자는 국민을 위한 선택을 해야 한다. 따라서 임명 과정에서 국민의 소리를 들어 결정해야 한다. 국민에게 위임 받은 것을 임명권자의 권한이라 해서 비판여론에 상관없이 본인 이해관계에 따라 공직자를 임명한다면, 이는 국민이 주인인 민주주의를 부정하는 것으로 비판 받아 마땅하다. 임기 내에는 독재를 해도 된다는 이야기는 결코 아닐 터이다.

그런 의미에서 권력자는 국민의 비판에 귀를 기울여야 하고, 국민의 세금이 들어가는 공직에 국민이 납득할 만한 자를 임명해야 한다.

본인 생각이나 판단이 국민에게 동의를 얻을 수 있어야 함은 당연하다. 권력자는 무조건 맹종하고 칭송하는 자들의 장막에 가려져 있을 수 있는 만큼, 측근이 아닌 오히려 비판하는 자들의 의견을 경청해 비판의 원인이 무엇인지 '신문고'의 소리를 들어야 한다.

비판자가 괘씸하다고 해서 처단하거나 배척한다면, 이는 자유 민주주의 국가라 할 수 없다. 비판자가 다소 거칠 수도 있다. 하지만 권력자는 이를 너그럽게 받아들여야 한다. 그런 소리가 나오지 못하도록 뿌리를 자른다거나 협박하는 일은 있을 수 없다. 권력자 주변에서 권력을 나누려는 자들의 충성 목소리가 달콤할지 모르지만, 자칫 민심을 왜곡하고 사태를 악화시킬 우려를 낳는다. 권력자 돕기에 나서지 않으면 숙청이라도 당할 것처럼 모두 한목소리를 내서는 민주주의의 화합은 멀어질 뿐이다.

국민에게 냉정하라고 말하면서 자극적이며 비이성적 행동으로 국민을 짜증나게 하는 것은 바로 정치가들이다. 국민의 대표라 하면서 국론분열을 조장하고, 국가와 국민이 아닌 자신들을 위해 권력을 휘두르는 정치가야말로 청산해야 할 대상이다. 선출직 대표들이 멋대로 말하고 행동하는 권력을 국민들은 부여한 적이 없다.

먹고살기 힘든 국민을 영문도 가치도 알 수 없는 정쟁에 끌어들인 정치권의 싸움에 국민들만 분열되어 모든 것이 극단으로 치닫는 양상을 보인다. 통일을 위해 온 국민이 힘을 모아도 부족할 판에, 정치는 국력을 소모하는 일에 사활을 걸고 있다. 권력욕에만 사로잡혀 있는 정치는 바뀌어야 한다. 대통령도 한 번 하는데 국회의원도 선수를 제한해 국민을 위해 일정기간만 일하는 자리로 만들어야 할 것 같다. 다선 국회의원이 일을 잘하는 국회의원이란 증거는 어디에도 없다. 다른 선출직 대표도 마찬가지이다.

지금은 훌륭한 인재들이 넘치는 사회이다. 혼자서 오랫동안 국민의 세금으로 국민들 위에 군림하는 것은 바람직하지도 민주적이지도 않다. 정치가나 공직자들은 그들의 임무를 국가와 국민에 대한 봉사라고 하지만, 참으로 어처구니없는 말이다. 봉사는 희생을 전제로 하는 일이지, 막강한 권력을 행사하는 것이 아니다. 희생은 없고 권한만 있는 봉사라면 할 사람은 정말 많다.

민주주의 권력은 국민이 부여하므로, 국민의 뜻을 살피는 정치가 이루어지는지 모두 깊은 관심을 가져야 할 것이다.

정책이나 제도, 국민을 위한 것이어야

기호일보, 2013.09.16

개인정보유출이 심각한 사회문제가 되고 있다. 이에는 도청이나 해킹 문제도 있겠지만, 정보유출을 조장하거나 용인하는 제도 운영에 더 큰 문제가 있다. 많은 일에 개인의 정보를 제공해야만 하는 사회이다. 은행거래뿐 아니라 카드가입, 보험가입, 인터넷의 각종 회원가입에 정보이용 동의 절차를 거쳐야만 한다. 요구받는 모든 것에 동의해야만 절차가 진행되어, 동의하지 않아도 되는 것까지 무조건 동의해야만 한다. 이 잘못된 제도 때문에 우리의 개인정보는 기업에 무방비로 노출되어 활용되고 있다. 하루에도 수십 건씩 들어오는 광고 메일이나 문자 등이 기업에게는 매력적일지 모르겠지만 개인에게는 정말 짜증나는 일이다.

이런 개인의 정보이용 동의는 해당 상품거래에 필요한 정보를 확인하는 절차만으로 충분할 텐데 상품거래에 필요한 그 이상의 정보이용 동의를 요구하고 있다. 결국 나중에 보면 자사의 상품광고에 그 정보를 마음대로 활용하고 있어, 예상대로 정보이용 동의가 해당 상품의 거래만을 위한 것이 아니었음을 보여준다. 기업에만 유리할 뿐 개인에게는 피해만 주는 제도이다. 대리운전을 이용해도 이후 매일같이 문자가 날라 오고, 아파트를 분양받아도 입주 전후에 그 지역 모든 부동산에서 전화가 걸려온다. 허락하지 않은 개인의 정보를 필요한 모든 사람들이 제멋대로 사용하고 있다.

온갖 곳에서 허락도 없이 쇄도하는 메일과 문자에 일일이 대응할 시간도 없거니와 죄를 묻고 싶지만 방법도 없고, 방법이 있다 해도 그 번거로움을 감당할 수도 없다. 개인이 일방적으로 당하는 제도인 셈이다. 개인의 사생활을 보호할 생각이 있다면 스팸메일이나 문자를 범죄로 규정하고 손쉽게 법적 책임을 물을 수 있는 장치라도 만들어야 할 것이다.

많은 정책이나 제도가 국민을 위하면서 기업도 살도록 운용되어야 하는데 국민의 희생이 전제되는 경우가 많다. 무료로 수신할 수 있는 지상파방송도 있지만 좀 더 다양한 방송을 시청하기 위해 유료방송에 가입한다. 미리 보고 선택하는 것이 아니기에 다양하고 유익한 프로그램을 만끽할 수 있다는 광고만 믿고 기대 속에 가입한다. 하지만 기대나 선전과는 달리 얄팍한 상술만 난무하고, 부당한 약관처럼 제공하는 방송들은 가지 수만 채우고 있지 정말 볼 것이 없다. 시청자의 선택권과는 상관이 없는 방송들뿐이다.

홈쇼핑채널은 가관이다. 지상파 방송 사이사이에 하나씩 배정되어 채널을 돌릴 때마다 반드시 보게 되고 시청자들의 홈쇼핑 구매를 부추긴다. 기업들의 이익논리에 국민들은 중심을 잃기 쉬운 삶을 강요받고 있지만 정부의 역할은 없다.

신용카드는 물건을 살 때 현금 대신 결제하는 용도만으로 충분할 텐데, 개인도 망치고 기업도 망칠 수 있는 불건전한 거래까지 가능하게 만들었다. 카드로 현금서비스도 받고 대출도 받으니, 카드로 돌려막기도 할 수 있다. 이런 카드사용이 건전한 것은 아닐 텐데,

누구를 위해 그런 제도를 만들었는지 알 수가 없다. 높은 연체이자를 물게 하는 고리대금업까지 하도록 만든 카드제도는 결국 어려운 자들을 유혹해 나락의 길로 빠뜨렸고, 결국 카드대란을 낳고 말았다. 신용카드에 대한 정책도 기업을 위한 것이지 국민을 위한 것은 아니다. 국민을 위한 정책은 이용에 뒤탈이 없고 건전해야 한다.

'기업이 살아야 국민이 산다'라는 구호가 기업이 살기 위해 국민을 이용히는 수단이 되어서는 안 된다. 개인이 거대 기업을 당해낼 수는 없을 텐데, 정부 정책마저도 기업 편에 서 있는 듯하니 난감하기만 하다. 정책이나 제도가 국민을 상대로 하는 위험한 실험이 되어서는 안 될 일이다.

개인정보 유출은 정부 책임

인천일보, 2014.01.29

카드사의 개인정보 유출로 온 나라가 떠들썩하다. 카드 남발정책으로 카드 몇 장쯤은 다 가지고 있을 테니 전 국민의 문제가 아닐 수 없다. 카드사는 사죄를 하고 장들은 사퇴를 하며, 정부는 마치 그 책임이 모두 카드사에 있는 듯 큰소리를 치며 나무라고 있다. 과연 정보유출이 카드사만의 잘못이라고 할 수 있는가.

정보이용 동의가 정부 허가 없이 기업들이 자체적으로 만든 제도일 리 없다. 만약 그렇다면 지금보다 훨씬 더한 비난과 처벌을 받아야 할 것이다. 창조경제를 말하지만, 정부 관료들에게 미래를 내다보는 종합적 사고력인 창의력이 있는 것인지 심히 의심스럽다. 개인 정보 이용 동의에 관한 법률이나 정부의 관리가 이번 정보유출 사태의 원인이다. 정부가 경제 활성화를 부르짖으며 건전하지 못한 방법으로 기업의 이익만을 대변한 결과가 정보유출 사태로 이어졌다. 기업과 담합과도 같은 정책을 펼치며 정부가 기업의 부당한 장사까지 도운 결과라 아니할 수 없다.

금융거래뿐 아니라 상거래를 위한 인터넷 회원가입에서도 정보 이용 동의를 요구 받는다. 대개 정보이용에 동의하지 않으면 절차 자체가 진행되지 않는다. 강제사항인 것이다. 정부의 용인이나 묵인

없이 불가능한 일이다. 합법적이라며 제시하는 기업의 요구에 힘없는 개인이 항거할 수 있는 일은 거의 없다. 그런데 가입자가 동의를 했으니 가입자에게도 부주의가 있었다는 관료의 말에 아연실색할 따름이다. 정보이용에 동의하지 않고도 거래를 할 수 있다는 듯한 발언인데, 높은 사람들은 정보이용에 동의하지 않고 카드를 발급받고 있다는 것인지, 아니면 남의 카드만 사용해 카드발급 절차를 경험하지 못했다는 것인지 알 수가 없다.

기업이 정보유출을 하지 않는다 해도 개인정보를 마음대로 이용하고 있다는 것쯤은 정부도 알고 있었을 터이다. 그렇다면 언젠가 정보유출 사건이 발생하리라는 것도 정부는 예견하고 있었어야 한다. 금융거래에 개인 정보가 필요할 때도 있다. 하지만 그 정보란 해당 상품거래에만 이용해야 한다. 그를 보관하고 상품 팔아먹기에 이용하고 있는데도 수수방관하다가 이제 와서 정부가 무슨 호들갑을 떠는지 알 수 없다.

결국 이번 개인정보 유출은 정부 정책이 개인의 권익보다는 기업의 영업활동을 보호한 데서 발생한 사태라 할 수 있다. 돈벌이에만 눈이 어두운 한국 기업들의 행태를 보면 충분히 예견할 수 있었던 일이다. 기업이 개인의 정보를 관리한다는 것 자체도 부당하지만, 설령 백번 양보해서 기업을 믿고 정보관리를 허용한다 해도, 나날이 발전하고 활개를 치는 고도의 해킹시대에 정보유출을 완전히 차단하기는 불가능할 것이다. 언제 유출될지도 모르고 마음대로 이용도 못하는 개인정보라면 막대한 비용을 들여 기업이 수집하고 보관할 필요는 없다.

정부는 무조건적인 정보이용 동의제도를 폐지하고 꼭 필요한 상품

거래에 한해 정보를 조회하고 끝내는 정도의 제도로 바꿔야 한다. 모든 것이 법대로 이뤄지면 좋겠지만, 불법이 난무하는 것을 보면 결국 법이란 피해자를 양산하고 난 후 사후약방문을 쓰지 않게 하는 신중한 것이어야 한다.

진정한 국방의 의무

인천일보, 2012.10.17

가난하고 못살던 시대에 스포츠는 국가를 알리는 유효한 방법이었다. 국력이 미미해 스포츠 이외에 국위를 선양할 만한 것이 없었던 까닭이다. 국민들은 스포츠를 통해 기쁨을 얻고 애국심도 고취시키며 미래의 꿈도 키울 수 있었다. 이처럼 국민을 사로잡을 수 있는 스포츠의 마력은 정략적으로 이용되어 민주화의 반정부활동이 성했던 시대에는 국민의 관심을 돌리려는 방법으로 크게 장려되기도 했다. 거액의 포상금에 연금수혜, 병역면제 등 많은 혜택을 주며 스포츠를 육성해온 결과, 한국은 스포츠강국이 되었다.

이제 스포츠는 예전과 달리 인기와 부를 함께 얻을 수 있는 훌륭한 직업이다. 선수들은 거대한 부를 창출하는 움직이는 기업에 비유되기도 한다. 비단 프로선수들만이 아니다. 인기 운동선수들에 대한 사회적 보상도 이뤄지고 있어, 스포츠가 가난한 자들이 하던 시대에서 부유한 자들이 하는 시대로 바뀌고 있다. 스포츠는 개인이 명예와 경제적 성공을 위해 스스로 선택해서 하고 있는 것이다. 많은 스포츠종목이 올림픽메달에 상관없이 부와 명예를 거둘 수 있는 시대가 된 것이다. 리듬체조선수 등에서 보듯 메달 획득에 실패해 국가적 포상이 없어도 국위를 선양하고 국민들에게 감동을 주는 선수에게는 국민이나 기업이 화답한다.

올림픽에서의 메달획득이 국위선양이요 국민에게 커다란 기쁨을 주는 것이니, 메달획득을 위한 투자나 메달획득자에 대한 포상은 당연하다고 생각할 수 있다. 하지만 연금재원의 미래도 걱정되는 상황에서 일정 연령이 되어 받아야 할 연금을 젊고 능력 있고 장래가 밝은 자들에게 평생 주는 것이나, 신성한 국방의 의무를 성과급처럼 개인의 공과로 부과기준을 삼아 면해주는 것이 타당한지, 또 3등까지는 되고 4, 5등은 아무것도 안 되는 포상제도가 적절한지 논의해 볼 시대가 된 것 같다.

올림픽대회에서 국가의 역할은 선수를 훈련시켜 대회에 나가 경기를 마칠 때까지의 모든 비용을 부담하는 것으로 하고, 입상에 대한 예우는 상징적 포상과 함께 명예를 기리는 방법으로 갈 수 있을 것 같다. 대회입상에 대한 실질적 포상은 관련협회나 소속기관, 나아가 광고를 필요로 하는 기업이 담당해 국가와의 역할분담을 고려할 수 있을 것이다. 종목에 따라 장려의 필요성에 의해 국가가 한시적으로 포상 제도를 운영할 수도 있겠지만, 이제 한국은 세계경제를 선도할 만큼 성숙한 나라로 제도 역시 국격에 맞아야 할 것이다. 스포츠의 양극화를 초래할 승자독식의 포상제도보다는 오히려 죽을 힘을 다해 싸웠지만 메달을 못 따 낙담하고 있을 어려운 선수들이나 비인기종목 선수들에 대한 배려가 더 필요할 것 같다.

만인에 평등해야 할 병역의 의무가 흥정대상이 될 수는 없다. 그렇지 않아도 문제가 많은 병역문제인데 내놓고 특혜를 주는 것은 옳지 않다. 병역의 의무를 다하지 않아도 되는 경우의 수는 줄여야만 한다. 대한의 건강한 남아라면 누구나 다 이행해야 하는 병역의

무에, 유불리의 개인적 사정이 고려될 수는 없다. 원칙적으로 그 어떤 것도 병역면제사유가 되어서는 안 될 것이다. 병역의무에 예외를 둔다면 징병제를 폐하고 모병제를 해야 함이 옳다. 국방예산이나 현대전을 고려해 병력수를 조정해야 한다 해도 그것이 어느 특정인들의 혜택으로 돌아가서는 안 될 것이다.

국가를 위해 힘쓰고 국위를 선양하는 사람들은 여러 분야에 산재해 있다. 그들이 국민들 앞에 드러나지는 않지만, 그들의 역할이나 업적을 알게 되면 많은 국민이 감동하고 진정한 애국자라 극찬할지도 모른다. 공으로 보면 올림픽메달리스트 이상의 가치 있는 젊은이들일 수도 있다. 하지만 그들에게 연금이나 병역면제의 혜택이 부여되지는 않는다. 스포츠나 문화예술이 국민에게 감동과 통쾌함을 주고, 자긍심을 심어주며 외화벌이도 해주지만, 국위선양은 다양한 분야에서 이루어지는 것이므로, 국가의 지원이나 격려 또한 각 분야에서 노력하는 자들에게 공평하게 이루어져야 할 것이다. 특정목적을 위해 만들어졌던 구시대의 제도들은 없는지, 있다면 그것들이 지금 이 시대에 맞는지 새삼 점검해볼 필요가 있다.

공권력이 살아야 모두가 산다

인천일보, 2006.08.23

하늘을 나는 새처럼 사람들은 자유를 꿈꾸고 구속에서 벗어나고 싶어 한다. 일상의 틀에서 벗어나려는 행동은 경우에 따라 사회의 잘못된 악습을 타파할 수도 있지만, 반대로 우리 사회에 꼭 필요한 아름다운 질서를 깨트릴 수도 있다. 사회의 발전과 더불어 사회 곳곳에서 과거에 없던 불법과 무질서가 반복되고 방치되며 개선되고 있지 않다.

법이나 질서가 지켜지는 것은 무엇보다도 개인의 사회적 의식에 의존한다. 흔히 나 한사람 정도는 질서를 안 지켜도 괜찮겠지 하고 생각하지만, 다른 사람이 지키지 않은 질서의 결과가 나에게 미치는 것을 생각하면 결코 그렇지 않다. 나는 단지 한사람으로서 질서를 어길 뿐이지만, 다른 개개인들도 같은 생각을 하여 질서를 어기게 되는 것이니, 개인의 질서위반은 많은 사람들의 질서위반으로 나타나 결국 나에게 돌아오게 된다. 결국 한 사람의 질서위반이 전체의 질서위반으로 이어지는 것이다.

물론 법이나 질서는 자발적으로 지켜져야 가장 좋다. 그렇지만 자발적으로 지켜지지 않을 때에는 공권력이 지켜낼 수밖에 없다. 고도의 시민정신이 발휘되어 스스로 지켜내는 질서가 바람직하지만,

그렇지 않다면 공권력이 개입해서라도 국민의 삶이 위협받지 않도록 질서유지에 나서야 한다. 공공질서위반에 따른 폐해가 날로 심각해지는 상황에서 그를 개선해내는 공권력의 역할은 막중하다. 질서위반에 대하여 엄격한 사회적 제재가 가해지고, 그에 따른 불이익을 받지 않기 위해 사람들이 행동할 때 준법정신이 작동하게 되는 것이다.

법과 질서에 조금만 빈틈이 보이면 자신들의 편리함이나 이익을 내세워 사회의 법과 질서를 어기는 사람들이 많다. 이처럼 사회가 보여준 무질서의 영향인지, 학생들도 마치 학교의 질서가 자신들을 속박만 하고 있는 것처럼 여겨 좋은 질서이든 나쁜 질서이든 구별하지 않고 학교의 기존질서에서 벗어나고자 몸부림치는 일을 종종 볼 수 있다. 처음에 거북했던 환경도 익숙해지면 사람들은 법이나 질서의 위반 따위를 아무렇지도 않게 생각하고, 오히려 그것을 자연스럽게 받아들이게 된다.

요즈음 도대체 사람들이 왜 그러는지, 도대체 공권력은 뭐하고 있는지 하며 많은 사람들이 사회의 무법과 무질서를 비판한다. 사회의 질서유지는 국가의 공공기관이 담당해야 하는 중요한 책무중의 하나이다. 따라서 사회의 무질서가 흔하다면 이는 담당기관의 직무유기라 해야 할 것이다. 표가 없어지고 민원이 생긴다며, 공권력은 이리저리 눈치를 보며 해야 할 일을 안 하고 있는 것이 현실이다.

사람들은 일상생활의 질서가 안정되어야 마음의 평안을 얻는다. 우리는 무언가에 점거되어 있지 않은 편한 보도를 지나고 싶고, 불법 주정차가 없는 도로에서 안전하게 운전하고 싶다. 또한 쓰레기나 전단지로 어지럽히지 않은 깨끗한 도로를 걷고 싶고, 소란스럽지 않은 공공장소를 거닐고 싶어 한다. 대다수의 사람들은 일상생활에서 접하고 부딪치는 수많은 불법행위나 무질서에 직접적인 피해와 불쾌감을 느끼며 산다.

따라서 거물 정치가나 기업인, 또는 흉악범의 단속만이 공권력의 업무의 전부가 되어서는 안 된다. 오히려 일반시민의 생활터전에서 일상으로 일어나는 부조리를 바로잡을 때 공권력은 그 존재를 인정받고 또 신뢰받을 것이다. 유명무실한 공권력으로 성숙한 민주사회로의 발전을 기대하기는 어렵다.

지금은 누구나 할 말은 하고 사는 사회이다. 그 목소리가 사회의 지렛대의 역할도 하지만, 때로는 전혀 근거가 없거나 이기적이거나 도를 넘는 경우도 있다. 예전의 질서가 현재에도 유효한 것만은 아니다. 우리의 삶의 모습이 바뀌었으니 질서도 예절도 바뀌어야 할 것이다. 하지만 바뀌어서는 안 되는 것이 있다. 다름 아닌 타인에 피해를 주지 않는 것이다. 그리고 우리 사회를 위해서 무엇을 바꾸고 무엇을 지켜야 하는가에 대해서는, 좀 더 깊은 성찰과 안목이 필요할 것이다.

공권력은 결코 남용되어서는 안 되지만, 잘못된 대중의 여론을 두려워해서도 안 된다. 공권력의 행사는 시대의 필요에 따라 변모하는 것이다. 그러나 공권력이 지켜야 할 것과 바꿔야 할 것을 정확히 구별하지 못하면 사회의 무법과 무질서는 더욱더 만연하게 될 것이다. 공권력이 보이고 있는 지금의 자세는 사회질서유지에 대한 보수적시각도 개혁적시각도 아닌 임기응변적 방임적 시각이라고 해야할 것이다. 방임적인 자세에서 벗어나 일상적 불법과 무질서에 대한 공권력의 정당하고도 신속한 행사가 성숙한 민주시민사회의 버팀목이다.

국민은 빠진 검경수사권 조정

한국일보, 2011.06.29

수사권조정을 둘러싼 검경의 대립이 양 기관의 승부싸움으로 비춰져 국민들은 드라마를 보는 듯 했다. 양 기관의 주장이 의사표명을 넘어 협박과도 같은 수준이었다. 국회는 국민의 대표기관이라 큰 소리를 치면서도 선거를 의식한 어정쩡한 태도였다. 수사를 받는 것은 일반 국민인데 논의에서 국민의 입장은 전혀 찾아볼 수가 없었다.

제도변화로 영향을 받는 것이 국민이기 때문에 수사권조정은 검경 양 기관만의 문제가 아니다. 수사권조정으로 검찰의 불신이 해소되고 경찰수사의 관행이 개선되며, 동시에 국민이 받는 수사가 공정해지고 인권이나 사생활 보호에 도움이 된다면 모를 일이다. 그러나 검찰과 경찰에 권한이 없거나 제도가 미비해 수사에 지장이 있다고는 생각하지 않기 때문에 국민들의 입장에서 보면 단순한 밥그릇싸움으로 비칠 수밖에 없다.

경찰은 무소불위의 권력을 가진 검찰의 폐해로부터 검찰의 권한을 분산시켜야 한다고 주장하고 있지만 경찰 또한 인권침해나 각종 비리 등으로부터 자유롭지 않은 것이 사실이다. 권력기관의 인권침해 문제는 어제오늘의 일이 아니다. 권력기관의 속성이기도 하지만 정권의 시녀라며 국민의 지탄을 받아온 검경 모두 국민의 신뢰가 부족하기는 마찬가지이다. 권력이 정권의 편에 서서 국민을 재단하고 있다는 불신은 아직도 사라지지 않았다. 이런 상황에서 검경 수사권 조정문제는 양 기관의 권한 다툼일지언정 국민을 위한 법 개정이라 보기 어려운 것이다.

수사권을 누가 갖느냐는 일반 국민들의 관심사가 아니다. 그 권한이 권력이 되어 국민들에게 어떻게 다가올지가 국민들의 관심사이다. 수사를 받게 되는 국민은 어떤 제도가 보다 합리적일지가 중요한 것이다. 수사과정을 어떻게 가져가는 제도가 국민의 인권을 보호하고, 사생활을 침해하지 않을까 하는 것이 국민들의 관심사인 것이다.

시민이 있는 곳에 경찰이 늘 함께 있다. 경찰은 국민을 보호하는 최일선의 기관인 것이다. 하지만 달리 보면 국민을 감시하고 통제하며 수사하는 최일선의 기관이기도 하다. 일반시민과 떨어져 있는 무소불위의 권력보다는 가까이에 있는 권력기관이 작더라도 시민들에게는 최고의 권력기관인 것이다. 그런 의미에서 경찰은 수사권조정의 필요성을 좀 더 국민에게 납득시켜야 한다. 자칫하면 가장 가까운 권력기관이 일반시민을 마음대로 수사하는 것 아니냐는 우려를 낳을 수도 있기 때문이다. 수사에는 인권보호를 위한 여러 형태의 통제장치가 필요하므로 경찰의 수사개시권에 대한 국민의 신뢰를 얻는 방안이 강구되어야 한다. 수사를 담당하는 경찰을 검사들과 같은 변호사자격이 있는 자들로 자격을 제한해보는 것도 한 방법이 될 것 같다. 대학에 로스쿨이 생겨나고 향후 많은 변호사들이 배출되니 진지하게 생각해볼 문제이다.

물론 검찰도 수사지휘권을 계속 유지해야 하는 이유를 국민들에게 납득시켜야 한다. 그리고 경찰이 자긍심을 가지고 수사업무에 충실할 수 있도록 보다 나은 환경을 조성해야 할 것이다. 서로 대안을 내놓지 않고 세력다툼과 같이 벌이는 검경의 수사권조정은 국민들에게 우려스러운 일로 다가온다. 검찰은 경찰이라 생각하고 경찰은 검찰이라 생각하고, 거기에 국민을 넣어 그 셋이 역지사지의 정신에서 문제를 해결해야 한다.

국회도 관계기관의 의견과 함께 시간과 노력을 들여 수사를 받게 될 현장의 목소리를 직접 듣고 올바른 판단을 해야 한다. 국가의 제도를 바로 세우는 입법 활동이 선거에 영향을 미치는 것이라 하여 그릇되어서는 안 될 것이다.

법관의 양심적 행동 바란다

인천일보, 2014.03.10

법원의 판결이 나라를 술렁이게 할 때가 있다. 국회 대정부질문에서 법원 판결에 대한 질의에 법원의 독립성을 운운하며 국회의 지적이 옳지 않다는 정부 측 답변에는 동의하기 힘들다. 독립성은 간섭을 받지 않고 공정하게 하라는 것이지, 공정성에 의문이 가는 부분마저 지적하지 말라는 것은 아니다. 사법부에 대한 국회의 지적은 상호 감시와 견제를 해야 하는 삼권분립의 의미를 구현하는 것이다.

국회의원이 법을 만들고 법관이 판결을 하는 것은 법적으로 보장을 받는 당연한 권한이지만, 그들이 행사한 권한의 내용은 평가와 비판을 받을 수 있는 당연한 일이다. 그렇기 때문에 개악이라고 비판을 받고, 명 판결이라고 칭찬을 받고, 대법관 인사청문회에서도 판결내용이 단골 검증메뉴로 된다.

빗발치는 국민 요구에도 자신들의 이익에 손해가 될 법을 만들지 않는 국회의원들의 행위나, 정치적 사건을 제대로 파헤치지 못하거나, 부모들이 만들어놓은 왕국에 무임승차한 기업가들의 범법행위에 사회적 기여나 공헌을 참작 사유로 말하는 법관의 판결이 국민 대다수의 평범한 기대를 충족할 수는 없다. 현대의 일반 지성은 어

느 특별한 집단의 전문성을 훨씬 뛰어넘을 수도 있음을 인식해야
한다.

국민들은 법관의 판결을 믿고 의지할 수 있는 마지막 보루로 여
긴다. 하지만 신이 아닌 법관의 판결이 완벽할 수는 없다. 아니 전혀
납득할 수 없는 경우도 있다. 그래서 2심, 3심이 있는 게 아니겠는
가? 그렇다면 3심 또한 흠결을 지닐 수 있다. 일반 국민들이 납득하
지 못한다면 대법원 판결이라도 비판을 받을 수 있는 것이다. 법치
국가에서 법관의 판결은 존중 정도가 아니라 절대적이고 최종적인
것이어서 신의 판결보다 엄중하다. 법관의 판결이 객관성과 공정성
을 유지해 무한한 신뢰를 받아야 하는 이유이다.

민주주의 사회에서 건전한 비판에 성역은 없어야 한다. 특별히
금기로 여길 대상 또한 없어야 한다. 비판은커녕 감히 말도 꺼내지
못하는 부분들이 있어 왔다. 독재시대에 독재자나 권력자들에 대한
비판은 상상도 할 수 없었다. 아무리 옳아도, 아무리 가벼워도 권력
에 대한 비판은 괘씸한 것으로 처벌과 불이익만을 가져왔다. 비판할
수 없는 대상이 있다는 것은 독재나 권의주의 산물로 민주주의에
배치되는 일이다.

한국 사회가 완전무결한 민주주의를 실현하고 있는 것은 아니다.
한국사회의 민주적 발전을 위해 법원을 포함한 그 어떤 분야도 국민
의 비판을 수용하면서 더 나은 발전을 꾀해야 한다. 비판은 도전이
아니다.

'정치검찰'이라고 해서 검찰개혁을 부르짖은 지 오래이다. 그 어
떤 공직도 그런 부분에서 자유로울 수는 없다. 통치권자의 임명을
받은 자가 막강한 인사권을 행사하며 관리하는 조직구조에서, 그

래도 법관들은 정치적 영향을 받지 않는다고 주장하고 싶다면 국민이 납득할 만한 공정한 판결로 말하는 수밖에 없다. 독재 유신시대의 잘못된 판결들이 재심에서 속속 무죄로 뒤집히고 있다. 그 시대 판결이 정치적 영향을 받았다는 단적인 증거이다.

민주사회라고 하지만 임명권자 영향을 받지 않는 제도운영이 말처럼 쉬울 수는 없다. 임명을 받은 자의 양심적 행동을 말하지만, 개인의 양심적 행동에 제약을 가하는 요인은 얼마든지 있다. 그렇기 때문에 혹 외부의 지적이나 비판이 있다면 이는 법원의 신뢰와 권위를 지켜내는 데 필요한 해법제시일 수도 있다. 오히려 국민들의 비판이야말로 법관에게 양심적 행동을 가능하게 해주는 보호막으로 작용할 수 있는 것이다.

김영란법 적용대상에 공사구별은 불필요

인천일보, 2015.03.31

김영란법(부정 청탁 및 금품 등 수수의 금지에 관한 법률)의 일부 내용이 위헌이라는 지적이 있다. 적용대상에 민간영역이 들어간다는 이유에서이다. 청산해야 할 부정부패가 공적영역은 안 되지만 민간영역은 괜찮다는 이야기인지 이해하기 어려운 대목이다.

헌법은 모든 국민에게 공평하게 적용되어야 하는 것으로 국민 중에 부패해도 되는 집단과 부패해서는 안 되는 집단을 나눌 수는 없을 것이다. 모든 부조리의 근원이 공직자들에게 있는 것이라면 적용대상을 공직자로 한정할 수도 있겠지만, 사회 전반에 걸쳐있는 현상이라면 이야기는 다르다. 어떤 법도 당시의 시대상이 반영되어 나오는 것일 텐데, 그 적용대상이 민간영역에까지 이르렀다면 민간영역에 척결해야 할 부패가 여전하다는 이야기이다.

사회도처에 존재하는 부당한 거래에 공인과 사인의 구별은 불필요하다. 공사에 걸쳐 만연되어 있는 우리사회의 부당한 거래를 청산하자는데 법의 적용범위를 한정해야 한다면 이는 일부 집단의 부조리는 눈감아주자는 논리와도 같다. 그래도 모든 영역에 적용하기가 부담스럽다면 적어도 사회의 공적영역을 담당하는 직업군에는 그 어떤 분야라도 같은 기준의 법을 적용하는 것이 공평성을 유지하는 평등일 것이다.

공적영역에서의 만남뿐만 아니라, 사적영역에서의 만남에도 잘못된 관행은 얼마든지 있다. 이를 바로잡는 데 필요한 법적용에 예외를 둘 필요는 없다. 부당한 청탁이나 압력 등이 이루어질 수 있는 모든 분야에 법이 공평하게 적용되어야만이 건전한 한국사회를 만들 수 있다.

언론인이나 사립학교교원이 법의 적용대상에 들어갔다는 것은 이들 민간영역에 고쳐져야 할 부조리가 남아있다는 사회의 지적이다. 그런데 위헌이다 뭐다 늘어놓는 것은 오히려 부적절한 관행을 인정하는 것일뿐더러 나아가 계속 유지하겠다는 부당한 압력으로 비칠 수도 있다. 공직이 아니라는 그런 이유를 내세우기보다는 의혹을 해소하고 사회에서 신뢰받는 직업군으로 거듭나기 위해서라도 솔선수범하여 부조리한 사회 바로잡기에 나서야 할 것이다.

인간의 만남은 상호 존중할 수 있는 수평적 관계 속에서 이루어져야 한다. 힘만 있으면 안 되는 일도 없고 거저 생기는 것도 많은 사회였다. 잘 봐달라는 부탁이나 청탁, 잘 하라는 압력이나 협박 등이 많은 거래에 부당하게 작용하여 부정부패의 악습을 이어 왔다. 모든 일이 청탁이나 압력 등의 부당한 거래에 의해 불공정하게 이루어진다면 힘없는 약자들은 결국 영원히 힘든 사회생활을 강요당할 수밖에 없게 되는 것이다.

우리 사회에 엄연히 존재하는 부조리를 타파하자는데 헌법의 위배를 거론하는 것은 부당한 거래의 수혜자들의 구차한 변명으로 들릴 수 있다. 오히려 법이 잘 시행되면 한국사회는 한층 더 건전해지고 진정한 헌법정신이 구현되는 나라로 거듭날 것이다.

만남이 있다하여 특별히 잘 봐달라고 해서도 안 되고 잘하지 않으면 불이익을 주겠다느니 할 수도 없는 사회야말로 우리가 지향하는 평등사회일 것이다. 서로 주고받는 부당한 거래가 없어지면, 공직자가 굳이 부당하게 있는 자의 편을 들어줄 이유도 없어지니, 있는 자들이 득세하는 사회를 바로잡을 수 있는 계기도 마련될 것이다. 돈만 있으면 뭐든 할 수 있다는 사고도 통용되지 않게 될 테니, 당연히 부당한 갑을관계 해소에도 도움이 될 것이다. 또한 불로소득의 거저 생기는 것들이 없어지게 되면 누구나 다 좀 더 열심히 노력하며 사는 건전한 삶을 추구할 수밖에 없게 될 것이다.

다만 경계해야 할 점은 흔히 있을 수 있는 만남과 접대에 부당한 잣대를 들이대는 일이 있어서는 안 된다는 것이다. 여전히 공권력의 이현령비현령 식 표적수사에 대한 국민의 불신이 큰 만큼 공권력의 과잉대응에는 우려스러운 부분이 있다. 하지만 공권력의 부당함은 국민의 의식수준만이 막아낼 수 있으므로 국민 모두가 제대로 된 감시의 눈을 게을리 해서는 안 된다. 우리 인간들의 자연스러운 만남의 행위에 법이 끼어들어 인간의 삶을 지나치게 구속한다는 인식을 주어서는 안 된다. 정부는 법이 잘못 적용되거나 악용되는 일이 없도록 다각도의 대책마련에 만전을 기해 국민들의 의혹을 불식시켜야 한다.

법이란 만들어졌다가도 유명무실화되면 폐지되거나 사문화될 수도 있으니 새로운 법제정에 크게 우려만 할 일은 아닐 것이다. 민주주의가 발전하여 국민의 의식수준이 높아지면 법도 국민의 눈높이에 맞게 살아 움직일 것이다. 아직은 익숙지 않지만 국민 모두에 오해 살 만한 만남을 자제하는 훈련이 필요할 것 같다. 하루빨리 건전한 사회가 정착되어 이런 불필요한 법제정이 나오지 않기를 기대해본다.

선거법 · 부정청탁금지법 개정해야

인천일보, 2017.06.14

사람을 처벌하는 법은 국민이 납득할 수 있는 상식범위 내에서 제정되어야 한다. 그런데 선거법과 부정청탁금지법은 사람을 처벌하는 법임에도 불구하고 국민들이 납득할 수 있는 범위를 크게 벗어나, 상식적으로 통용될 수 있다고 생각하는 그런 사항들이 처벌규정으로 되어 있어 커다란 혼란을 야기하고 있다.

상식 범위 내에서 한 행동이 법을 위반하는 일이 된다면, 우리는 교육이나 경험을 통해 얻은 도덕이나 상식이 무용지물이 되고 만다. 사회에서 일반적으로 용인되는 일들이 법에 저촉되는 것이어서는, 상식과 기준으로 세상을 살아갈 수 없는 경우가 생기고 만다.

법이란 교육을 받고 상식을 갖춘 일반국민이 정당하다고 생각하는 행동이 적법한 것으로 규정되어 있어야 한다. 그런데 상기 두 법은 그런 상식을 벗어나 있는 부분이 많다. 국민의 행동을 제약하는 모든 법은 국민 누구나가 자신의 행위에 대해 그 잘잘못을 인정할 수 있는 그런 상식 위에 기초하고 있어야만이, 우리가 법을 어기지 않고 행동할 수 있는 것이다.

사회의 부조리를 척결하겠다하여 일반상식에 반하지 않는 부분까지 위법사항에 넣게 되면, 상식범위 내에서 행동할 수밖에 없는 일반인들은 자기도 모르게 법을 위반하게 되어 범법자가 될 수 있다. 법이 국민의 보편적 상식마저 억압하는 매우 불합리한 것이 되고 만다. 법에 저촉이 되느냐 안 되느냐의 문제가 관리주체들조차 잘 모르는 경우가 많은데, 위반이 되는지 아닌지도 불분명한 그런 법 때문에 국민이 피해를 입어서는 안 될 일이다.

국민의 선거참여에 법이 지나치게 관여하여 상식선에서 움직이는 건전한 선거운동을 위축시키고 개인의 자유로운 의사표현을 방해해서는, 선거법은 선거의 본질을 외면하는 것이 될 뿐이다. 선거를 축제라 하고, 올바른 선택을 위해 바른 투표권을 행사하라면서, 정부의 선거홍보 구호에도 전혀 맞지 않는다.

민주화되고 국민의 의식수준이 높아진 지금 이 시대에 국민을 부당하게 옥죄는 선거법은 시대착오적 발상이다. 과거 선거부정이 만연하던 비민주적 시대의 선거풍토가 현재까지 답습되고 있다 생각한다면 이는 잘못된 판단이다. 불법, 타락, 과열 선거를 막기 위해 정말 이래서는 안 된다고 생각되는 사항을 제외하고는, 국민개개인의 자유로운 선거활동을 불법화할 수 있는 선거법은 개정됨이 마땅하다.

유권자의 의식이 높아진 이 시대에 찍어달라고 운동한다 해서 그대로 이루어지는 일도 아니다. 자유, 비밀투표가 철저히 보장되는 현 선거제도하에서, 선거법이 국민들의 선거참여에 비상식적인 제한을 가하는 것은 국민의 수준을 너무 얕잡아보는 처사가 아닐 수 없다.

부정청탁금지법 또한 공직자나 언론인, 교직자 등이 권한을 남용하거나 직무와 관련하여 뇌물이나 향응을 받거나 하는 부분에 대해서만 처벌조항을 규정해야 한다. 공정사회를 만들겠다는 취지에는 공감하고 찬성하지만, 부정청탁이냐 아니냐의 잣대를 들이댈 가치조차 없는 부분까지 억지로 규정에 담고 있어, 사람을 처벌하는 법으로 적절치 않은 경우가 많다. 되고 안 되고의 내용이 명확치 않아 사안마다 물어야 하고, 또 물어도 '애매하다', '잘 모르겠다', '차제에 정비하겠다'는 등의 어처구니없는 상황들이 발생하고 있다. 법 자체가 우리의 삶에 대한 제대로 된 이해 없이 탁상공론적 발상에서 귀결된 것으로밖에 볼 수 없어, 법 자체가 다시 구태의 부조리가 되고 있다.

부조리를 바로잡겠다는 취지가 좋다 해도 잘못하면 안하느니만 못한 법이다. 지금의 부정청탁금지법은 사회전반을 단칼에 바로 세우겠다는 조급함이나 영웅심 탓에 빈대 잡자고 초가산간 다 태우는 그런 부분이 있다. 이 또한 공정사회 구축을 위해 필요한 최소한의 규정으로부터 시행되도록 함이 마땅할 것이다.

선거법이나 부정청탁금지법은 법의 취지가 국민들에게 공감을 받을 수 있는, 꼭 필요한 것임에도 불구하고 법이 관여할 만한 사항이 아닌 곳에까지 끼어들어 결국 취지마저 퇴색시키고 있다.

하루아침에 부조리 없는 천국을 만들겠다는 후진적 발상으로는 공정사회는커녕 혼돈의 사회를 조장할 뿐이다. 선거법, 부정청탁금지법 등이 하루빨리 온 국민이 상식선에서 받아들일 수 있는 법으로 거듭나기를 기대한다.

개혁의 대상 적절한가

사회의 많은 부분에서 개혁을 부르짖고 있다. 시시각각 변하는 사회 환경에 능동적으로 대처하기 위해 개혁은 필연적일지도 모른다. 하지만 해야 할 개혁도 잘 하면 발전의 동력으로 작용하지만 잘 못하면 공든 탑을 무너트리듯 발전의 저해요소로 작용하고 만다.

사실 개혁의 기치아래 늘 강요된 삶을 살고 있는데, 그 삶에 적응하기도 전에 또 다시 변해야 산다고 한다. 지금의 제도를 다시 어떻게 바꿔야 더 나아진다는 것인지 명확한 대안도 제시하지 않고 그저 구성원의 일부를 발전의 걸림돌이 되는 집단으로 내몰려는 듯한 시도가 개혁인 양 자리하고 있다. 능력 없는 자는 도태시키고 능력 있는 자들끼리 일해야 발전한다는 태도이다. 이는 능력에 상관없이 많은 자들에게 일자리를 만들어주자는 정부의 일자리창출 논리와도 배치된다.

개혁은 구성원 모두가 함께 나아지는 것이어야 한다. 경쟁에서 이기고 성장을 달성하면 모두 다 나아질 것이라 말하지만, 늘 이기는 자도 성장의 혜택을 받는 자도 소수에 그친다. 국민의 소득이 늘었다지만, 더 많은 돈이 있어야만 생활할 수 있는 사회구조 속에서 많은 서민들은 늘 쪼들리고 불안한 삶에 내몰리고 있다.

세금부담은 늘어만 가는데 정부는 소비만이 경제 활성화라며 돈까지 빌려주듯 하며 소비를 장려하니 서민들의 가계는 빚더미 속에 빠져들어 미래의 삶이 점점 불투명해져만 간다. 힘없는 서민들은 변화의 소용돌이 속에 겨우 몸 하나만 버텨가는 신세로, 개혁의 회오리에 전쟁터와 같은 불안한 삶에 내몰리기 일쑤이다. 현재와 같은 발전과 성장 모델로는 빈부격차를 줄일 수도, 서민들의 상대적 박탈감을 해소시킬 수도 없을 것이다.

분명 사회 곳곳에 개혁하지 않으면 국가의 발전을 기대할 수 없는 분야가 있다. 하지만 문제에 대한 정확한 진단과 납득할 만한 해결책을 제시하지 못한 채, 개혁을 해야 살고 하지 않으면 살아남지 못한다는 주장은 있을 수 없다. 희생이 따르기 마련인 개혁은 시험적인 것이 아니라 미래를 위해 감내하고 이뤄내야 할 구체적인 것이어야 한다.

보다 나은 미래를 열어주는 개혁이라면 고생이 따르더라도 동참해야 하겠지만, 명분 없는 개혁은 조직의 안정을 헤치고 분규만을 야기할 뿐이다. 망둥이가 뛰니 꼴뚜기도 뛴다고 그저 사회적 분위기에 편승하여 졸속으로 추진하는 개혁은 그 자체가 개혁해야 할 경거망동이다.

특히 경계해야 할 것은 기관의 장이 되었다고 전임자가 우여곡절 끝에 이뤄낸 개혁을 모두 쓰레기통에 집어넣고, 또 다시 변해야 산다고 개혁을 외쳐대는 일이다. 개혁은 많은 국민들이 필요성에 공감하고 개혁안에 동의하는 분야들을 대상으로 삼아야지, 모든 분야에 일률적인 개혁요구는 안 된다. 종착역이 없고 고난 끝 다시 고난 시작인 개혁은 안 될 일이다.

개혁은 구성원 대다수가 행복해지는 변화를 전제로 해야 한다. 개혁이 사회를 발전시키고 삶을 편리하게 만들어 왔다지만, 그 발전과 편리함이 우리에게 행복을 가져다준 것만은 아니다. 지금의 한국은 아름다운 풍습은 사라지고 그저 개인의 이익만을 추구하는 비이성적 사회로 변하고 있다.

옛 모습이 아름다웠다는 것은 단지 추억이 있어서가 아니라 인간다운 삶이 있어서이다. 그런 삶을 망가트린 것이 바로 경쟁에서 이기고 성장을 이뤄내자는 반복된 개혁이다. 무분별한 개혁은 오히려 사회를 피폐하게 만들어 일상의 소소한 행복은커녕 미래에 대한 걱정만을 가중시킨다.

지금의 개혁은 왠지 불안함, 절망감, 고독함, 피로감 등을 연상시킨다. 개혁이 자칫 미래의 행복을 가장하여 계속 불안하고 피곤한 삶을 강요하는 것이어서는 안 된다. 편히 할 날도 없이 평생 개혁의 소용돌이 속에서만 살 수도 없는 노릇이다.

그런데 개혁을 요구하면서 민간영역보다 더 절실한 기득권층과 정부부처의 개혁에는 별 말이 없다. 근로자 없는 기업이나 재벌도, 세금을 내는 국민 없이는 정부나 관료도 있을 수 없는데, 개혁의 초점은 늘 근로자와 일반국민에 맞춰져 있다.

엉터리 같은 개혁으로 국민의 불신을 키워왔고, 여전히 많은 부조리를 안고 있는 정부 기관의 조직이나 역할 등이야말로 고도의 열린 지식정보화 시대인 현대사회에서는 개혁해야 할 대상인 것이다.

지역의 인구가 늘었다고 국회의원의 일이 느는 것도 아닐 텐데, 선거구조정 등의 논의는 형식에 얽매인 구태의연한 발상이다. 국회의원이 지역이기주의의 대변자가 되어서는 안 된다. 빅데이터 시대가 도래하고 있는데 많고 많은 사건들을 모두 사법부의 판단만이 최선이라며 하세월을 기다려야 하는 구조도 바뀌어야 한다. 입법, 사법, 행정 각부의 현재의 시스템이야말로 급변하는 사회에 제대로 기능할 수 있는 체재로 개혁해야 옳을 것이다. 국가발전의 원동력은 바른 정부의 모습에서 나오는 것이다.

시대흐름 올바로 읽는 국가정책이어야

인천일보, 2017.06.07

국가의 발전전략은 시대에 따라 달라져야 한다. 굶주림에서 벗어나 배불리 먹고사는 것이 꿈이었던 시대의 성장전략은 이미 그 가치를 발하여, 그를 위해 영위해왔던 산업사회도 의미를 잃어가고 있다. 배고픈 사람에게 주어야 할 빵을 배부른 사람에게 주는 정책으로는 성인병만을 유발시킬 수도 있다.

그간 우리는 선진국의 성장모델을 뒤쫓으며 가파른 성장을 이뤄왔다. 모두 가난함을 극복하기 위해 열심히 일하고 허리띠 졸라매며 살아왔다. 못 배운 탓에 겪은 고생이라 생각하여 대물림하지 않겠다며 자식들 교육에도 헌신해왔다. 없이 살던 가난한 시대의 성장전략이 결실을 맺어 오늘의 한국을 만들었다.

경제성장을 경험하면서 우리는 부자가 되는 것, 부자가 누리는 삶을 최고의 가치로 내달려왔다. 가능한 시대였다. 많은 국민들이 편리한 아파트에 거주하며, 먹고 싶은 것, 입고 싶은 것을 마음껏 추구하며, 여행은 해외여야 하며, 사치요 허영이라 내몰던 명품은 누구나 가져야 하는 것이 되는 등 모두 돈이 드는 삶을 당연한 것으로 여기게 됐다. 발전과 더불어 일자리가 늘어나고 세계최고를 자랑하는 기업도 생기니, 취업을 위해 좋은 대학에 들어가야 하고 그럴

듯한 스펙 쌓기에도 힘을 쏟아왔다. 온갖 사교육이 판치는 비정상의 사회가 되어 버렸다. 성장일변도의 사회에서 나타나는 혼돈을 경험하고 있는 것이다.

그런데 어느덧 국가의 성장엔진이 헛돌기 시작하며 그간 누려왔던 삶에 불안감이 엄습하고 있다. 성장을 유지하려 발버둥치지만 펑크 난 바퀴에 공기 주입하듯 성장의 바퀴는 점점 더 바람이 빠져나가고만 있다. 국민들을 흡인할 만한 새로운 미래 먹거리는 좀처럼 나타나지 않고, 그나마 등장하는 먹거리들은 점점 더 사람을 많이 필요로 하지 않는 것들뿐이다.

기업이 살아야 국가가 산다며, 기업의 생산 활동을 지속시키기 위한 많은 정책을 쏟아낸다. 기업이 생산한 물건을 소비해야 한다며 국민들에게 다양한 소비 진작책을 펴본다. 일자리가 있어야 국민들의 안정된 생활이 가능한 법이니, 국가는 일자리 만들기에 사활을 걸 듯 별의별 정책을 내놓는다. 기업들에게 고용을 늘리라 주문하고, 젊은이들에게는 벤처기업의 신화를 거론하며 창업을 장려하기도 하고, 이제는 공공일자리를 대량으로 만들어 세금으로라도 떠안아야 한다고 한다. 하지만 한치 앞을 내다보기 어려운 경제상황에서 기업들은 고용을 꺼려하고, 오히려 구조조정을 해야 한다며 있는 직원들조차 명예퇴직이다 뭐다 하며 감원을 하는 실정이다.

고용은 기업이 필요해서 스스로 하는 것이 정상적이다. 지금의 고용은 원치 않는데 사회의 분위기상 어쩔 수 없이 행해지는 모양새이다. 정부가 하라 하니 시늉을 내어 만든 일자리는 부작용을 낳을 우려가 크다.

정부가 소비를 하라고 하지만 어지간한 상품과 상술이 아니고서는 더 이상 국민들의 소비욕구를 자극하기 어려운 시대에 접어들었다. 여전히 가난한 자가 있는 것이지만, 사실 소비여력이 있는 자들에게 소비가 절실한 상황은 아니다. 최고는 아니지만 다들 필요한 것들을 갖추고 사는 시대이다. 지금의 한국인에게 생필품 외에 더이상 살 만한 것들이 남아 있는지 의문이다. 이런 상황에서 소비를 하라니 무엇을 사야할지 고민스럽다.

그래도 절약하고 아껴 쓰는 것이 옳지 않겠는가. 이미 한국은 필요 없는 물건조차 서슴없이 사고 보는 과소비의 시대로 진입했다. 필요한 물건이 있는데 안 살 리 없는 시대이다. 하지만 필요 없는 물건은 필요 없는 것이다. 생산과 공급이 넘쳐나는 시대에 물건이 제아무리 좋아봤자 다 팔릴 리 없다. 수요에 맞게 공급을 조절하지 않으면 생산현장은 붕괴될 수도 있다. 불필요한 생산이 지구의 자원을 낭비하고 환경을 파괴할 뿐이라는 사실은 굳이 지적할 필요도 없을 것이다.

현재의 한국은 배불리 먹어야 하는, 소비욕구가 절실한, 무한정 생산이 필요한, 성장이 계속 가능한 그런 시대가 아니다. 모두가 대학교육을 받아야 하는 시대도, 많은 이가 취업을 할 수 있는 시대도 아니다. 인력을 필요로 하지 않는 산업사회로 들어서서, 이미 대학교육이 취업에도 별 경쟁력을 주지 못하는 시대가 됐다. 산업현장에서 일할 사람을 필요로 하지 않는데, 모두 그곳을 목표로 노력하는 것은 처음부터 잘못된 것이다. 사람을 필요로 하지 않는 산업사회의 발전이 미래의 먹거리라 주창하면서, 일자리가 예전처럼 가능하리라는 생각은 그 자체가 모순일 수밖에 없다. 이런 사회구조의 변화를 이해한다면 젊은이들의 일자리창출에 대한 논의는 발상부터가 달라져야 할 것이다.

　이제는 편리함을 위한 성장과 발전이 우리의 삶에 미친 영향을 되짚어보고, 인간의 진정한 행복을 위해 추구해야 할 산업모델이 무엇인지 진지하게 고민해볼 시점이다. 이미 현 산업구조하에서 많은 사람이 생산에 참여할 수 있는 그런 시대는 가고, 오히려 1차 산업 사회 속에서 행복을 추구하는 예전에서 미래전략의 실마리를 찾아야 할지도 모르겠다. 온고지신이 해법일 수 있다.

아직도 권력 앞에 무기력한 한국사회

인천일보, 2017.11.02

정상적인 절차에 따라 결정됐던 일들이 정권이 바뀌니 손바닥 뒤집듯 바뀌고 있어 놀랍기만 하다. 이전에야 제왕적 권력을 행사하는 서슬 퍼런 정부였으니, 살기 위해 취한 행동이라 동정이라도 받았을 수 있다. 그런데 민주정권이 탄생했는데도 정권의 눈 밖에 나지 않으려는 행동은 여전히 반복되고 있다. 독재정권이든 민주정권이든 권력을 보는 눈은 다르지 않은 모양이다.

결정된 우표발행이 취소되고, 공사 중인 원전건설이 중지되는 과정을 지켜보면서 아직도 한국사회는 소신을 가지고 일할 수 있는 여건이 갖춰져 있지 않음을 느낀다.

결정에 참여하는 자들이 늘 올바른 판단을 하는 것은 아니지만 절차에 따라 결정한 사항은 존중하는 것이 민주주의이다. 그간 정부 영향 아래에 있는 많은 위원회나 이사회가 정권의 입맛에 맞는 인물들로 구성되어 그들의 결정에 늘 잡음이 있어 왔다. 한번 결정되면 따를 수밖에 없는 것이기에 늘 균형 있는 인적구성을 요구하는 것이다.

결정과정에 부정적 여론이 많아 실제로 내부 저항이 있었던 사안이라면, 그것을 바로잡을 기회가 찾아왔을 때 정상으로 돌리는 일은 필요할 수 있다. 하지만 정권이 바뀌었다는 이유로 뒤집을 수는 없는 일이다.

적폐를 청산하여 나라다운 나라를 만들겠다는 정부가 탄생했는데, 그런 정부의 눈치를 보느라 정해진 결정을 번복하는 행태야말로 청산해야 할 적폐이다. 본인들이 소신을 갖고 결정한 일이라면 당당하게 지켜나가야 하거늘, 그간의 절차에 하자라도 있었다는 듯이 이를 하루아침에 뒤집고 말았다. 새 정부가 들어섰으니 바꾸지 않으면 불이익을 당할지 모른다는 압박이 있었던 것인지, 아니면 이전 정부에서의 행동이 정말 부당하게 이루어졌던 것이라 양심선언이라도 하듯 결정을 번복해야 했던 것인지 알 수가 없다. 결정과 번복이 압력에 굴해 했던 것이라면 그때도 잘못된 결정이었고, 그렇지 않고 현 정권의 등장으로 바꿀 수밖에 없었던 것이라면 이 또한 잘못된 결정이다.

결정에 관여한 자들이 정상적 법절차에 따라 내린 자신들의 결정을 새 정부의 입맛에 맞도록 바꾼 것이라면, 이는 새 정부를 예전과 같은 비민주적 정권으로 보고 있다는 의미로 해석될 수 있다.

어쨌든 일련의 일들은 민주정권이 탄생했음에도 많은 이들이 여전히 정권에 대한 두려움을 가지고 있다는 반증일지도 모른다. 이런 사고를 불식시키지 않고서는 진정한 민주정부의 탄생은 기대할 수 없을 것이다.

민주주의는 다름을 인정하고, 소수의견을 존중하고, 더디더라도 절차에 따라 적법하게 해결해 가는 것이라고 주장해 왔었다. 민주정부 실패의 경험이 있다 하더라도 이런 주장을 다시 한 번 되새겨야 할 것 같다. 힘이 있을 때 힘이 없어질 때를 생각하여 정치를 하는 것이 답이다. 모든 국민을 언제까지나 자기편으로 묶어둘 수는 없는 일이다.

이번 사태를 야기한 위원회와 이사회는 그 결정의 옳고 그름을 떠나 한국인의 자존심을 훼손시켰다. 정권의 눈에 들어야 자리보전이 되거나 뭔가 한자리 할 수 있었던 그간의 불공정한 사회의 단면일지도 모르지만, 사정이 바뀌면 소신을 굽히고 언제라도 현실에 타협할 수 있는 자들로는 한국의 미래를 논하기 어렵다. 피를 흘리며 쟁취한 민주주의가 이기적 기회주의의 장으로 되어서는 안 될 일이다.

정부도 적폐를 청산하며 선을 행하겠다고 섣부른 결정을 내려서는 안 된다. 지금의 결정이 지금은 최선처럼 보여도 머지않은 미래에 터무니없는 오판으로 판명날 수도 있는 일이니, 새로운 결정에는 신중에 신중을 기해야만 한다. 특히 기존의 결정을 뒤집고 관행을 깨는 일에는 더욱더 그렇다.

국민이 준 권력이라 하여 국민의 여론만 등에 업으면 된다는 식의 사고도 매우 위험한 일이다. 국가의 대사를 결정하면서 여론을 경청해야 할 사안도 있는 것이고, 전문가의 의견을 종합해내야 할 사안도 있는 것이다.

상상을 초월하는 과학의 발전으로 급변하는 사회를 경험하고 있으면서, 어찌 변할지도 모를 미래를 단정적으로 판단하여 결정하는 일은 현명할 수 없다.

섣부른 결정은 국가 경쟁력에 치명타를 줄 수도 있다. 대립만 보이는 한국의 정치상황에서 새 정권이 들어서서 재차 바꿔야 할 사안이 되기라도 한다면 국가를 또 다시 혼란에 빠트릴 수 있어 깊은 주의가 요구되는 바이다.

국민 일상 위협하는 적폐해소가 더 절실

인천일보, 2018.01.03

정부가 부르짖는 정치권의 적폐청산 꼭 이뤄야 할 중요한 과제이다. 하지만 이런 것들은 국민들에게 그저 뉴스거리에 불과할 수도 있다. 일반 국민에게는 국민의 삶을 위협하는 일상적인 폐해의 해소가 더 간절하다. 일부 국민들이 일상에서 주변에 끼치는 피해를 아무렇지 않게 생각하며 행동하여 많은 사회문제를 야기하고 있는데, 국가가 제대로 된 조치를 취하지 않고 있어 국민 스스로 자기방어를 하며 살아가야 할 처지가 되고 있다. 나라다운 나라를 만들겠다는 현 정부의 구호가 무색하기만 하다. 국가의 적폐생산은 결국 국민의 의식수준에 달려있는 것인데, 정부가 국민의 의식수준 향상에 손을 놓고 있어 만연한 무질서가 사회의 당연한 모습이 되고 있다.

한국인을 몸서리치게 하는 선박 전복사고가 재발하고, 건설현장의 타워 크레인 사고나 대형건물의 화재사고 등의 인재가 끊이지 않고 있다. 개가 사람을 물어 죽음에 이르게 하는 사건에 비판의 목소리가 들끓어도, 개를 키우는 자들의 변화는 거의 없고, 여전히 아파트에서 대형견이 입마개는커녕 목줄도 하지 않고 버젓이 뛰어다니거나 엘리베이터에 오르는 일을 목격한다. 빈발하는 지진에 화재의 공포마저 엄습해 오고 있는데, 이제 개의 공격을 방어하기 위한 장구나 무기라도 소지하고 다녀야 할 상황이다.

안전 불감증을 말하면서도 위험을 줄이기 위한 구체적 대책은 나오지 않고, 여전히 대형 사고에 소방차나 구급차가 신속하게 통행할 수 있는 도로는 찾기 힘들다. 구급차를 비켜주는 자동차의 행렬은 당연히 이뤄져야 할 모습인데, 선행처럼 뉴스거리가 되고 있다. 동물사육이 도를 지나쳐 배우자에 쓰는 반려라는 명칭을 쓰는가 하면, 방송에서도 동물예찬이라도 하듯 프로그램이 줄을 잇는다. 집에서 아기가 아니라 개를 안고 나오는 모습에 놀라곤 한다. 인간은 인간과 부딪히며 사는 것인데, 대가족제도는 피곤하고 소가족제도는 외로우니 개를 가족으로 삼는 듯한 쓸쓸한 풍경이다.

불법주정차의 문제가 개선되지 않고, 아파트의 통로에는 자전거며 불법방치물이 널브러져 있는데 사후약방문으로 비상구를 확보해야 한다며 호들갑을 떤다. 얼마나 더 후진적이며 터무니없는 사고가 발생해야 대책을 내놓는다는 것인지, 주무부처는 심각한 상황에도 늘 말이 없다. 국가의 관리는 대통령만이 하는 것인지, 이런 것들도 대통령이 지시해야 움직일 것 같은 한심한 복지부동의 국가를 연출하고 있다. 세월호사건이나 대형 화재참사의 교훈도 없이 소를 잃어도 외양간을 고치지 않고 있다.

장지에 가는 유족들에게 길을 막으며 마을 발전기금이라며 돈을 뜯는 일이 이곳저곳에서 벌어지고 있는데도 뉴스로 끝나는 나라이다. 소방관이 공무로 벌집을 제거하다 불가피한 사고가 났다 하여 소방관 개인이 변상을 해야 하는 나라이다. 소방관의 안타까움이 끊임없이 뉴스로 전해오는 상황에서도 사후 애도만이 있을 뿐이다. 술을 먹었다 하여 경찰서에서 난동을 부리거나 경찰관에게 행패를 부려도 그것을 참아야 하는 나라이다.

수치심이나 불쾌감만으로도 죄를 물어 한 인간을 범죄자로 낙인찍어 고통의 삶을 안겨주는 시대에 접어들었는데, 사람을 죽이기까지 하는 동물과 그 주인, 공권력에 도전하는 자들은 보호받는 뒤죽박죽인 한국사회가 되고 있다. 신뢰받는 공권력의 엄정한 법집행 없이 국민들의 준법정신을 기대하는 것은 무리이다.

국민은 일상의 부조리 해소와 안전한 삶을 바란다. 정치적 사안에만 몰두하여 국민의 안전은 뒷전으로 하면서 민생을 챙긴다고 목소리를 높이는 정치권이다. 그저 표를 의식하는 일 외에 국민을 살피는 일은 제대로 하지 않으면서 위세를 부릴 때만 국민의 대표라며 큰소리를 치는 위정자로 민주주의며 자치며 하는 것은 그들의 입신영달을 위해 존재하는 제도일 뿐이다. 개인이나 이익집단의 이기주의를 해결하지 못한다면 민주주의는 허울만 남는 것이다.

민주주의는 법치 위에 실현 가능한 것으로 법치는 조금만 느슨해도 국민들은 느슨한 법치를 선택하기 쉽다. 그러면 지금처럼 남의 권리를 침해하는 일들이 평범한 일상이 되고 만다. 민주주의는 타인에 피해를 주지 않는 국가를 건설하는 것이다. 선량한 국민의 안전한 삶을 보호하는 일이 국민이 위정자들에게 바라는 적폐해소이다. 이를 방기하고 있는 정부가 나라다운 나라를 만든다는 말은 공허해 보인다.

지구온난화로 상상도 할 수 없는 자연재해가 우리를 공포 속으로 내몰고 있는데, 인재마저 끊이지 않는 나라가 되어서야 되겠는가? 개인의 부적절한 사익추구나 사적지향 탓에 국민이 불의의 사고를 당하지 않도록 하는 일이야말로 한국의 가장 절실한 적폐청산일 것이다.

국가가 늘 싸우고 사는 국민 만들어

인천일보, 2019.06.12

한국의 역사는 파벌을 지어 싸우는 정치 탓에 나라가 분열되고 결국 타국의 침략야욕에 희생되어 국민의 굴욕적 삶을 보여준다. 그것도 피해의 상흔이 아물 만하면 겪는 반복적인 형태이다. 그런데 그 상황은 지금도 계속되어 정치판의 극한 대립은 예전과 다름이 없다.

한국의 정치가 망국의 당파싸움으로 국익보다 정파의 이익을 앞세우던 시대와 똑같아, 지금도 세계가 정복의 역사를 쓰고 있는 중이라면 우리는 꼼짝없이 같은 역사를 반복하고 있지 않았을까 하는 생각에 아찔해진다. 우리끼리는 목숨을 걸고 싸우면서 타국과 싸워서는 잘 이겨내지 못하는 우리의 역사를 되돌아본다. 타국을 침략하지 않은 선량한 나라라 말한다면, 어째 우리끼리는 그리 죽기 살기로 싸우는지 설명할 길이 없다.

한국정치는 역사에서 보던 대로 여전히 정적을 쓰러트리고 권력을 독점하겠다는 양상으로 치달으며 극한 대립을 연출하고 있는데, 이것이 한국정치의 DNA라면 큰 걱정이다.

이제는 국민들도 가세하여 늘 서로 다투는 일상사가 되고 있다. 민주주의를 대변하는 의견의 다양성이 걷잡을 수 없이 분출되어 그

조정을 이뤄내지 못하고 대립과 분열이 눈에 띄는 한국의 민주주의이다. 목숨을 걸고라도 자신들의 의견을 관철시키려는 집단만이 민주주의를 위한 투사이다.

정부는 정치의 대립뿐만 아니라 국민들의 대립도 해결할 의지가 없으며, 방법도 찾지 못한다. 정부의 정책도 집권세력의 이익만을 대변하며, 결과론적일 수 있지만 때로는 국민을 선동하거나 계층이나 집단 간의 분열을 조장하는 듯 느끼게 한다.

언론매체도 크게 다르지 않다. 정치가 노동자나 못가진 자, 소외된 자를 위해 역할을 해야 하지만 기업이 노동자의 적이 되거나, 가진 자가 못가진 자의 적이 되는 환경을 해소해 내지 못하면 국가는 분열과 대립에서 벗어날 수 없다.

정부가 바른 기업을 만들어내지 못하고 부당하게 돈을 버는 사회구조를 개선해내지 못하고, 그저 손쉬운 세제정책으로 해결하면 된다는 식의 전략만을 구사한다.

과도하고 엄격한 징세와는 달리 그 사용에는 구멍이 송송 뚫려있어, 이런 저런 수를 써가며 세금을 빼먹는 부조리한 자들이 방송에 적지 않게 보도되는데, 위정자들도 절박하지도 않고 검증되지도 않은 곳에 선정이라도 베풀듯 세금을 마구 뿌려댄다. 그런 것 치고는 국가기관들이 하는 일은 국민의 눈치 보기나 사익추구 정도에 머무르는 경우가 많다.

탈세나 세금체납이 정말 나쁜 것이라면 국민의 세금을 잘못 쓰는 것도 같은 정도로 나쁜 것이어야 한다. 정부 예산낭비의 수많은 예를 본다면 납세의 불법을 나무랄 명분은 있는지 의문이 든다.

공권력의 위상은 추락하여 국민들의 갈등 해결에 나설 여력이 없어 보인다. 공권력이 권위를 가지고 국민의 불법과 기초질서 위반 등을 막아내야 하는데, 무슨 민원이다 사후 책임추궁이다 하며 불법 행위자들의 눈치만 보고 있어 서부활극에서처럼 한국도 개인이 스스로를 지켜내고 분쟁해결에도 직접 나서야 하는 판국이다.

자유민주주의를 소리 높여 외치며 개인의 욕구와 욕망을 마음껏 분출하려는 사회로 진입하여 개인의 일탈도 심해질 수밖에 없는 상황인데, 이를 감당해내야 하는 일선의 공권력은 소명의식도 없이 뒤탈 나지 않기만을 바라는 듯한 업무태도로 제 역할을 못하고 있다.

책임은 다해내지 못하면서 부처 간 권한 싸움에는 민감한데, 우선 있는 권한이나 제대로 행사하여 국가의 공공질서를 바로잡는 일에 충실해야 할 것이다.

공권력이 국가의 법질서를 회복해내지 못하면 국민들은 매사 다퉈야 하는 일상 속에서 보내야 한다. 타인에게 폐를 끼치는 많은 행위들이 일상으로 벌어지고 있는데 공권력이 이를 수수방관하는 경우가 많은 탓에 개인 간에 어처구니 없는 분쟁이 많아져 한국사회에 그림자를 드리우는 것이다.

어떤 형태로든 다툼 속에서 살아야만 하는 한국에서는 싸움이 능해야 살아남을 수 있는 구조가 되어 가고 있다.

국민들 간에 불필요한 분쟁이 발생하지 않도록 하는 실질적인 제도와 이를 집행해내는 공권력의 역할이 수행되어야 국민들의 안전한 삶이 보장되는 것이다. 싸우거나 참거나 하며 살아야 하는 사회를 그대로 두면서 나라다운 나라를 만든다는 구호는 허구이다.

국민통합의 정치 절실하다

인천일보, 2019.08.16

한국의 인구가 5,000만을 넘었다. 규모로 한다면 중국과 일본을 감당해내기 쉽지 않은 수이다. 5,000만이 결코 적은 수가 아니지만 분열하여 힘을 결집해내지 못한다면 경쟁은 더더욱 어려워진다.

늘 그래왔듯이 한국의 정치는 피비린내 나는 싸움판이다. 국민도 편을 갈라 지지하는 정치집단에 맹목적으로 추종하는 세력이 되어 서로 상대의 공격수를 자처한다. 언론의 자유가 상대의 의견을 매도하는데 발휘되어 양보 없는 대립으로 표출된다. 정치, 경제, 사회 모든 분야가 폭풍전야의 대립상태이다. 같은 국민이면서 아군 아니면 타도해야 할 적군인 양 하고 있다.

금번 한일문제에서도 잘 나타난다. 한쪽은 애국자이고 다른 한쪽은 친일파, 매국노이다. 보수주의자들이 집권을 위해 해왔던 빨갱이 프레임이 약자의 권익을 대변한다는 진보주의자들에게서도 그대로 나타나고 있다.

국민 모두에게 살기 좋은 나라를 만들겠다 해놓고 일부는 함께하고 일부는 몰아내자는 정치를 하고 있는 양상이다. 국민의 반을 적으로 돌리는 정치로는 국내에서의 패권을 잡을 수 있을지언정, 타국과의 싸움에는 아군이어야 할 국민들의 저항에 제대로 대응하지 못할 수 있다. 주변의 절대강국과 싸워내야 하는 국가의 처지가 가련하다.

국가 위기에 여야는 물론 국민 모두 일치단결하여 대응해야 한다고 말하지만 국민이 하나가 될 토대를 구축하고 있는지 생각해봐야 한다. 정부·여당이 평소 지지하지 않는 세력에 대해 타도해야 할 적쯤으로 몰아붙이는 상황에서 위기라며 협력을 말해본들 쉽게 먹힐 리 없다.

반대세력을 선의의 경쟁상대가 아닌 청산대상이라 규정하고 나와 다른 말, 다른 행동을 한다 하여 이를 적으로 간주한다면 국민은 분열되고 결국 서로가 적대관계를 형성할 수밖에 없다. 적으로 낙인찍히는데 외부의 적이 나타난들 목숨 걸고 싸움에 나설 리 없다.

한국의 정치는 권력 쟁취만이 지상과제로 상대에 대한 공격은 늘 도를 넘어, 도발한 외부의 적보다 서로가 더 방어해내야 할 적처럼 되어 있다. 정치에 유리하면 적의 도발마저 마다하지 않을 태세이니, 국가 위기라 한들 정쟁의 도구로 작용할 뿐이다. 상대에 대한 적대감이 일제에 당한 설움만큼이나 크다.

늘 말하는 국민통합이지만 단 한 번도 이뤄졌다는 평가가 없다. 정부·여당과 그 지지자들만이 만족하면 되는 정치에서 국가 위기에 전 국민이 함께해야 한다는 명제에 동참은 하지만 정부·여당의 처사에 동의하는 것은 결코 아니다.

정부가 못 챙기는 국가를 위해 정부에 분노하면서 국민이 나서는 것뿐이다. 하지만 온 국민이 집밖에 나와 밤잠 안자고 응원한다 하여 운동경기를 이기게 하지는 못한다. 힘찬 응원에도 허무하게 패해 분루를 삼키며 훗날을 기약하지만, 나름의 피나는 노력에도 승리의 여신은 잘 찾아주지 않는다. 이것이 냉엄한 현실이다.

　국가 위기에 모두 이순신처럼 되자고 외치지만, 당시 이순신을 대신할 장수는 이순신밖에 없었다. 많은 이가 이순신처럼 나섰지만 결국 이순신이 되지 못하고 패했을 뿐이다. 기적을 일궈낸 이순신을 모두 마음만 먹으면 실현해낼 수 있을 것처럼 말하는 것은 무모한 선동이 될 수 있다.

　이순신이 나서야 할 전시상황을 초래했다면 당시와 같은 무능한 정부가 되었다는 반증으로, 싸워낼 준비도 못해 놓고 기적만 바라는 모습이라 하겠다. 또다시 이순신 장군과 같은 위대한 능력자에 국운을 맡겨야 할 위기상황을 만들어서는 안 된다.

　삼권분립이라지만 공천권에 행정부, 사법부의 주요 인사권을 틀어쥐고 있는 한국의 대통령제는 정부·여당 독점의 정치체제로 협치 및 상생의 정치를 가로막으며 늘 국가를 정쟁과 위기로 몰아넣고 있다. 권력의 독점을 막을 의원내각제를 고려해보고, 권력욕에 나라를 위태롭게 하는 국회의원 당선횟수도 지자체의 장처럼 3선까지로 제한하여 고이면 썩는 물을 순환하는 체제로 만들어야 할 것이다.

선거와 노령화시대의 대표

인천일보, 2011.10.26

민주주의에서 선출직 대표는 그 권한이 막강하다. 그런 의미에서 선거는 관심과 관계가 없는 것처럼 느끼는 국민들에게 커다란 영향을 미치는 중요한 절차이다. 정치가들은 국민들에게 선거는 축제라 말하지만 선거과정에서 보이는 모습은 언제나 서로를 비방하는 추잡한 싸움판처럼 비친다. 입후보자 모두 자신만이 전문가요, 적합한 인물이라며 검증되지 않은 자기자랑을 외쳐댄다. 비슷한 사안에 대해 상대후보는 비도덕적이고 불법을 저지른 자이고 자신은 정당하다며 자신을 제외한 모든 후보자가 자격 또는 '함량미달'이라는 것이다.

선출직 대표는 국민을 위해 봉사하는 자리이다. 국민을 위해 봉사하겠다는 사람들이 자기만이 그에 적합하다며 상대를 비방하는 모습에서 그들의 봉사정신이 허구임을 엿볼 수 있다. 선거는 권력을 잡기 위한 치졸한 싸움판에 국민들을 끌어들이는 짜증나는 장이라 하지 않을 수 없다. 이기기만 하면 되는 전쟁터가 현 민주주의 제도 하에서 치러지는 선거이다. 그러니 국민들은 투표참여보다는 그냥 휴일로 하루를 보내는 편이 나은 것이다. 내가 투표 안 해도 좋은 사람이 뽑히려니 해서가 아니라 다 마음에 안 드는 똑같은 후보여서 투표할 의미를 찾지 못하기 때문이다.

이를 막기 위한 방법은 없는 것일까? 결국은 당선되겠다며 수단 방법을 가리지 않고 쟁취하려는 그 권한을 축소 제한하는 일이 출발점일 것 같다. 선출직 대표를 국민 위에 군림하는 자리가 아니라 진정으로 국가와 국민을 위해 명예롭게 일하는 자리로 만들어야 한다. 그를 위해선 선출직 대표의 권한을 꼭 필요한 부분으로 최소화하고 모든 선출직에 정년과 같은 연령제한이나 당선횟수의 제한 등이 필요할 것 같다. 유독 정치가들만이 오랜 기간 제한 없이 하고 있다.

국민이 뽑아주지 않으면 되겠지만 정치가는 한번 입지를 확보하면 다음에도 수월하게 입후보해 당선될 수 있는 구조 속에서 움직인다. 선거는 모든 후보자가 똑같은 스타트라인에 서서 동시에 출발하는 구조라 하기 어렵다. 여야의 정치권에 비집고 들어가 공천을 받아야 하는데 그 구조가 기득권층에 절대 유리하도록 되어 있는 상황에서 국민의 선택은 언제나 제한적일 수밖에 없다. 국민이 현명해지고 있지만 아직도 공천 받지 않은 자들에 대한 국민들의 냉랭한 반응은 하루빨리 개선되어야 할 것 같다. 국민들이 정신을 차려야 선출직 대표들도 긴장하며 활동할 것이다.

한때 외국에서 신선하고 패기 있다 하여 젊은 지도자들이 인기리에 등장하였지만, 그들의 정치가 성공했다는 소리를 별로 듣지 못했다. 최근에 불고 있는 중동국가들의 시민혁명에서도 볼 수 있듯이 젊어서 나라를 구하듯이 나타나 권좌에 오른 자들이 결국은 장기집권하며 수많은 국민탄압을 자행하다 비참한 최후를 맞이하고 있다. 젊어서 높은 자리에 오르면 자신만이 유능하다고 생각하는 선민의식을 갖게 되어 당선횟수를 거듭할수록 초심 따위는 잊어버리고 누구나 할 수 일는 일도 자신만이 더 잘할 수 있다고 생각하는 자만과 독선에 빠지기 쉽다. 오래된 정치가들이 더욱 낮은 자세를 취해야 하는 이유이다.

정치야말로 누구나 할 수 있는 전공이 열려있는 장이다. 정치가는 겸허한 자세로 민심에 귀를 기울이며 그 뜻을 펼쳐야 한다. 그런 면에서 정치는 패기와 이상만 가지고는 시행착오를 줄이기도 어렵고 불협화음을 최소화하기도 어려운 것이다. 역시 정치는 유능함에 사회적 경윤이 가미된 자들이 적절한 기간 동안 국민을 위해 봉사할 수 있도록 하는 제도로 개선되거나, 그것이 여의치 않다면 권력자가 아닌 국민들을 위해 봉사하는 낮은 자세의 대표를 뽑아야 한다는 국민들의 의식전환이 필요할 것 같다.

노령화사회는 이미 고착화되었다. 건강하게 오래 사는 사회로 전환된 상황에서 국민의 대표가 젊어서는 리더십 발휘에 문제가 있을 수 있다. 국민이 따르고 나아가 존경해야 하는 대표를 뽑는 것이라면 장수시대에 맞는 적절한 연령의 후보자가 나와야 할 것 같다.

공천도 스스로 못하는 정당

인천일보, 2012.03.22

　정당이 국민에 귀를 기울이는 것은 좋다. 국민의 뜻을 받들어 해야 하는 것이 정치이기 때문이다. 정당은 정치를 지향하는 자들이 뜻을 같이 해 만든 자의적 정치단체이다. 정당인은 이해관계가 같을 때는 함께하지만 이해관계가 달라지면 언제라도 헤어진다. 이해관계가 일치해 지향하는 바가 같아 모여 만든 정당이니 당내 문제는 당내에서 해결하는 것이 옳다. 서로 불신한다 하여 당내 문제를 당이 스스로 해결하지 못한다면 당은 헤쳐 모여를 해야 할 것이다.

　국민을 위해 하는 정치라지만 정당은 당원들 스스로가 자기들의 목적을 위해 만든 것이지 국민이 만든 것도 아니고 국가의 공조직도 아니다. 선거에서 이기기 위한 인적쇄신도 정권획득을 위한 어떠한 시도도 당내의 문제인 만큼 당내에서 해야 한다. 좋은 사람을 영입하기 위해 여론수렴 차원에서 외부 인사들의 의견을 들을 수는 있을 것이다. 하지만 인적쇄신을 스스로 하지 못하고 외부 힘을 빌려 하는 것은 제대로 된 당의 모습이 아니다.

　총선을 앞두고 공천으로 시끄럽기만 하다. 당내 인사들을 물갈이 해야 한다며 외부판단을 빌려 공천을 하고 있으니 당연한 소란이다. 뜻을 같이 하자더니 이제 쇄신대상이니 강제로 퇴출시키겠다는 것이다. 당규에 정해져 있는 객관적인 공천기준이 있다면 그것을 적용하면 될 일이다. 외부 공천심사위원이 내부 공천심사위원보다 더 나은 선택을 하리라는 보장은 어디에도 없다. 그렇다면 엄격하고 투명한 기준을 가지고 당내에서 공천을 결정하는 것이 정당 권위를 지키는 일일 것이다. 정당에 그런 능력이 없다면 당을 해산하고 서로 공천하고 싶은 자들끼리 모여 다시 당을 만들어야 할 것이다. 좋지도 않은 정치판에 모든 국민을 끌어들이지 말고 스스로 자정하여 결정하길 바란다.

국민을 위해 좋은 인물을 내세우겠다니 정말 환영할 일이다. 좋은 인물들을 영입하기 위해 국민의 여론을 듣겠다니 이 또한 바람직한 일이다. 하지만 선거에 나올 사람을 당에서 결정하지 못하고 외부 공천심사위원회에 맡기는 것은 건전한 정당이 아니었음을 스스로 자인하는 것이다. 외부 인사들에 휘둘리는 정당이 과연 존립가치가 있는 것인지 묻고 싶다. 외부의 공천심사위원도 마찬가지이다. 당원도 아닌 자가 자문도 아니고 결정에 직접 참여하는 것은 남의 집에 가서 주인노릇을 하는 것과 같다. 하고 싶으면 당에 가입하는 것이 옳을 것 같다.

국민경선도 마찬가지이다. 각 지역구에 당원들이 있을 테니 당원들에게 물어보면 되는 것이고 혹 당원들에 문제가 있다면 이 또한 스스로 개혁하여 해결해야 할 일이다. 국민들에게 묻겠다니 국민들이 마음에 안 들어 다 바꾸라면 바꾸겠다는 말인가? 정당은 자신들이 결정한 사항을 최종적으로 선거를 통해 국민에게 물어보면 되는 것으로 선거 때마다 개혁을 내세워 국민들을 정당 내부문제에까지 끌어들이는 것은 스스로의 무능을 드러내는 일이다.

오히려 국회의원에 관한 법제정이나 국민들의 손에 돌려놓아야 할 것이다. 민주주의를 위한 삼권분립이라지만 입법부의 일부 입법 권한은 비합리적으로 국민의 비판이 매우 크다. 국회의원을 비롯한 선출직 의원들이 자신들의 세비를 올리고 부적절한 해외연수를 즐기고 유급보좌관을 두는 등의 자신들의 권한이나 처우문제를 자신들이 임의로 결정하는 불합리가 계속되고 있다.

고양이에게 맡긴 생선이 온전할 리가 없다. 특히 국회의원의 자격, 임기, 권한, 책임, 나아가 지역구 조정 등의 문제는 국회가 아니라 국회 밖에서 이루어져야 할 사항으로 그래야만 바람직한 국회의원을 만들 수 있고 아울러 바른 정치를 실현할 수 있다. 선출직 의원에 관한 모든 규정은 의원들 당사자가 아닌 외부의 기구에서 관리하는 것이 마땅할 것이다. 이런 일이나 개혁차원에서 국민들에게 내놓아야 할 것이다.

국민의 뜻은 '지자체의회 폐지'

인천일보, 2014.02.18

　국회의 늑장 대응이 새삼스럽지는 않지만, 6월 지방선거가 코앞인데도 선거법 개정을 둘러싼 여야의 논쟁은 출발만 요란했지 지지부진하다. 기초선거 정당 공천 폐지가 위헌인 만큼 유지해야 한다느니, 풀뿌리 민주주의를 실현해야 하니 대선 공약대로 폐지해야 한다고 하면서 양보 없는 흑백논리의 싸움을 재연하고 있다.

　하지만 여야의 주장 모두 국민들이 바랐던 그간의 요구와는 동떨어진 내용이다. 국민들은 후보 공천문제를 해결하라는 것이 아니다. 민주주의 발전을 위해 도입한 것이라지만, 지자체 의회가 세금만 낭비할 뿐 이익보다 폐해가 많으니 폐지하라는 것이다. 대도시일수록 그런 경향은 더욱 뚜렷하다. 아무도 공천유무에 따라 달라질 의회라고 생각하지 않는다.

　풀뿌리 민주주의를 말하지만 대도시에 거주하는 사람이 자기 지역의 풀뿌리 자치에 관심을 가지리라는 기대는 한낱 요망사항일 뿐이다. 대도시 거주민들은 독립성이나 차별성도 없는 자기 지역구만의 작은 자치의회에 관심을 기울이는 생활을 하지 않는다. 좁은 땅덩이에 살면서 과도한 인구밀집으로 선거구가 조각조각 나뉘었지만, 동일 생활권에서 서로 다른 의회정치가 이뤄져야 한다고 생각하지 않는다.

더구나 지방의회가 지역민을 위해 봉사하는 게 아니라 중앙정치의 예속과 보호 아래 권한 행사나 하는 기구인데, 그런 의회가 필요하다고 느낄 리 없다. 그러니 당연히 있을 순기능과는 상관없이 시의원이든 구의원이든 관심도 없고 역할도 불필요하다고 생각한다. 그들의 이름조차 알 이유가 없는 것이다.

아무리 지적을 받아도 당리당략이나 자리보전을 위한 행보 외에 큰 관심이 없는 국회의원들과 마찬가지로, 지자체 의원들도 봉사와 섬김을 실천한다는 이야기는 별로 듣지 못한다. 지역사회를 위한 봉사직이었던 지자체 의원이 당의 꼭두각시로 되어 정쟁을 일삼고, 일부이긴 하지만 권력남용 등의 부정한 행위를 저지른다. 그런가 하면 세비를 올리고 부당한 해외연수로 지역민의 세금을 축내는 존재로 인식되고 있으니, 없느니만 못하다는 평가는 당연하다. 그저 정당이나 국회의원의 이해관계에 의해 지역민들이 필요로 하지도 않는 제도가 운영되고 있는 것이다. 대한민국의 풀뿌리 민주주의가 허울만 좋았지 칭찬을 받지 못하는 이유이다.

그렇다면 국회 정치개혁특위에서는 지자체 의원에 대한 정당공천 유지냐 폐지냐가 아니라, 지자체 의회의 유지냐 폐지냐부터 논하는 것이 순서이다. 국민 대다수가 불필요하다고 하면 폐지하는 것이 옳다. 국가가 민주적으로 바르게 운영되면, 지역민의 관심도 없는 작은 단위의 의회제도가 반드시 필요한 것도, 더 효율적인 것도, 최상의 민주적인 것도 아닐 것이다. 풀뿌리 민주주의라는 단어의 의미에만 사로잡혀 국민의 동의도 못 받고 폐해만이 지적되는 제도를 유지시킨다는 것은 오히려 민주주의 발전을 저해할 뿐이다.

여당이 처음에 들고 나온 기초의회 폐지 카드는 오랜만에 국민에게 칭찬받을 최상의 것이었다. 그런데 많은 국민이 고대하던 그 좋은 카드는 어디론가 사라지고 공천을 해야 하느니 말아야 하느니 하더니만, 슬그머니 폐지해야 할 의원의 수를 늘리는 어처구니없는 개악을 하고 말았다.

민주정치는 국민이 원하는 바를 이루도록 하는 행위일 텐데, 국민의 뜻을 외면한 국회의원들의 행태가 지속되고 있어 우려스럽기만 하다. 결국 국회의 정개특위는 본인들을 위한 잔치일 뿐 국민에게 줄 기대는 없어 보인다.

지방선거 후보선택은 인품·주변인물 살펴야

대통령의 인기가 높다는 여론이다. 정부의 일이 잘 추진되도록 국민 다수가 지지를 보낸다니, 대립과 분열로 점철된 한국에서 의견이 모일 수 있음을 보여주는 반가운 일이다. 하지만 대통령의 지지도는 지방선거에 나오는 후보의 능력과 아무런 상관관계가 없는 것으로, 후보선택의 기준이 되어서는 안 된다. 대통령과의 친소관계로 후보선출을 결정해야 하는 것이라면 선거는 무의미한 것으로 임명제로 바꿈이 옳을 것이다.

선거철에는 늘 수많은 사람들이 돕겠다고 모여들어 대선후보와 사진을 찍으며 친분을 만들지만, 그런 사람이 어디 하나둘이랴. 당선이 되기 위해 한 표가 아쉬운 상황에서 이런저런 직함의 임명장을 나눠주며 많은 사람들을 곁에 불러 모으지만 그들 모두가 괜찮아서 그런 것은 아닐 것이다. 민주주의의 선거가 그저 다수의 표를 획득하면 되는 것이기에 어떻게든 사람을 모아야 하니 좋은 사람 나쁜 사람 고를 처지가 아닌 것이다.

여당후보는 대통령과 야당후보는 당대표 등과의 친분을 자랑하며 함께 찍은 사진을 내거는 선거홍보가 많다. 최고의 권력자와 함께한다 하여 능력 있는 정치인이 될 수 있다고 평가할 근거는 아무

1. 정치 – 대정부·선거·국회의원 **81**

데도 없다. 제대로 된 후보라면 정당 프리미엄이 아닌 개인의 능력으로 유권자들 앞에 서야 한다. 권부와의 관계나 연고지역정당 소속의 후보임이 아니라 능력을 발휘하여 일 잘할 수 있는 후보임을 내세워야 한다. 선거는 후보 개인의 자질을 보고 선택하는 것이어야 한다. 후보의 개인능력 이외의 것을 강조하는 자는 자격미달이다. 인맥이나 지역정서 등을 내세운 적임자론을 말한다면 야당인사나 정부와 소원한 여당인사가 당선되면 정부의 비협조로 해당 지역에 불이익이 돌아갈 수도 있다는 말이 된다.

지방선거가 얼마 남지 않았다. 그런데 국민들은 크게 관심을 보이지 않고 있어, 민주주의 최고의 행위라 하는 선거가 후보 따로 유권자 따로인 행사처럼 변해가는 느낌이다. 후보들 모두 낙원을 만들 것 같은 저마다의 공약을 내놓지만 신선한 것도, 서로 차이나는 것도 별로 없어, 관심 없는 유권자들을 사로잡기에는 역부족이다. 그간 선거에서 공약이 부실하여 낙선한 바가 없으며 공약이 훌륭하여 당선된 바도 거의 없다. 사실 아무리 좋은 공약을 내놓아도 타 후보 또한 비슷한 공약으로 바로 응수하는 상황에서 좋은 정책을 내놓으라는 말도 별 의미 없어 보인다.

후보자를 살펴본들 누가 더 나을지 선택하기 쉽지 않다. 하지만 유권자의 수준도 높아진 만큼, 누가 지역민을 위해 제대로 일할 후보인지 현명하게 판단해야 한다. 비슷한 공약을 내세우는 후보들에 대해 유권자가 들여다봐야 할 사항은, 갑의 횡포와 민주주의의 파괴를 일삼아온 요직의 경력이 아니라, 1,000여 명 의견조사의 결과가 아니라, 결국 후보자의 언행과 인품, 그간 몸담아온 직장 내 평가 등을 통해 들을 수 있는 후보의 인간 됨됨이와, 그를 둘러싼 캠프의 인물들이다. 능력도 부족하고 세간의 평도 좋지 않은 사람들이 후보자 주변에 포진해 있다면 그를 선택해서는 안 된다. 왜냐하면 우리가 늘 경험하듯 당선되면 그들이 이권에 개입하거나 주요 자리를 차지하며 지방행정을 엉망으로 만들 수 있기 때문이다. 후보가 국민을 대하는 그간의 자세와 후보와 함께하는 주변 인물들에 대해 자세히 살피는 일이 후보의 공약을 살펴보는 일보다 더 중요할 수 있다.

지방분권이 진정한 자치를 이뤄내 지역을 발전시키는 길이라 말하고 있다. 진정한 지방자치를 위해서는 지역과 지역민을 위한 작은 정치가 실현되어야 한다. 대통령이나 되는 것 같은 거창한 구호들은 버리고 지역 현안을 해결할 정치적 비전으로 지방선거에 임해야 한다.

지방선거는 지역의 일꾼을 뽑는 선거이다. 하지만 타 지역과의 관계 속에서 자기지역을 볼 수 있는 식견 또한 후보가 갖춰야 할 요소이다. 고루 잘사는 균형 잡힌 국가건설이 모든 지자체 공통의 목표임을 생각할 때, 인구분산이 필요한 이 시대에 거대도시로의 발전은 지역민을 위한 길이 아님을 모든 후보들이 냉정히 인식해야 한다. 균형을 잃은 발전은 국민 전체에게 불편과 고통을 가져다 줄 뿐이다.

국회의원들이 내건 현수막에 자기지역을 위해 국비를 얼마 따왔다는 자랑은 너무 유치하여 봐줄 수가 없다. 지역민에게 빵 한 조각 더 준다는 정책이 아니라 타 지역에도 도움이 되는 정책을 내놓는 후보야말로 지방자치의 의의를 살리는 진정한 리더가 될 것이다. 중국의 황사가 한국에 영향을 미치듯 우리 지역만이라는 사고는 버리고 공멸이 아닌 공생의 길을 만들어갈 수 있는 후보를 기대한다.

'주인' 우롱하는 '머슴'

이익집단의 저항에 일침을 놓아 겨우 국민이 바라는 바가 하나 이루어지나 했더니 난데없이 국회의원들이 슈퍼 약 판매의 부당성을 지적하고 나와 어이가 없어 말문이 막힌다. 약국 이외의 곳에서 약을 판매하면 국민들이 아무렇게나 약을 사먹는다는 말인지, 국민들을 판단력도 없는 무지한 사람들로 무시하고 있다.

약국들 중에는 감기약이 종류별로 진열되어 있어 국민들이 자유롭게 선택해 살 수 있는 곳이 많다. 그런 약을 팔면서 약의 부작용이나 오·남용에 대한 설명을 하고 있는 약국은 본 적이 없다. "머리 아프니 두통약 하나 주세요" 하면 그냥 돈 받고 약 주는 곳이 약국이지 약사의 지도를 받고 산 적이 있는지 묻고 싶다. 언론에 광고되는 약이나 박카스 하나 사먹는 데 약사의 도움은 필요치 않을 것 같다. 간단한 약은 사먹으라고 모든 매체가 광고하고 있는데, 그럼 이런 것들이야말로 사라져야 하지 않는가.

약의 오·남용이 위험하다는 것을 부정하는 사람은 없을 것이다. 그렇지만 의사 처방 없이 약국에 있는 감기약 골라 사먹어 크게 문제된 사람을 주변에서 보지 못했다. 원래대로라면 의사의 처방으로 약을 사야 하니 약사와 상의해 약을 결정할 수도 없는 일이다. 그렇다면 약국에서는 의사가 처방하는 약 이외에는 그 어떤 것도 팔아서는 안 된다는 논리가 맞다. 의사의 판단에 따라 처방된 약만을 판매하는 것이 오·남용을 막는 것이기 때문이다.

국회의원들이 국민의 건강을 걱정한다고 하나 이는 그럴듯한 포장이다. 건강에 해로운 것들은 비단 약뿐만이 아니다. 패스트푸드, 탄산음료, 소금, 설탕, 기름진 고기, 탄수화물이 많은 쌀 등 다량섭취하면 안 되는 수많은 먹을거리가 있지만 이들을 자격이 있는 자들이 지정된 장소에서 설명을 해 가며 팔고 있지는 않다. 흡연이 몸에 해롭지만 공기업에서 담배 만들어 팔아도 국회의원들이 이를 법으로 규제하려 하지 않는다. 과음이 안 좋지만 술집에서 술 파는 양을 제한하지도 않는다. 국민의 건강을 해칠 수 있는 것은 약의 오·남용만의 문제가 아닐 것이다.

국회의원들은 약국에 가 약이 판매되는 모습을 다시 한 번 확인하고 약국에서 약을 사먹어야 오·남용을 막는다는 터무니없는 주장보다 오히려 선진국들의 모습으로 우리의 약국들을 개선할 안을 내놓아야 한다. 약사와 약국이 좀 더 경쟁력을 갖추도록 도와주는 것이 문제의 해결책이 될 것이다. 한국은 경제협력개발기구(OECD) 최고의 교육국가이다. 문제가 없는 일반 약 하나 사는 것은 그냥 국민 개개인의 판단에 맡겨도 충분하다.

정치가들은 제도의 새로운 변화를 주장할 때면 선진국에서 시행하고 있으니 검증된 것처럼 이야기하며 필요할 때는 잘도 갖다 붙인다. 많은 선진국에서 약국이 아닌 슈퍼와 같은 가게에서 파는 약을 한국에서는 안 된다니, 이 제도는 한국이 선진국보다 훨씬 앞서 있다는 이야기인지 묻고 싶다. 그렇다면 미국·일본·유럽 선진국들에 대해 큰소리로 그 잘못을 지적해 보기 바란다.

정치가로서 표를 의식한 것이라면 유권자의 몇 퍼센트가 이익집단이고 몇 퍼센트가 변화를 찬성하는 국민인지 그런 계산쯤은 했을 터이다. 그런데도 국민들에 반하는 주장을 하는 데에는 뭔가 다른 이유가 있는 것으로 비친다. 국민들은 정치가 아니라 정치가의 행태를 싫어하고 있다. 서울 시장 선거를 앞두고 국민들은 정치가의 선택에 대해 변화된 새로운 모습을 보여주고 있다. 국민의 대표라 하면서 국민의 의견을 무시하고 이익집단만을 위한 행동을 계속한다면 이제는 여야를 막론하고 국민들은 새로운 일꾼으로 정치가를 일신하려 할 것이다. 국민을 대표한다는 것은 국민 대다수의 건전한 의견을 정책에 반영하는 것이 시작이다.

국회의원 당선횟수 제한해야

인천일보, 2015.12.22

내년 총선을 앞두고 다시 정가가 시끄러워지고 있다. 대통령은 국회의원들이 밥그릇싸움만 일삼고 해야 할 일은 안한다며 노발대발이다. 어차피 국민들이야 늘 그런 국회의원들이기에 새삼 놀라지 않는다. 국민들은 국회의원 수를 한명이라도 줄여야 한다고 말하는데, 구태의연한 기준을 들이대 지역구를 나누고 합치고 하라는 결정에 각 정당들은 선거구획정 문제로 안 해도 될 싸움 하나를 더 벌이고 있다.

인구 많은 곳의 국회의원이 일을 더하는 것도 아니고, 유권자 1명의 투표의 가치 운운하며 그저 인구수만을 가지고 지역구를 조정한다는 결정은 그저 단순한 산수풀이 수준으로 보인다. 고도로 복잡한 현대사회에 정치가 어디 사람만을 보고 하는 것이랴.

넓고도 넓은 농어촌에 인구가 적다하여 이곳저곳 다 합쳐 한 사람이 맡아 정치하라 하니, 정도의 문제이긴 하지만 적절한 판단이라 할 수 없다. 정말 이뤄내야 할 지역의 균형발전은 먼 이야기가 되었고, 지금 추세라면 수도권 등 대도시로의 인구밀집은 갈수록 심화되어 갈 텐데, 그렇게 되면 지방은 한명의 국회의원이 전체를 돌봐야 할 날도 멀지 않았다.

인구가 많은 대도시의 지역민이 지역 국회의원에게 바라는 것은 별로 없다. 서로 인사를 나누는 일도 없으며, 특별히 지역 내의 개개인을 위해 해야 할 일이 있다고도 생각하지 않는다. 개인적 이해관계가 느슨하니 늘 선거 투표율은 낮고, 그 투표 또한 후보 개인만을 보고 하는 것도 아니다.

시민들의 정치가에 대한 욕구가 인구수에 비례하는 것도 아닌데, 인구 좀 늘었다고 분구하여 국회의원을 하나 더 늘리라는 것은 누구를 위한 결정인지 이해하기 어렵다. 선거구 획정문제는 정당 유불리의 문제 그 이상도 이하도 아닌 것으로, 결국 정당 간의 치졸한 싸움만 야기하게 하는 무익한 것이 될 뿐이다.

어쨌든 이제 조금 있으면 선거구가 결정되고, 총선 후보공천을 둘러싼 치졸한 싸움이 벌어질 것이다. 공천만 받으면 쉬이 당선되고 마는 정치구도이기 때문이다. 정당은 물론 언론이나 시민단체에서도 후보 검증을 내세워 낙천대상자를 지목하며, 정치인 물갈이론을 제기할 것이다. 전과가 있다느니, 파렴치하다느니, 인물이 안 된다느니, 이젠 새로운 자들에게 자리를 넘겨줘야 한다느니 하며 끝없는 내홍을 연출하게 될 것이다. 공천권을 쥔 자는 공천 물갈이라는 미명하에 제 식구 감싸기나 새로운 제 사람 만들기를 시도할 것이다.

국회의원을 둘러싼 갖가지의 잡음은 국회의원이 국민들 위에 군림하는 최고의 권력자로 그 권세를 잃지 않기 위해 벌이는 과욕에서 기인하는 것이다. 민주주의사회의 국회의원은 국민의 대변자요 조정자여야 하지 세도가여서는 안 될 일이다. 지금도 많은 국회의원들은 그 권력 직을 유지하기 위한 행보에 최고의 가치를 두고 움직이고 있다. 말은 근사하지만 비례대표도 무늬만 그럴듯하지 대부분이 권력의 이해관계에 의해 정해지고 있어 제도의 취지와는 사뭇 다른 모습이다. 지금과 같은 비례대표라면 폐하는 것이 바람직할 것 같다.

결국 국회의원 선거를 둘러싼 제반문제를 해결하기 위해서는 국회의원의 권한을 대폭 축소하고, 국회의원을 국민을 위해 진정으로 봉사하는 자리로 만들어야 한다. 그를 위해서는 국회의원에 대한 입법권을 타 기관이 담당하도록 해야 할 것이다.

국민들이 아무리 국회의원의 권한을 내려놔라 해도, 입법권을 가졌다하여 국민들의 요구에 아랑곳 하지 않는 태도를 더 이상 방치해서는 정치의 후진성은 극복할 수 없다.

국민들이 커다란 바람을 일으켜 국회의원 선거제도를 바꾸도록 해야 한다. 지자체장과 같이 4년 임기 3회 정도로 당선횟수를 제한함이 좋을 것 같다. 한국의 오늘에 현 국회의원들보다 능력 있고 참신하고 정의로운 인재는 얼마든지 있다. 그런데 늘 하던 국회의원들이 별 문제없이 계속 당선될 수밖에 없는 구도하에서는 구태정치를 타파하기 어렵다. 그러니, 매번 선거철만 되면 온갖 치졸한 싸움으로 혼탁한 정치판을 전개하게 된다. 국가를 위한 봉사에 3회 12년도 긴 것이다. 여타기관의 대표들 임기에 비하면 길기만 하다.

급여를 받는 모든 직종에 정년이나 임기가 있는 법인데 국민의 세금으로 급여를 받는 국회의원만이 종신으로 할 수 있어서는 온당치 못하다. 국회의원으로만 국가에 봉사하지 말고 다른 자리에서도 국가에 봉사해야 한다. 다선 의원들은 자신들이 매우 능력 있는 정치지도자라 생각할지 모르지만, 권력의 자리에 있으니 그리 보이는 것이지, 실은 권력을 잠시 쥐고 있는 사람들일 뿐이다.

가끔 내가 왜 세금을 내야 하나를 곰곰이 생각하게 된다. 국민이 낸 세금을 가지고 국회의원들이 자신들의 이익을 위해 돈 잔치를 하는 듯 보이기 때문이다. 국민의 세금이 권력노름의 뒤를 대는 형국과도 같다. 민주주의라 하지만 민이 주인은 고사하고 그저 합법적으로 이용되는 도구에 불과한 듯 느껴지는 세상이어서는 안 된다.

'국회의원 권한' 제3기구서 만들어야

인천일보, 2016.07.27

국회의원이 친인척을 보좌진으로 채용한 것을 두고 말이 많다. 정치권은 법제정으로 막겠다며 우선 소나기는 피해갔다. 국회의원의 특권을 묵과할 수 없다는 국민들의 지적에 임기응변식 대응이다. 국회의원의 특권이 그런 법제정으로 개선된다는 말인지 국민의 수준을 너무 얕보는 처사이다. 이번 사태는 10명 가까운 보좌진을 마음대로 채용할 수 있는 국회의원의 특권을 바로잡아야 한다는 데 본질이 있다.

국회의원의 일은 국가와 국민을 위한 공적 업무이니 공조직의 도움을 얻어 수행하면 될 일이다. 따라서 공무에 필요한 보좌진은 국회에서 공무원으로 뽑아 배정함이 마땅하다. 그리되면 채용비리나 급여 가로채기와 같은 부조리는 나올 수 없다. 또한 정당정치를 표방하는 한국에서 국민의 세금으로 운영하는 정당 내 연구소 등의 조직이 전문가집단을 구성해 국회의원이 요구하는 자료나 정보를 제공하며 함께 유기적으로 움직인다면, 혈세를 낭비하는 지금과 같은 많은 수의 국회의원 보좌진은 필요 없을 것이다. 특수성을 인정한다 하더라도 국회의원이 채용할 수 있는 개인보좌진은 친인척이든 누구든 한두 명으로 최소화하고, 나머지는 공조직을 이용하도록 바꿔야 한다.

자기사람을 써야 한다는 발상을 버려야한다. 역량을 발휘해 기존 조직을 잘 활용하면 그 속에서도 자기사람처럼 믿고 맡길 사람은 얼마든지 만들 수 있다.

오늘날 한국사회의 가장 큰 문제점은 공조직을 사적인 자기사람들로만 채워 운영하는데 있다. 맹목적으로 충성할 자기사람을 들여 일하면서 어찌 공정함을 논할 수 있으며, 국민에 화합을 요구할 수 있겠는가. 자기사람을 고집하는 자는 비리의 의도를 가진 것으로 볼 수밖에 없다.

지역구를 지키고 표를 관리하기 위해 많은 보좌진을 두고 일해야 한다는 생각도 고쳐야 한다. 국회의원은 국가를 위한 큰일에 집중하고 이해관계에 얽힌 자잘한 일들은 멀리해야 한다.

국가 전체를 보지 않고, 타 지역의 사정을 고려하지 않고, 자기 지역구만을 챙기면 그만이라는 편협한 정치는 지양해야 한다. 예산은 한정되어 있는데 발전된 지역을 더 발전시켜서는 낙후된 지역은 더욱 더 낙후만 되어 감을 인식하고, 국가 전체의 균형을 내다보는 국회의원이 되어야 한다.

보좌진의 급여에 손을 댄다는 어처구니없는 일도 국회의원들이 갑의 위치에서 을에게 부리는 횡포인데, 늘 지탄받는 사회의 갑을 문제에 국회의원들이 나서서 싸울 명분을 찾을 수 있을지 의문이다. 특권을 내려놓지 않으려 온갖 수를 쓰는 것도 국회의원들이 갑의 부류에 살고 있기 때문이다.

삼권분립이 민주주의의 발전에 부응하지 못하고 있다. 사회의 기본 체제가 국민의 눈높이에 맞게 변화 발전해야 함에도, 삼권을 장악한 자들은 국가의 권력을 셋으로 나눠 법이 부여한 권한이라며 마음껏 휘두르는 양상이다. 국회의원들은 입법권을 움켜쥐고 국회의원의 특권 내려놓기를 외면하고 있다. 국회의 신성한 입법권을 국회의원의 특권 지키기에 사용하며 민주주의의 발전을 가로막고 있는 셈이다.

어떤 자리도 권한이 과도하면 그 권한을 자기 멋대로 사용해 사회의 부조리를 낳고 만다. 공사를 막론하고 권력과 권한이 과도한 자리는 민주사회에 맞도록 제도적으로 손봐야 한다. 국회의원의 지위에 관한 법률도 제3의 기구를 설치하고, 그곳에서 결정하도록 해야만이 정상화의 길을 모색할 수 있다.

모든 공무원에 정년이 있고 기관장의 자리에 임기가 있는 법인데 국회의원만이 임기나 정년이 없는 특권으로 권력을 독점해 정치부패를 낳고 있다.

대통령 연임이 권력독점과 부패로 이어진다는 우려를 국회의원들이 제대로 보여주고 있다. 다선 국회의원이 되면 될수록 국민의 지탄은 커져만 가는데 그들은 다선이라는 미명하에 국회의 요직을 독점하며 더 많은 권력을 움켜쥔다. 국회의원의 임기라도 제한해 구태의연한 정치를 바로잡아야 한다. 각자의 영역에서 열심히 봉직한 후에 그 경험을 바탕으로 두세 번 정도의 국회의원으로 국가에 봉사하는 그런 제도가 바람직해 보인다.

젊은 정치가 운운하지만 젊어서 된 국회의원 역시 다선이 되면 초심은 온데간데없고 권력에 도취되어 본인이 남보다 훌륭하다는 착각 속에 점점 더 국민 위에 군림하려는 모습을 보여 왔다. 권력을 아는 자가 권력을 휘두른다는 이치이다. 결국 지탄받는 정치가의 길을 걷는 경우가 많다. 국민의 대표라 큰소리치지 말고 낮은 자세로 국가를 위해 일하는 국회의원이 국민들이 바라는 모습이다. 특권을 내려놓는 것처럼 국민을 기만하는 제스처만 취해서는 안 될 것이다.

국회의원 비례대표제

　다양한 직능대표의 전문성이나 사회적 약자의 목소리를 정책에 반영하기 위해 만들어진 비례대표제가 그 취지는 퇴색되고 국민들의 힘이 미치지 않는다 하여 국민의 정서와 무관하게 운영되고 있다.

　국회의원은 민의를 대표하여 국정을 운영하는 한 주체이다. 하지만 민의가 고려되지 않고 당의 임의로 결정되는 국회의원 비례대표제는 공정과 균형을 표방하고 있지만, 실은 권력배분이나 정략적 배려만 있어 보인다.

　어떤 국회의원도 난국을 헤쳐 나가야 하는 국가 리더로서의 능력과 품성을 갖춰야 한다. 그런 만큼 국민으로부터의 검증은 당연한 것이다. 유명세, 상품성, 기여도와 같은 자질이 아닌 요소로 공천하여 내놓는 후보들이 과연 글로벌 경쟁사회를 이끌 한국의 대표로서 최선의 선택인지 의문이 든다.

　직능대표나 약자의 대변자를 비례대표로 한다지만, 현대와 같이 다양하게 분화되어 있는 사회에서 어떤 직능, 어떤 약자를 비례대표의 몫으로 할 것인지 심사숙고를 해야 할 텐데 그 선발기준도 명확하지 않고 결과에 대한 국민의 반응도 신통치 않다. 당에 기여했다 하여 보상 차원에서 배정하는 후보 또한 국민의 이해를 얻을 수 없

1. 정치 - 대정부·선거·국회의원　**95**

다. 당에 기여한 자라 해도 그 또한 국민의 눈높이에 맞춰야 하는 것이다. 비례대표도 거액의 국민혈세가 소요되고 국민 최고의 특권이 부여되기 때문이다. 비례대표에 대한 국민의 신뢰가 크게 떨어지는 이유이다.

국회의원이란 국민을 위해 일하는 존경받는 자리이지만, 아직도 국민들이 상전으로 생각하는 부정적 시각이 존재하는 자리이다. 국회의원이 국민들 위에 군림하는 자리라는 인식이 여전하다는 의미이다. 그런 자리에 어떤 자가 적절한지 민의를 헤아려야 할 텐데 객관성도 없이 이런저런 자들을 비례대표 후보로 내세워 국민들을 당혹스럽게 한다.

변화된 사회를 이해하고 적극 수용한다는 것은 바람직한 일이다. 하지만, 변화된 사회가 정착하기까지에는 적지 않은 시간이 걸리는 법이다. 한국의 다문화사회 역시 같은 범주일 것이다. 예상치 못한 돌발적 사태에 접하는 국민들의 비판은 옳고 그름을 떠나 필연적 과정이라 판단된다.

한국 국적을 가진 자는 누구라도 정치인이 될 수 있어야 하겠지만, 동질성을 강조하는 한국인의 의식 속에서 국민 최고의 대표선출을 곧바로 익숙하지 않은 사회와 연결 짓는 데에는 다소의 성급함이 느껴질 수 있다. 비례대표의 후보추천이 당의 이미지 차원에서 벌이는 이벤트처럼 보이지 않을 적절한 시기가 있는 것인지도 모른다.

무릇 국회의원이란 어떤 분야에서도 보편적 상식과 건전한 판단력만 가지고 있으면 그 소임을 다할 수 있는 자리로 특별히 이렇다 할 전문적 능력을 가질 필요는 없다. 장애인, 노약자, 탈북자, 귀화인 등 보살핌이 필요한 사회적 약자의 집단은 무수히 많다. 하지만 그들의 의견을 국정에 반영하는 것은 어떤 국회의원이라도 할 수 있는 일이며 해야 하는 일이다.

국회의원들이 사회적 약자의 문제를 바로 보고 성의 있게 대처하면 해결 못 할 일이 없을 것이다. 모든 것이 국회의원 개개인의 자세에 달려 있는 것이다. 모든 분야의 대표를 국회의원으로 선택할 수도 없고 비례대표가 국회의원이 거저 되는 부당한 길처럼 느껴지는 상황에서, 비례대표제의 의미는 이미 찾아보기 힘든 것 같다.

그렇지 않아도 국회의원의 수가 많아 비판이 끊이지 않으니, 대대적 수술이 불가능한 것이라면 아예 차제에 비례대표제는 폐지를 검토하고 국회의원 또한 불필요한 특권을 없앰으로써 국민에 건전하게 봉사하는 자리로 만들어야 할 것이다. 국회의원이 특권자가 아니라 국민에게 봉사하는 그런 자리라면 누가 된들 감사와 존경의 마음을 갖지 않겠는가?

국회의원의 분노조절장애

인천일보, 2019.03.20

한국이 거친 언행을 일삼으며 마음에 안 들면 곧바로 분노를 쏟아내는 사회에서 벗어나지 못하고 있다. 사소한 일에 쉽게 흥분해 격한 반응을 보이며 감정적으로 대응한다. 인간은 누구나 분노를 경험하곤 하지만 그때마다 폭발시키지는 않는다. 화도 내고 분노도 할 수 있는 일이지만, 정도와 방법의 문제로 일정한 선을 넘어서는 안 된다. 타인에 대한 비판이나 비난에는 세심한 주의를 기울여야 하고, 공적인 상황에서는 더더욱 그렇다.

가정교육과 학교교육을 통해 우리는 더불어 사는 사회에서 가져야 할 인간의 품성을 익혀야 하고, 사회는 이를 지켜내야 한다. 모두 자신의 이익만 챙기면 되는 물질만능의 이기적 사회가 되어, 부딪히는 일들에 대해 날카로운 감정을 쉽게 들이댄다. 분노조절장애가 흔히 목격되는 상황이다. 인간사 어찌 분노가 없겠는가? 분노를 느낀다 해도 이성적으로 대처해가야지, 이를 조절하지 못해서는 정상적인 사회인을 영위할 수 없다. 결국 붕괴된 공교육의 폐해가 이곳저곳에서 속속 드러나고 있는 것이다. 인간다운 인간을 만들어내지 못하는 교육으로는 백약이 무효일 것이다.

최근 5·18민주화운동에 대한 국회의원들의 발언이 공분을 사 징

98　모세종의 오피니언

계문제로까지 비화된 상황이다. 그런데 그 바톤을 이어가기라도 하듯이 국회 대표연설에서 또다시 분노를 폭발시킬 발언으로 정국을 일대 혼란에 빠뜨리고 있다. 분노조절장애를 앓고 있는 국민들을 치유해야 할 국회의원들이 전 국민들이 보는 앞에서 도발적인 발언을 작렬시키며 분노조절장애를 제대로 보여주고 있다. 정부의 잘못을 지적하고 비판하는 것은 의원들의 책무라 하겠지만, 어떻게 하느냐가 중요한 것이다. 늘 품위를 말하는 국회의원들이 도를 넘어 상대의 분노를 촉발시킬 목적의 원색적 비난으로 일관하며, 그것이 싸움의 승전보라도 되는 양 의기양양해 한다.

국회의원은 분노조절장애자와 같은 언행이 전매특허인지 그들을 뽑은 국민으로서 분노조절이 안 되는 상황이다. 국민을 극한 대립으로 몰아넣는 선동적인 행위를 마치 정당의 선명성이라느니 보수나 진보를 대변하는 행위라느니 말을 늘어놓는데, 징계 받은 어느 공무원의 말대로 이런 자들을 좋다고 뽑고 추종하고 있으니, 우리 국민들이 짐승이라는 소리를 듣는 것인지도 모른다.

정도의 차는 있지만 누구나 잘잘못을 하고 허물도 가지고 살아간다. 하늘을 우러러 한 점 부끄럼 없이 살아가는 것은 시의 구절처럼 쉬운 일이 아니다. 그런데 한국사회가 많은 곳에서 자신은 돌아보지 않고 타인에게만 비판의 잣대를 들이대며 척결해야 할 대상이라 거칠게 몰아붙인다. 타인의 잘못은 평소 내가 범하는 잘못 정도일 수 있다. 그간 우리가 적폐 속에서 살아왔다면 그런 삶의 모습이 우리 국민들 다수에게 배어 있는 것인지도 모른다. 적폐청산을 내세운 정치집단도 이를 요구하는 국민들도 적폐의 강물 속에서 헤쳐 나온 삶이다. 그렇기에 우리 모두가 스스로 폐습을 답습하고 있는 것은 아닌지 되돌아봐야 하는 것이다. 칼자루를 쥐었다하여 늘 정의로운 삶을 살아온 것처럼 행세하는 것은 오만이다.

과거의 잘못을 바로잡자는 적폐청산에 많은 국민이 동의하지만, 적폐의 규정과 청산 과정에 대해서도 납득할 수 있어야 한다. 자칫 적폐청산이 핑퐁게임처럼 주고받는 정치현상으로 반복될 가능성도 있기 때문이다. 권력을 잃으면 적폐로 내몰려 또다시 분노를 폭발시키며 싸우게 되는 악순환의 고리는 끊어내야 한다. 적폐청산을 둘러싼 정치권의 극한 대립으로 국민들이 더 이상의 피로감을 느껴서는 안 된다.

현 정부의 정책이 다 옳고 전 정부의 정책이 모두 잘못이며, 다음 정부의 정책이 더 나아지리라는 보장은 없다. 정부·여당이 전 정부의 정책을 과오로만 보고, 전 정부의 야당 또한 현 정부의 정책을 잘못으로만 몰아가려 한다면, 공멸의 한국정치는 어려워져만 가는 대내외 정세에 대처할 힘을 상실하고 말 것이다. 어쨌든 통일이라는 대업을 앞둔 상황에서 대립과 반목을 봉합하여 국민의 역량을 한 곳으로 모아내야 한다. 현 정부의 몫이다.

미세먼지와 하천오염에 강산이 신음하고, 남북문제 등 풍전등화 상태에 놓여있는 한국을 구해내야 할 정치인들이 권력 잃은 설움을 분노로 표출하듯 품위 있는 언행은 내동댕이치고, 오히려 분노조절 장애적인 행동을 당연시하고 자랑스러워하기까지 하며 반복하고 있으니, 그렇다면 국민들도 국회의원들에게 분노조절장애를 보여줘야 하는 것인지 착잡하기만 하다.

국제

― 한일관계·국제관계 ―

역사에 대한 진정한 반성에서 나올 수 있는 행동인지

꼬인 국제관계 해법은 없나

한일협력과 국민정서

한일관계, 민간교류에서 해법을

일본의 변화와 한국의 자각

한일관계에서 얻어야 할 교훈

일본의 사죄보다 중요한 것은 우리의 자세

새로운 국제 감각 만들어야

사드배치, 한국의 미래 내다봐야

국제관계는 생존전략이어야

한일관계의 현재에서

매각대금 한국이 일본에게 돌려주면

국제관계의 새 틀 대학생들이 모색하길

애국의 방법, 국민의 선택에 맡겨야

모세종의 오피니언

역사에 대한 진정한 반성에서 나올 수 있는 행동인지

인천일보, 2005.10.28

일본은 한국침략을 통해 목숨과 같은 한국인의 명예와 자존심을 짓밟았다. 그 상흔이 가시지 않은 상황에서 일본은 한국인의 감정을 자극하며 명예와 자존심에 도전하는 일을 서슴지 않는다.

일본은 침략전쟁을 통하여 독도를 비롯한 수많은 섬들을 강제적으로 손에 넣었었다. 지리적으로나 역사적으로나 그 섬들이 먼 옛날부터 일본의 땅이었다고 말할 수는 없을 것이다. 독도문제의 국제법적 해결을 운운하지만, 감히 어디에 적용할 국제법이란 말인가! 일제 강점기라는 유리했던 시대의 자료를 근거로 하여 국제법적인 절차를 운운하는 것은 적반하장도 유분수 격이다. 유전무죄요 무전유죄요, 현재의 지위를 이용한 오만한 주장이다. 일제침략에 대한 반성이 있다고 한다면 일본은 오히려 대마도(津島)라도 한국에 내놓으며 사죄하는 것이 도리일 것이다.

금세기의 화두는 바다이다. 바다가 자원이기 때문이다. 일본은 많은 섬을 소유하고 있는 해양대국이다. 태평양상에 존재하는 많은 섬들이 일본의 영토이다. 그 넓은 곳이나 잘 지키고 개발하여 경제적 이익을 추구하면 될 터, 독도에 대한 영유권주장은 타국 영토의 침략행위로, 자칫 일제시대와 같은 상황을 다시 만들려는 장기적 포석으로 비칠 수 있다.

일본은 강대국으로서의 영향력을 행사하고 있으면서, 과거사에 대한 진정한 반성이 없어, 지금도 주변국의 비판과 감시를 받고 있다. 그런 점을 감안한다면, 수상의 공공연한 야스쿠니 신사참배는, 설령 일본국내의 일이라 하더라도, 과거 전쟁에 대한 미화로 비칠 수밖에 없다. 타인을 해한 자는 자신의 아픔을 위로하기보다는 응당 타인의 아픔을 먼저 고려해야 할 것이다.

일본의 반성에 대한 주변국의 끊임없는 요구는, 진정한 반성이 있었다면 나올 수 없는 행동들을 보이기 때문이다. 일본은 많은 나라에 경제적 원조를 하고 있다. 기왕에 하는 원조라면 상대방이 고마워하는 것이어야 하며, 자신들의 과거사에 대한 반성과 속죄에서 나오는 것이어야 한다.

한국인은 이미 과거의 피해망상 속에 살고 있지 않다. 일본을 자연스럽게 보고 있다. 이미 일본에 비해 크게 뒤질 것이 없다고 생각하고 있다. 하지만 일본인들의 행동에는 민감하다. 이는 한국의 힘이 부족해서가 아니라, 과거전력이 있는 자의 하지 않는 반성에서 나오는 경계라 해야 할 것이다. 반성이 없으니 언제 또 무슨 일을 저지를지 경계를 게을리 할 수 없기 때문이다. 분쟁이란 사소한 사건이 발단이 되어 일어나는 경우가 많다. 실질적으로 보면 다투지 않아도 될 일이지만, 명예와 자존심이 걸리게 되면 걷잡을 수 없는 일이 벌어지고, 결국 이성을 잃고서라고 사수해야 하는 일이 되고 만다. 이미 감정을 추스를 수 있는 성숙한 한일관계가 되었다지만 독도, 역사교과서 왜곡, 야스쿠니신사 참배 등의 문제는 계속적으로 한국인의 감정을 자극하는 일들로 남아 있다. 한국인을 감정문제의 장으로 끌어들이지 않는 것이 한일우호관계의 출발점이 될 것이다.

돌고 도는 역사를 긴 안목으로 냉정하게 보자. 지금의 강대국 일본이 영원하리라고만 생각하는가! 그것이 아니더라도, 하나의 지구촌에 함께 살고 있는 이 시대에, 같은 지구인으로 평화롭게 공생할 수 있는 깊은 안목을 보여주는 큰 나라이길 일본에 바란다. 침략야욕에 불타고 있는 나라의 이미지로서가 아니라.

꼬인 국제관계 해법은 없나

한국일보, 2011.09.17

우리는 역사 속에서, 강대국들이 힘만 있으면 주변국을 침략 정복하려는 야욕을 끊임없이 보아왔다. 평화가 지속되나 싶으면 어느덧 강대국들은 침략의 야욕을 드러내 비이성적 행동을 서슴지 않는다. 강대국은 호시탐탐 약소국을 노려보며 약할 때에는 조용히 있는 듯하지만, 상황이 바뀌면 언제 그랬냐는 듯이 작은 나라를 경시하고 침략하려는 야욕을 노골적으로 드러낸다. 현대사회가 민주적이고 이성적인 것 같지만, 국제관계가 되면 이런 것은 헌신짝처럼 취급받기 일쑤이다. 작금의 주변국과의 관계가 이를 단적으로 증명한다.

감성적 처방 고집해선 곤란

일본이 본받을 점이 많은 선진국가라며 칭찬을 받던 모범국에서 드디어 힘을 바탕으로 억지 주장을 펴는 비이성적인 국가로 회기하려 하고 있다. 한때는 침략에 대한 속죄의 태도를 보이는가도 싶었는데, 이제는 죄가 모두 사해진 양, 옛 일 따위는 아랑곳 하지 않는 모습이다. 역사왜곡, 독도영유권 주장 등 이젠 그저 조용한 주장에 그치지 않고 행동을 보일 기세이다. 우리는 변화된 국제정세 속에서 의례적인 구호가 아닌 실질적인 태세의 길을 모색해야 할 시점이다.

국제관계는 힘이 없으면 철저하게 불이익을 당하게 되는 약육강식의 관계이다. 우리만이 위안을 갖는 감성적 처방으로 한일관계 등의 국제문제가 해결될 리 없다. 모든 나라가 자국에 유리한 역사교육을 하는 상황에서 우리의 역사교육이 국제문제를 해결해 줄 수는 없다. 수십 년을 지적하고 항의해도 아무런 소용이 없었다. 오히려 이제는 반성의 자세조차 찾아볼 수 없다. 일본의 태도변화가 없는 상황에서 역사적 자료를 찾아 제시한들, 관심도 없는 다른 나라에 아무리 알려본들, 독도를 자기 땅이라고 우기며 대들기라도 해온다면 그런 것들로 독도를 지켜낼 수는 없다. 오히려 역사교육은 우리를 되돌아보게 하는 자료로 사용하여 한국이 외세의 침략 속에 고통을 받고 분단된 작은 나라가 된 원인을 치유하기 위한 것으로 작용해야 한다.

현대사회는 입담 좋은 외교나 정치로 국가의 위기를 극복할 수 없다. 국제문제에 대한 정치가들의 정략적 구호나 언론 매체의 무분별한 보도 또한 국민을 흥분하게 만들 뿐 해결책은 되지 못했다. 오직 강한 한국을 만드는 길밖에 없다. 강한 한국이 되기 위해서는 주변국이 가벼이 보지 못하게 하는 국가의 규모를 갖추어야 하며, 또한 나라를 망하게 했던 문치주의 사회의 정치행태에서 벗어나야 한다. 국가는 둘로 나뉘고 그 안에서는 다시 당파싸움과 같은 편 가르기가 답습되어 국가의 화합을 이뤄내지 못하고 있다. 이런 상황에서 점점 더 침략의 마각을 드러내는 주변국과 상대하여 당해낼 재간이 있겠는가.

통일에 국민 역량 집중시켜야

우리의 꿈이기도 한 통일은 험난한 국제관계에서 경쟁력을 갖출수 있는 최선의 방법이며, 주변국의 이용에서 벗어나는 유일한 길이기도 하다. 정쟁으로 망한 역사적 교훈을 되새겨 국민을 분열시키는 정치가는 정치무대에서 철저히 배제시켜야 한다. 세계적 기술력을 갖춘 경쟁력 있는 인재를 육성하는 교육이야말로 통일 한국을 만들고 유지해갈 수 있는 방법이다. 또한 일당백의 힘이 없이 주변국과 대등하게 싸울 수 없는 우리의 객관적 상황에서, 인내와 노력 없이 주변국과 대등한 관계를 유지해가기는 어려운 것이다. 국민 모두가 주변국에 긴장의 끈을 놓아서는 안 되겠지만, 특히 국가의 미래를 짊어지고 나갈 학생과 국가를 지켜내야 할 군인은 본연의 모습을 흐트러뜨려서 안 될 것이다. 국가를 수호함에 있어서 분열된 사회, 붕괴된 교육, 무력한 군대란 있을 수 없는 일이다.

한일협력과 국민정서

인천일보, 2012.07.23

한일관계는 참으로 복잡하다. 양국은 지근거리에 있으며 서로 경쟁할 만한 상대로 생각해서인지 항상 주시하면서 때론 적대시하다가도 때론 평화롭게 그 관계를 유지하고 있다. 한일 관계가 악화되어도 양국 간의 교류나 협력이 단절되는 일은 없다. 양국 간에 긴장관계가 형성되어도, 한국인은 일본을 찾고 그곳에서 터전을 이루기도 하며, 일본인 또한 한류에 열광하며 한국을 찾는 등 한국에는 일본이 살아 있고, 일본에는 한국이 살아 움직이고 있다.

한국은 자유민주주의를 표방하는 국가이다. 미국과 일본도 마찬가지이다. 역사적 관계를 생각하지 않고 현재의 국제관계로만 본다면 일본은 미국과 마찬가지로 협력해야 할 우방국이어야 할 것이다. 같은 민족의 북한이지만 남북 대결구도가 해결되지 못해 북한과 이를 지지하는 국가들을 우방국으로 생각할 수 없는 상황이라면, 국민들의 정서에는 반하더라도 일본을 협력 파트너로 삼을 수밖에 없을 것이다.

일제시대에 대한 한국인의 감정은 현재에 이어져 있다. 그런 감정으로 보면 일본과의 협력은 제한적일 수밖에 없다. 여전히 그 시대의 감정을 버리지 못하게 하는 일본의 태도가 존재하고 있기 때문이다.

일본은 독도, 역사왜곡, 위안부, 동해 등의 여러 문제로 여전히 우리의 감정을 자극하고 있다. 일제시대에 대한 사죄는 이미 역사의 뒤안길로 돌린 듯 한국인의 정서 따위는 아랑곳 하지 않으려는 태도도 엿보인다.

우리의 생각과는 달리 남북관계가 교착상태에 빠져있어 예전보다 더 심각한 대결양상으로 드러나고 있다. 하루빨리 통일을 해야 하는 민족의 염원과는 반대로 남북문제는 얽혀만 가고 있다. 남북의 긴장관계가 주변 우방국가와의 새로운 협력을 요구하게 하여, 현재의 국민감정과는 상반되게 일본을 군사적으로도 협력해야 하는 상황으로 내몰고 있는 것인지도 모른다. 형제는 함께하지 못하고 감정이 남아 있는 상대는 친구로 함께해야만 하는 형국이다.

현대사회는 역사가 기록되고 교육수준이 향상되면서 전 세계에서 벌어지는 모든 악행들이 모든 세계인들에게 낱낱이 알려지고 기억되는 구조 속에 있다. 시간이 지나면 잊혀질 일도 쉬 잊혀지지 않는 시대에 접어든 것이다. 한일 간의 관계도 예외는 아닐 것이다. 결국 잘못은 감출 수가 없고 시간에 맡겨 기다리기만 한다 해서 문제가 자연 해결되지는 않는다. 아직도 일본의 사과와 그에 맞는 행동이 요구되는 이유일 것이다.

한국과 일본은 이성과 감정이 균형을 잡아야 하는 미묘한 관계 속에 있다. 하지만 아직은 정서적 이해가 바탕이 되어야만 국가적 협력관계가 이루어질 수 있는 면이 있다. 친구로 우방국으로 협력해 나가야 하는 한일 간이라면 진정한 협력을 위해 국민들이 가지고 있는 감정을 잘 추스를 수 있는 환경을 만들어야 할 것이다. 즉 국민들이 민감하게 생각하는 부분에 대해서는 양국 정부의 섣부른 표현이나 행동이 자제되어야 한다. 양국 정치가나 관료 등이 국수주의적 사고를 전면에 드러내서는 양국을 위해 꼭 필요한 교류나 협력조차도 힘들어질 수 있다.

양국 간의 협력은 국민의 정서가 허락되는 범위 내에서 추진되어야 한다. 여러 문제들로 다투면서 그 상대와 국민들이 동의하기 어려운 부분까지 협력할 수는 없는 것 아니겠는가. 필요하다 하여 국민의 우려를 뒤로한 채 불안정한 협력을 해서는 당장의 이익에 앞서 국민에게 또 다른 불안을 가져다 줄 뿐이다.

하지만 한국인들이 감정에만 치우쳐 있는 것은 아니다. 국익에 반드시 필요하다면 어떤 일이든 감수하고 받아들일 수 있을 것이다. 이에는 국민이 납득하고 동의해야 한다는 전제가 필요할 것이다.

한일관계, 민간교류에서 해법을

인천일보, 2012.08.27

독도에 대한 일본의 주장은 마치 일제시대에 강탈한 유물을 한국에 놓고 간 후 그 유물이 역사적으로 일본 것이니 반환하라는 태도이다. 어처구니없다고 일축하는 이유이다. 많은 일본인들은 독도 등의 한일문제에 별 관심이 없다고 말한다. 하지만 사태가 악화되면 결국은 진위에 상관없이 자국정부의 주장에 동조하게 될지도 모른다. 위안부와 같은 인류보편의 문제라면 지지해줄 양심 있는 일본인이 나오겠지만, 작금의 영토문제에 대해선 일본주장이 잘못됐다며 한국에 동조해줄 일본인들이 나올지 의문이다.

일본인들은 자국의 과거사에 대해 모르거나 모르는 것처럼 행동한다. 오히려 일본이 보다 민주적이며 객관적일 것이라는 선입견에 사로잡혀 한국보다 일본의 주장이 좀 더 진실에 가까울 것이라고 생각할지도 모른다. 이는 일본이 행하는 진실을 가린 역사교육에 기인하는 것이다. 일본에 바른 역사교육을 하라는 주변국의 요구는 이런 이유에서 일 것이다. 하지만 일본이 저지른 과거의 만행은 만천하가 알고 있어, 일본정부가 아무리 덮으려 해도 덮어질 수 있는 일이 아니다.

애국이란 국가유지에 필요한 요소로 장려할 사항일지도 모른다.

하지만 타를 배척하는 국수주의적 애국은 매우 위험한 것으로 객관적 정당성을 보장받기 어렵다. 하지만, 국수주의적 애국의 부당성을 지적하며 맞서 싸우기란 쉽지 않다. 자칫 매국행위처럼 취급받을 수도 있기 때문이다.

간혹 정치가들이 우경화를 이용해 자신들의 권력을 유지하려는 반인류적 태도를 보인다. 그것이 마치 국가의 자존심을 지키는 길이요 국가를 살리는 길이라 주장하며 국민들을 충동하곤 한다. 이용되는 줄 알면서도 그에 앞장서는 자들은 단순히 국가를 위한 우국충정에서라기보다 그저 하나의 직업처럼 늘 그 자리에서 그 일을 수행하고 있는 것이다. 그러니 아무리 진실을 이야기해본들 그들의 행동을 자제시키지는 못한다. 이미 불순한 의도를 가지고 그를 위해서만 행동하는 자들과, 그들을 등에 업고 권력을 유지하려는 정치가에게 역사의 진실이 무슨 가치가 있겠는가.

많은 국민들이 그런 정치가들의 결정을 정당한 것으로 믿고 국민으로서 따라야 하는 것처럼 생각할지 모르지만, 국민들은 정치가들의 불순한 의도에 현혹되어서는 안 된다. 일본정치가들은 한국인이나 중국인을 분노하게 하는 언행을 서슴없이 반복하여, 선량한 일본국민들을 곤경에 빠트리고 있다. 과거사에 대한 진정한 반성과 사과를 위해서도 일본정치가들의 적반하장격 태도는 반드시 재고되어야 한다.

무릇 진실을 밝히고 자존심을 지키고 주권을 지키는 행위도 국민의 평화와 행복이 담보되어야만 가치가 있는 것이다. 일촉즉발의 위기에 놓인 한일관계의 정치적 해결이 쉬워 보이지 않지만, 한일 양국이 정치가들의 관계로만 규정되는 것은 아닐 것이다. 정치가를 결정하는 일반국민이 있는 것이다. 정치가들의 독선을 막아낼 수 있는 것은 바로 국민으로, 양국의 선량한 국민이 나서서 한일관계를 풀어가야 할 것 같다.

정치가들에 의해 반복되는 우여곡절이 있었지만, 그런 속에서도 한일 양국민은 끈끈한 관계를 면면히 이어오고 있다. 정치가들에 의해 일희일비하지 않는 안정적 한일관계가 구축되어야 한다. 양국민의 성숙도를 생각하면 이제는 민간차원에서 정치적 관계를 극복해낼 수 있는 실마리를 찾을 수 있을 것이다.

글로벌사회가 된 현 시점에 주변국과의 마찰이나 그로 인한 국제적 고립은 국가를 위기로 몰아넣을 뿐이다. 특히 경제대국을 유지해야 하는 한일 양국은 더더욱 그렇다. 현 국제정세는 한일우호관계가 매우 중요한 시기이다. 정치적 문제로 양국관계를 악화시켜 동반 쇠퇴하는 길을 선택해서는 안 될 것이다. 한국정치가들의 지혜가 시험대에 오른 셈이다.

일본의 변화와 한국의 자각

인천일보, 2013.04.29

일본의 변화가 예사롭지 않다. 지금까지 보아왔던 일본과는 전혀 다른 모습이다. 쇠해 가는 국운을 되돌리려는 몸부림인지 측은하기까지도 하다. 그간 경험하고 느꼈던 일본인이란 참으로 경우 있는 자들로 그들이 일상에서 보였던 타인을 대하는 자세에는 본받을 만한 것이 있었다.

하나는 남에게 폐를 끼치지 말아야 한다는 것이다.

무엇이 타인에게 폐가 되는지의 기준이 한국보다 엄격해 한국인이 보기에는 뭐 그렇게까지 할 필요가 있나 하는 것까지 세심한 주의를 기울인다.

다른 하나는 외국인들이 잘 이해하지 못하지만 타인에게 상처를 주는 말은 삼간다는 것이다. 흔히 일본인들은 겉과 속이 다르다고 한다. 이는 수락한 줄 알았는데 결과가 거절이었다는 것에서 나오는 평가이다. 이런 오해는 일본인이 면전에서 상대의 마음을 상하게 하는 직접적인 표현은 실례라 여겨 가능한 한 정중하게 돌려서 말하는 데에서 기인하는 것이다.

그런데 극히 일부세력이지만 작금의 사태에서 보이는 일본인들의 언행에는 그런 모습이 온데간데없다. 하물며 가장 신중해야 할 정치가들의 언행에서도 교양 있는 일본인들이 보여야할 모습은 사라지고, 자국민들을 선동하고 타 국민을 상처 주는 언행을 서슴지 않는다. 진실을 외면한 억지 주장이 애국인 양, 어리석고 무례하기 짝이 없는 태도이다.

그간 일본인들은 자신들은 선진국의 국민으로 언행에 사려분별이 있는데 후진국인 주변국의 국민들은 언행에 사려분별이 없다며 무시해 왔었다.

그런데 어찌된 일인지 미개한 후진국에서나 볼 수 있다던 무분별한 언행을 바로 일본인들이 하고 있는 것이다. 일본인들은 남에게 폐도 안 끼치고 상처 주는 말도 삼가는 양식 있는 국민인줄 알았는데 그게 아니었다. 과거의 잘못을 언제 그랬냐며 태도를 바꾸고, 과거의 잘못을 뉘우친다면 속죄하는 뜻에서 자기 땅이라도 내놓아야할 판인데 적반하장도 유분수지 영토, 역사 등의 문제를 왜곡하며 비이성의 길로 치닫고 있다.

일본의 태도가 이성적으로 바뀌기를 기대하지만 당분간은 더 심해질 것처럼도 보여 한국으로서는 위기상황이 아닐 수 없다.

남북문제도 있고, 주변국의 야욕에 맞설 국민의 정신을 가다듬어야 할 때이다. 바른 정신은 교육으로 길러질 터인데 지금의 우리 교육은 주변국을 이겨낼 만한 정신력을 길러내지 못하고 있다.

패전 이후 일본을 부흥시킨 것은 강한 정신력을 가진 구세대의 일본인들이다. 지금 현장에서 뛰고 있는 일본인들이 아니라 이들이 일본을 세계최강의 경제대국으로 만든 것이다. 하지만, 구세대의 퇴장과 함께 일본이 쇠락의 길로 접어드는 느낌이다. 기성세대가 남겨준 과실로 그럭저럭 버티고 있지만 부자의 넉넉함에 익숙한 자들이 가난하고 절실한 자들의 정신력을 발휘할 수는 없으니 당연한 일인 지도 모른다.

한국이 되새겨볼 대목이다. 기성세대의 노력으로 얻은 결실이 유지되고 있는 동안에는 한국의 미래가 밝을 것만 같지만 이미 우리도 일본처럼 위험한 시기에 접어들고 있다.

6·25 이후 기성세대들이 일궈낸 발전에는 그들의 피땀 어린 노력과 희생이 있었다. 뭐든 할 수 있다는 강인한 정신력으로 한국을 일으켜 세워 발전할 수 있는 토대를 현재에 물려줘, 많은 나라들이 최빈국에서 경제대국으로 급성장한 한국의 기적을 배우려고까지 한다. 성공하기까지의 과정 중에 보인 한국인의 자세를 배우자는 것이다.

부를 쌓기는 어렵지만 망하기는 하루아침이라는데, 과연 지금의 우리들로 한국의 성공신화를 잘 지켜갈 수 있을지 우려스럽기만 하다.

한국의 남아는 기상이 있어왔다. 연약한 자들도 군대에 갔다 오면 사람이 된다고 했다. 그런데 그런 말은 이미 사어가 되어 군대를 갔다 와도 사람이 되어 돌아오는 일은 없어진 듯하다.

역경을 딛고 이겨내는 정신력은커녕 작은 인내심조차도 배우지 못하고 나오는 것 같다. 뭐 귀신을 잡는다느니 철통같은 방어를 한다느니 구호는 예나 다름이 없는데 노크귀순을 하지 않나 국가를 지켜낼 주체가 점점 약해지고 있어 우려스럽기만 하다.

한일관계에서 얻어야 할 교훈

아시아 경제, 2014.09.19

우리는 늘 역사인식을 운운한다. 하지만 역사를 통해 배운 것이 약소국으로서 당한 굴욕을 되새기는 일뿐이어서는 제대로 된 인식이라 할 수 없다. 그저 가해자에 대한 원망과 비판으로 역사의 반복을 막고 역사의 아픔을 치유할 수는 없다. 아픈 역사를 되풀이하지 않으려는 노력이 현재의 우리로 충분한지 묻고 싶다.

지금의 일본은 사과는커녕 반성도 하지 않겠다는 태도이다. 그런 일본과의 정치·외교적 관계를 서두를 필요는 없을 것이다. 일본의 현 집권세력이 과거를 부정하며 비상식적 행동을 보인다 해서 일본 국민들의 의식마저 그런 것은 아니다. 정치가의 생명이 그리 길지 않은 점이 그나마 다행으로, 일본 국민들 스스로가 일본의 정치를 정화시킬 때까지, 우리는 조용히 인내하는 태도를 견지하며 여타의 교류를 이어가면 될 것이다.

변화된 국제관계 속에서 많은 국민이 생각하는 한일관계는 분명 예전과 같지 않다. 미국의 태도도 일변해 주변국이 원치 않는 일본의 변화를 지지하는 형국이다. 일본의 변화로 인한 한일 간의 갈등은 별 중요한 고려사항이 아닌 것 같다. 이런 상황에서 한·미·일이 공조해 국제문제를 함께 풀어 나간다는 것은 적어도 국민들에게는 받아들이기 어려운 일인 것 같다. 오히려 우리가 손을 잡아야 하는 국가를 재편해야 할 시기라 생각할지도 모른다.

우리는 외세의 도움으로 나라를 지탱하고 있는 약소국의 처지를 극복해 내야 한다는 공감대도 형성하지 못하고 있다. 일본에게 당한 침탈의 역사를 분개하면서도, 그들에게 사과와 반성을 요구하는 일 외에, 우리가 무엇을 해야 하는지 그 방향성을 찾지 못하고 있는 것이다.

국력신장만이 한국의 나아갈 길이다. 역시 남북통일이 선결과제일 수밖에 없다. 자극적 표현이지만 통일이 대박이라 했다. 남북대결이야말로 한국의 주권을 가장 약화시키는 주범으로 작용하고 있다. 일본, 중국, 미국 등과의 국제관계를 생각한다면 통일만이 한국의 경쟁력을 높일 수 있는 방법일 것이다. 통일된 한국을 대하는 주변국의 태도가 지금 같을 수는 없다. 북한이 어떤 정권이라 해도 통일을 위해서는 예수의 고행처럼 어떤 가시밭길이라도 헤쳐 나가야 할 것이다. 남 일인 듯 먼 산 쳐다보며 주변국과의 관계 속에서만 북한 문제를 보는 것은 현명하지 못하다. 남북은 통일될 한 나라인 만큼 남북문제의 해결에 주변국과의 공조만이 능사는 아닐 것이다.

형제에게는 남과는 다른 태도를 취해야 한다. 의심하고 지적만 하면서 형제간의 문제를 풀 수는 없다. 그냥 부딪혀 허심탄회하게 대화해야 한다. 대화하지 않고 접점을 찾을 수는 없다. 한일 간의 민간교류가 잘 유지되는 것처럼 남북 간 또한 비정치적 분야의 교류가 활발히 이루어지도록 다각도의 노력을 해야 할 것이다.

그런데 그런 역할을 해야 할 통일부의 모습을 찾아볼 수가 없으니, 부를 폐지해야 하는 것이 아니라면 즉각 부 본연의 임무에 복귀해야 할 것이다. 적어도 통일부는 대내외의 모든 부정적인 상황을 극복하고 통일의 실마리를 찾기 위해 목숨 걸고 일해야만 한다. 통일이야말로 최고의 국력신장으로 한국이 국제관계에서 진정한 주권을 찾을 수 있는 첫걸음임을 명심하고, 정치권도 통일을 정쟁의 도구가 아닌 상생의 도구로 삼아 국민의 소원을 이뤄내야 할 것이다.

일본의 사죄보다 중요한 것은 우리의 자세

인천일보, 2015.09.08

한일관계가 일본수상의 일거수일투족에 질질 끌려만 다니고 있어, 이런 우리의 태도가 적절한 것인지 의문이 든다. 이전 수상이 사죄를 했는데 지금 수상은 안 한다고, 이전 수상은 신사참배를 안 했는데 지금 수상은 한다고 하며, 늘 같은 지적의 반복이다. 한국침략에 대한 잘못이 크고 그 상처가 남아있는 만큼, 수상이 되면 알아서 먼저 사죄의 마음을 표해야 할 일이지만, 그렇다고 우리가 나서서 요구할 사항인지는 생각해볼 문제이다. 사죄에 유효기간이 있는 것도 아니고, 일본수상의 공식적인 사죄가 있었으니, 우리도 더 이상 그 문제에 대한 반응은 자제해야 할 것이다.

사죄를 부정하고 잘못을 인정하지 않는다면, 비난이 아니라 관계를 정리해야 옳을 것이다. 그러려면 그를 감당할 만한 힘이 있어야 하는데, 그런 힘을 갖추지 못한 상태에서 외치는 구호들은 공허한 메아리가 될 뿐이다. 상대가 인정할 만한 힘을 기르지 않고 원하는 답을 얻을 수는 없다.

한일관계에 미국이나 중국을 활용할 수 있을 것 같은 생각도 오산이다. 미국이나 중국도 국익을 앞세워 한국과 일본을 저울질하며 행동할 텐데, 그들이 한국의 손을 들어주리라는 기대는 버려야 할 것이다. 일본과의 협력이 국익에 도움이 된다면 어느 나라도 한국 편이 되어줄 이유는 없다. 이미 국가 간의 관계가 전적으로 실리추구에 있는 만큼, 함께하여 이득이 되면 같은 편이 되는 것이고 함께 할 이유가 없게 되면 과감히 돌아서 버리는 것이다. 오늘의 아군이 내일의 적이 되는 것이다. 강대국 사이에 낀 한국이 주변국에 늘 좋은 파트너일 수만은 없다. 돈 앞에서는 부모형제도 없이 싸우는 현실을 보고도, 국익 앞에 시시각각 변하는 국가 간의 관계를 깨닫지 못한다면 한심한 노릇이다.

인류가 평화 속에서 상호협력하며 상생의 길을 추구하자는 구호에 잘못이 있을 리 없다. 하지만 국가 간에는 늘 선의든 악의든 경쟁이 있고 싸움이 있다. 국가의 운명이 걸리면 상대국이 어떻게 나올지 모르는 것이 국가 간의 관계임을 늘 역사만 부르짖는 한국이 모른다는 것은 있을 수 없다.

국가로서 대비도 하지 못하고 매번 당하기만 하는 처지를 제대로 반성도 하지 않고, 그저 잘잘못을 따지는 일에만 목소리를 높여서는 우리의 미래를 장담할 수 없다. 남북통일과 그를 바탕으로 한 강력한 국가건설이 아니면, 자존심도 버리고 치욕도 감수하며 강대국의 속국이 되는 길 밖에 없을지도 모른다. 한일관계의 답은 일본의 사죄에서가 아니라 우리 내부에서 찾아야 할 것이다.

일본에 대한 인식을 바꿀 때이다. 정치적 수사인 사죄의 말 몇 마디에 울고 웃는 어처구니없는 짓은 하지 말아야 한다. 수상 한 사람의 언행 하나하나에 일희일비하는 그런 나약한 한국이어서는 곤란하다. 옆구리 찔러서 받는 사죄의 말에 일본의 과거 행위가 지워질리 없고, 다시는 나쁜 짓을 하지 않으리란 보장도 없다. 백번 사죄를 해도 다시 도발한다면 계속된 사죄, 진정한 사죄인들 의미가 없는 것이다.

늘 비난을 받으면서도 이에 아랑곳 하지 않고 주변국에 대해 당당히 나오는 것은, 아마 일본이 주변국보다 월등한 힘을 갖고 있다고 생각하기 때문일지도 모른다. 힘만 있으면 타국을 제압할 수 있을 것이라는 과거의 경험적 생각이 일본을 지배하고 있는 것인지도 모른다.

선진국이 부러워하고 시샘하는 세계적인 골프여제 박인비 선수의 별명이 떠오른다. 그녀를 '침묵의 암살자'라고 한다. 한마디로 경거망동 하지 않고 목표를 이뤄낸다는 것이다. 겉으로 드러내는 것이 아니라, 침묵하며 한 걸음 한 걸음 나가가 경쟁자를 제치고 우승을 일궈내는 그녀의 모습이야말로, 한일관계에서 한국인들이 배워야 할 요소일 것 같다. 조용히 힘을 길러야지 늘 소리만 내서는 이길 수 없는 것이다.

일본의 과거 행위에 대한 이런 저런 요구는 이제 그만하는 것이 좋을 것 같다. 진정으로 미래를 위해 협력해 나가자는데 과거에 대한 사죄를 못할 리 없고, 용서 또한 못할 리 없다. 한일관계의 개선은 사죄와 용서가 출발점이다.

일본은 더 이상 과거사에 대한 지적이 나오지 않도록 진정성 있는 사죄를 통하여 작금의 한일관계의 불협화음을 청산하고, 우리 또한 과거의 상처를 극복하기 위해서라도 더 이상 사죄 문제를 제기하지 않는 것으로 마무리해야 할 것이다. 사죄 후의 일은 각자의 몫이다. 사죄한 일본이 어찌 나오는가는 그들의 몫이고, 사죄에 관계없이 더 이상 넘볼 수 없는 강건한 국가를 만드는 것은 우리의 몫인 것이다. 사죄보다 중요한 것은 우리의 자세이다.

　당한 자의 설움만을 토해내지 말고 당한 자의 치욕을 되새겨야 할 것이다. 설움은 위로 받으면 끝날지 모르지만 치욕은 씻어야 하는 것이다. 치욕을 씻기 위한 노력이 한일관계의 시작이다.

새로운 국제 감각 만들어야

인천일보, 2016.01.06

한국이 선진국문턱을 넘으면서 국제관계에도 정면승부를 펼쳐야 하는 시대로 접어들었다. 후진국이던 예전 같으면 한국에 대해 다소 봐주듯 하던 강대국들이 이제는 정색을 하고 나오곤 한다.

미국도 우리의 목소리가 높아짐에 따라, 가난한 나라 이야기 들어주듯 하던 옛날과는 사뭇 다른 태도이다. 삼성이 애플과 경쟁하고, 현대자동차가 미국을 누비는 등, 세계제일을 향해 누구와도 한번 해보자는 한국을 미국이 눈 크게 뜨고 지켜봐야 하는 상황이 되었다.

한국이 강대국들에 당당히 도전장을 내밀면서 많은 나라의 경계 대상으로 변해 있다. 한국이 후진국의 꼬리표를 떼기가 무섭게 선진국들과의 치열한 경쟁에 내몰리며, 국제관계에도 전에 없던 시련이 예견되고 있다. 한편으론 걸음마만 겨우 떼었는데 잘 달릴 수 있다고 큰소리를 친 것이 아닌가 하는 우려가 나온다.

힘도 없고 가진 것도 없던 시절에야 일본에 대한 한국의 요구가 거칠다 한들 그 파장이 크지 않아, 양국 내에 머물러 있는 경우가 많았다. 늘 있어왔던 한국의 요구에 일본은 원론적인 입장을 고수하며 유연하게 대응해 왔었다.

가난한 한국의 이런저런 주장을 있을 수 있다는 듯이 받아들이며 지금처럼 날을 세우며 대응하지 않았다. 마치 힘없는 상대에게 정색을 하고 대응할 필요가 없다는 듯 여유가 있었다. 한국에 대한 사죄 또한 매 정권마다 엇비슷한 수준에서 정치적 수사를 부리며 계속 이어올 수 있었다.

하지만 한국의 존재가 바뀌어버린 지금은 이전과 같은 한일관계를 이어갈 수 없을 것이다. 한국의 목소리가 일본만이 아닌 전 세계에 울려 퍼지니 일본이 많은 사안들에 대해 좀 더 신중을 기해야 하는 시대가 된 것이다. 한국의 요구나 주장은 점점 강도를 더해 가는데 일본이 예전처럼 쉽게 응수할 수만도 없는 상황이니 한일관계를 풀어내기가 그만큼 어려워졌을 것이다. 한국의 존재가 무거워진 것이다.

한국도 타국의 도움을 빌어 피땀 흘리며 노력만 하면 이뤄낼 수 있고, 선진국을 따라잡는 것만으로 경쟁할 수 있는 시대는 지나갔다. 도움을 받으며 성장하던 나라에서 자력으로 경쟁해야 하는 나라로 바뀌면서 모든 것을 한국의 힘으로 해결해가야 하는 시대를 맞이하고 있다.

한국의 국제 경쟁력은 한국을 이겨내야 할 존재로도 만들었다. 국제적 위상이 높아짐에 따라, 일본 등 주변국과의 이해관계도 치열한 경쟁 국면 속에서 전개되고 있어, 한국은 새로운 국제 감각을 요구받고 있다. 약자에게는 관대할 수 있지만 강자에게는 냉정하며 엄격한 법이다.

한국을 보는 세계의 시각이 달라졌는데, 세계를 보는 한국의 시각이 전과 같아서는 안 될 말이다. 우리의 입장에서만 외국을 논해서도,

예전과 비슷한 방법으로 국제관계를 풀어내려도 안 되는 시대로 들어섰다.

한일관계에 새로운 활로를 찾아내는데 예전과 같은 방식으로는 효과를 보지 못하고 있다. 침략의 피해가 사과나 배상 등으로 해결될 리는 만무하다. 하지만 역사의 응어리 속에서가 아니라 미래를 위한 경쟁 속에서 한일관계를 생각해야 할 시점이다. 이제 일본의 사과나 그 진정성에 얽매이는 일은 보류해 둠직도 하다. 향후 양국관계가 좋아지면 사과의 진정성 따위는 거론도 되지 않을 일이며, 양국관계가 악화되면 진정성 있는 사죄 또한 의미 없는 일일 뿐이다.

양국의 신뢰회복과 상호협력만이 한일관계를 좌우하는 것이다. 한일관계 개선은 두 나라를 부담 없이 즐기고 싶어하는 양 국민들에 대한 최대의 선물이 된다는 사실을 기억해야 한다.

다시는 잘못된 역사의 전철을 밟지 않겠다는 바른 의식과 그 의식을 실천하려는 의지를 갖게 하는 것은 우리의 몫이다. 그런 의식을 제대로 정립해주는 것이 바른 교육이요, 그런 의지를 한국인의 DNA로 만들어 주는 것이 필요한 교육인 것이다.

한국만이 역사를 잘 판단한다는 생각은 버려야 한다. 역사의 잘잘못을 따지는 것보다, 그 역사 속에서 우리가 어떤 존재였는지를 제대로 인식하고, 역사에서 얻은 교훈이 한국인의 의식 속에 살아 움직이도록 하는 것이 중요하다. 지는 DNA에서 이기는 DNA로 우리들을 개조하여 패배의 역사에서 승리의 역사를 써나가야만 한다. 그러기 위한 우리의 모습들이 적절한 것인지 물어야 할 것이다.

그런데 여전히 한국의 정치에는 역사에서 보여 온 나쁜 DNA의 반복만이 있고, 국민들 또한 국가보다는 개인의 욕구를 앞세우는

DNA를 버리지 못하고 있어, 한일관계뿐만 아니라 여타의 국제관계에서도 이기는 게임을 만들어낼 수 있을지 의문이다.

한국을 둘러싼 세계 최강대국들과의 경쟁에서 어떻게 처신을 해야 치욕의 역사를 반복하지 않으며, 보다 나은 한국을 만들어나갈 수 있을지를 고민해야 할 것이다.

사드배치, 한국의 미래 내다봐야

인천일보, 2017.01.09

사드배치에 대한 우려에 현 정부의 답은 한결같이 북한 위협의 절박함을 말한다. 북한이 핵과 미사일로 남한을 공격해 올지 모르니 사드배치는 절대 필요하며 늦출 수 없다는 설명이다.

북한의 도발을 기정사실화하듯 말한다. 하지만 북한의 핵과 미사일 등의 개발을 사드배치와 같은 신무기의 경쟁으로 대응하는 데에는 한계가 있을 것이다. 안보차원이라 하지만 통일을 이뤄내야 하는 상황에서 남·북한의 적대적 긴장관계 해소노력을 중단한 채, 끝없는 무기경쟁으로 치닫는 것은 현명한 처사라 할 수 없다.

사드배치를 서둘러야 할 만큼 북한의 도발이 우려된다면 국가 전체가 임전태세라도 갖춰야 할 텐데, 국민은커녕 군인들조차 북한의 도발에 대비한다는 소리는 듣지 못한다.

사드배치의 긴박함을 주장하는 것과는 달리 군은 평소처럼 평온함을 유지하고 있다. 오히려 우리 군은 더 이상 군에 강하게 훈련된 군인은 필요 없다는 듯이 사회에서 추구하는 자유나 인권 등을 최고의 가치로 내세우며 민간조직처럼 변해가고 있는 것이 아닌가 하는 우려를 낳고 있어, 북한의 위협을 강조하는 것과는 상반된 모습이다. 군사적 도발을 막는 것은 군인이 아니고 사드와 같은 무기라는 태도다.

미국의 사드배치가 북한의 위협과는 상관없는 한미 간의 정치적 행위로 오인되어서는 안 된다. 또한 늘 써먹어 오던 북한 위협론을 들이대며 국민들에게 사드배치의 정당성을 주장하는 것이어서도 안 된다.

사실 북한이 남한을 공격할 것이라면 사드배치의 유무에 관계가 있겠는가?

상존하고 있는 북한의 위협에 군사적 대처를 절대 소홀히 할 수는 없다. 하지만 사드배치는 국민의 절대적 공감도 부족해 보이고, 한중관계에도 부정적 영향을 미치고 있어, 좀 더 신중한 태도를 견지할 필요가 있다.

사실 남·북이 긴장관계를 해소한다면 사드문제를 포함한 많은 문제를 해결할 수 있다. 그런 만큼 정부는 북한과의 관계개선에 우선순위를 둠이 마땅하다. 북한에 영향력을 행사할 수 있는 중국 등과는 외교적 수완을 발휘해서 북한의 태도변화를 이끌어내기 위한 다각도의 노력을 해야 하는 상황이다. 정부가 그런 노력을 다하고 있는지 의문이다. 이미 사드배치는 남·북만의 문제를 뛰어넘어, 자칫 한국을 위기로 몰아넣을 수도 있는 사안이 되어버렸다.

세계는 이미 경제적 이해에 따라 국가 간의 관계를 재정립하고 있다. 미국의 새 대통령도 자국의 경제적 이익을 내세워 주변국들을 압박하고 있어 한·미관계의 미래도 낙관하기 힘든 상황이다. 한국의 경제전망이 밝지 않은 상황에서 경제를 더 망가트릴 수도 있는 사드배치라면 신중해서 나쁠 일이 없다.

사드배치는 그간 우호관계를 깊이 해 오던 한·중관계를 악화시킬 뿐 아니라, 향후 북·중관계를 긴밀하게 만들어 남북관계를 첨예한 대결국면으로 몰고 갈 수 있다. 중국을 등에 업은 북한이 한국에 대한 위협수위를 높여가며 더욱더 강성으로 나올 가능성을 배제할 수 없다. 미국이 한국을 이용해 북한과 중국을 견제하는 것이라면, 중국 또한 북한을 이용해 한국과 미국을 견제할 수 있음이다.

사드배치 등의 이유로 한반도가 강대국들의 이해충돌지역이 되어서는 안 된다. 사드배치의 철회가 중국에 굴한다는 주장은, 국민의 반대가 많은 사드배치는 미국에 굴한다는 주장도 될 수 있어, 자기 모순적 논리가 되고 만다. 사드배치나 그 철회는 필요성에 대한 판단의 문제이지 미국이나 중국에 대한 굴종일 수 없다.

북한의 위협을 해소하기 위해 미국의 통제하에 들어가는 것이 한국의 미래에 최선인지 생각해볼 대목이다.

중국도 많은 변화를 이뤄 미국 이상으로 긴밀한 관계유지에 힘써야 할 나라다. 한국은 역사적으로나 지정학적으로 중국과의 관계에 가장 신경을 써야 하는 나라인데, 한·미관계 탓에 한·중관계를 뒷전으로 돌릴 수는 없는 노릇이다. 한중관계를 더 이상 냉전시대에서 출발하는 구시대적 구조 속에서 볼 일은 아닌 것 같다. 전통적인 한·미관계도 중요하지만 급변하는 글로벌시대의 현실을 직시한다면 한중관계는 북한과의 관계를 모색하기 위해서라도 더욱 공고히 해야 한다.

분명한 것은 한국이 더 이상 주변 강대국의 놀이터가 되어서는 안 된다는 사실이다. 미국이나 중국, 나아가 일본으로부터 자유로워질 수 있는 유일한 길은 남북통일일 것이다. 이는 아무리 험난한 길이라 해도 남·북이 돌파구를 만들어야만이 가능한 일이다.

국제관계는 생존전략이어야

인천일보, 2017.07.10

미국의 대통령이 기존의 국제관계를 부정하며 자국의 이익, 미국 우선주의를 주창하고 있다. 미국의 이익을 위해서는 기존의 국제관계 따위는 부술 수 있다는 태도이다. 아쉽지만 한국이 이를 비판하고 저항한들 바로잡을 수 있는 문제는 아니다.

사드배치로 한국에 대한 압박을 가해오는 중국에 대해서도 공정하게 하라며 이의제기를 하거나 강공책을 쓸 수는 있겠지만, 한국이 중국을 상대로 제대로 다퉈낼 수 있을지 의문이다.

일본에 대해서도 위안부며, 독도, 역사교과서 등의 문제로 끊임없이 비판을 해오지만, 이렇다 할 변화는 없고 불편한 양국관계만 이어오고 있다.

우리가 옳고 당연하다고 주장하는 일에 어느 국가도 그다지 귀를 기울여주지 않고 있다. 우리는 누구나 외국에 대해 당당한 자세로 살아가고 싶어한다. 그런데 우리가 주장하는 상식적인 일들이 외국에서는 잘 받아들여지지 않는 경우가 있다. 한국 내에서는 당연한 일로 보여도 한국을 벗어나면 그에 대한 옳고 그름이 바뀔 수 있다는 것이다.

역사와 현실문제에 있어서도 외국인은 한국인과 공동의 이해를 가지고 있지 않아, 그에 대한 판단이나 해석이 다를 수 있음을 인식해야 한다.

국제문제에 자존심이나 감정 등을 전면에 드러내기 위해서는 그럴 만한 힘이 갖춰져야 한다. 대등하거나 우월한 국력을 갖추지 못했다면 국제문제는 그야말로 생존을 위해 전략적으로 대처해야 한다. 전쟁도 불사하겠다며 물불 안 가리고 감정을 내세워서는 자칫 국가에 큰 피해를 초래할 수 있다. 사대주의를 배척한다 하여 강대국에 대해 취해야 할 외교를 국내 정치쯤으로 생각해서는 안 될 것이다.

많은 국가가 점점 더 타국의 입장이나 자존심 등을 고려하지 않는 시대로 접어들어, 영원한 우방도, 동맹국도 없어지고 있다. 모든 나라가 여차하면 안면 몰수하고 자국의 이익을 위해 달려가는 상황에서, 과연 한국은 현명한 자세를 취하고 있는지 묻고 싶다.

국내에만 있다 보면 외국에 대해 그들의 반응은 생각지 못하고, 이성이나 냉정함을 유지하기보다 감정을 앞세우며 비난하고 욕하기 쉽다. 역사에서 보아온 외세의 침략이 더 이상 우리와는 상관없는 일처럼 행동하게 된다.

사실은 지금도 국가 간에는 눈에 보이지 않는 전쟁상태라 해야 할 것이다. 경제든 문화든 침략은 진행형인 상태인데 이를 간과하고 허술한 감성적 대응으로 일관하고 있는 것은 아닌지 생각하게 한다. 현명한 대외관계 없이 한국을 유지하기 어려움은 역사를 통해 충분히 보아온 사실이다. 외국이 우리를 경계하게 만드는 행동에는 세심한 주의가 필요하다.

한국이 외세에 당한 역사는 비단 일본만이 아니다. 대륙과의 관계 속에서 오랫동안 중국, 몽골 등에게도 일제침략 이상으로 큰 역사적 수난을 겪어왔다. 하지만 치욕의 역사를 경험해오면서도 우리는 제대로 된 교훈을 얻지 못하고 있다.

외세 침략이나 부당함을 비판만으로 극복해낼 수는 없다. 알고 비판하거나 비판이 날카롭다 하여, 그 자체로 극복의 길이 열리지는 않는다. 비판은 의미 있어야 한다. 비판이 패배의 한을 폭발시키는 데 머물러 있어서는 미래의 승리를 기약할 수 없다.

치욕이나 한은 가슴 속에 새기고 승리의 원동력으로 승화시켜야 한다. 경쟁력 있는 국가를 만드는 것이 역사인식의 첫걸음일 것이다.

지금과 같아서는 오히려 그간의 역사는 잊어버리고, 아예 이기는, 경쟁력 있는 역사를 새로 만들어 그 역사만을 기억하자고 하고 싶을 정도이다. 어쨌든 미래지향적인 국제관계를 지향하자고 하면서 상대해야 할 주변국에 대한 비판을 전면에 내세우는 것은 모순이며, 전략적으로도 바람직하지 않다.

한일관계의 현재에서

인천일보, 2019.02.20

　아무렇지 않은 듯 보이다가도 역사문제 등이 제기되면 한·일 간의 관계는 전혀 개선된 것이 없는 듯 감정싸움을 벌인다. 하지만 양국민의 성숙으로 한·일 간의 이해와 교류는 깊이를 더해, 한국 내에 향유되고 있는 일본문화는 일상이고, 많은 이가 기꺼이 일본을 찾고 즐기는 상황이다. 과거를 잊는 것은 아니지만, 일본에 대해 감정만을 내세우지 않고 좋은 것은 좋다 하며 객관적으로 보려하고 있는 것이다.

　그런데 최근 일본정부가 쟁점화한 초계기사태는 피해국이 가해국을 지적하던 그간의 행태와는 달리 일본이 안보분야에서 피해국 행세를 하며 문제제기를 하고 있어, 일제 침략의 상흔이 채 아물기도 전인 한국인으로서는 받아들이기 힘든 상황이다. 늘 사과를 하고 있다면서 정치적 목적을 위해 주변국을 이용하려는 태도는 있을 수 없다.

　국가가 국민 위에 군림하고 독단적으로 일처리를 하던 시대에서 국민 개개인의 요구와 주장이 존중되고 반영되는 시대에 진입하여, 과거 국가 간에 체결된 협정에도 불구하고, 묵살되어 오던 개인의 피해는 재조명되어야 한다는 시각이 싹터 있다. 위안부나 징용피해자 등의 문제도 당사자들의 입장에서 접근해야 하는 상황에 들어선 것이다.

한일조약의 청구권협정 등으로 한·일 간의 배상문제가 마무리되었다고 주장하지만, 시대의 상황을 직시한다면 풀어야할 문제들은 진행형이다. 피해자들이 목소리를 낼 수 없는 시대의 국가 간 협정으로, 엄연히 존재하는 피해자들을 나 몰라라 할 수는 없다. 한일협정은 결과론적으로 피해자들의 고통을 외면한 상호 책임 회피적 행위로 귀결될 수 있다. 피해자들을 돌보지 않은 한국정부의 책임이 작지 않지만 지금처럼 문제제기가 될 수밖에 없는 예견된 미래를 애써 외면한 일본정부의 책임도 지울 수는 없다.

정부 간 협상만으로 문제해결을 꾀하고 정작 피해자들의 목소리에 귀를 막은 처사는 인류의 정의에 반한다. 일본정부는 협정의 법적 정당성만을 주장하기에 앞서, 그간 보상은커녕 고통 속에 살아온 피해자들의 목소리를 겸허히 경청함이 가해자로서의 도리일 것이다. 청구권협정으로 할 일 다 했다는 태도는 일련의 문제들을 풀어나갈 현책이 될 수 없다.

강제징용 배상판결 문제도 일본기업의 이미지 개선을 위해 전향적 자세를 취하는 것이 결코 손해만은 아니다. 전범기업이란 비판은 일본기업이 거스르지 못한 시대의 과오를 통감하고 새로이 인류발전에 기여하는 기업으로 거듭날 기회를 제공받는 것일 수 있다. 정부의 그늘에 숨어 멍에를 짊어지고 나갈 이유는 없다. 일본인의 강점은 잘못에 대한 깨끗한 사과와 이를 토대로 하는 건강한 미래설계일 것이다.

한국인의 일반 일본인에 대한 생각은 대체로 긍정적이다. 일본의 정치가들도 그런 평범한 일본인들과 언행을 같이 하기를 기대한다. 늘 정치가들이 문제다. 그들의 잘못된 언행만 없다면 교류확대와 이해증진으로 한·일 동반성장에도 저해요인은 크게 줄 것이다. 국익을 가장한 왜곡된 정치꼼수는 애써 일본을 찾는 한·중 양 국민의 감정을 짓밟는 행위이다. 일본의 정치가나 기업이 일본에서 통용되는 보통의 상식을 발휘하는 것으로 한일관계의 응어리는 상당 부분을 해소할 수 있다.

올바른 국정수행을 위해 국민들은 세금부담과 함께 각종 의무를 진다. 국가는 국민을 보호할 최상위의 책무가 있는 것이다. 한국의 국난은 국가가 국민에 대한 보호 의무를 다하지 못한 탓에 기인한다. 수많은 국난을 겪으면서도 이를 반복하며 국민을 고통과 치욕 속에 몰아넣은 것이 국정 담당자, 즉 위정자들이다. 당연히 정부와 정치권은 지금이라도 일제침략을 막아내지 못한 책임을 국민들에게 머리 숙여 사과하고, 가해국의 잘못으로만 그 책임을 떠넘겨오던 자세에서 벗어나야 한다. 대비하지 못하고 막아내지 못한 책임을 통감해야 한다.

그런데 통일도 이뤄내고 주변국을 극복해내야 하는 상황에서 작금의 정치현실을 보면 다시 망국의 전철이라도 밟으려는 듯 정치권은 의미 없는 싸움으로 일관하고, 일부 국민들도 이에 현혹되어 편 갈라 정치가들을 역성드는 형국이다. 늘 역사교육을 강조하지만 우리에게 역사의 교훈 따위는 없는 것 같다. 국력 없이 원하는 한일·한중관계는 얻어낼 수 없다. 국익보다 사익을 추구하는 정치가들을 국민의 손으로 끊어내지 못한다면, 국수주의로 치닫는 주변국에 맞서 싸울 국력은 기대하기 어렵다.

매각대금 한국이 일본에게 돌려주면

인천일보, 2019.08.02

　한일 간의 감정싸움이 극으로 치닫고 있다. 그간의 양상과는 사뭇 다르다. 이제껏 일본은 과거의 잘못을 지적하고 비판하면 자국의 잘못을 축소하거나 일부 부인하려고 들었지만 큰 맥락에서 한국의 지적에 수긍하면서 적반하장식의 태도를 보이지는 않았다. 일부 정치가의 망언이나 우익들의 반한시위가 이어지고 있지만 많은 일본인은 한국인에 대해 사과하는 마음으로 대해온 것도 사실이다.

　그런데 근래에 들어와 일본의 태도가 싹 바뀌었다. 과거를 합리화하려는 일본 정치가들의 끊임없는 시도와 맞물려 전후세대의 일본인은 한일 과거사 문제에 관심이 없으며 한국인의 비판에도 크게 신경을 쓰지 않는다. 또 한류를 찾듯이 좋으면 열광하고 싫으면 무관심해 하면서 그저 현재의 한국을 보고 즐기려는 풍조를 보이고 있다.

　양국 관계의 건전한 미래를 말하면서 잘못 단추를 끼운 한일 간의 협정이나 합의를 바로잡아야 한다는 주장은 양국 관계를 가로막으며 감정싸움을 낳고 정치적 책략으로 이용되기도 한다. 미래를 위한 우호협력은 양국의 응어리가 배제된 상태에서 시작해야 이룰 수 있다는 주장이 많다. 진정한 협력을 위해 과거의 문제는 어떻게든 양국 스스로가 풀어내며 좀 더 담담해질 필요가 있다는 것이다. 사실 일본의 과거사에 대한 태도가 용납할 수 없는 것이라면 양국의 협력 관계를 말하는 것 자체가 모순이다. 용서할 수 없는 나쁜 자와 도모하는 미래에 신뢰가 생길 수는 없기 때문이다.

과거사 문제를 둘러싼 갈등 속에서도 한일 양 국민은 서로를 받아들이며 건전한 교류를 통하여 양국 관계의 새로운 역사를 써가고 있다. 그런데 금번 일본의 수출규제 조치로 그간 수면하에 있던 해묵은 감정이 재점화되어 양국이 서로 자국의 정당성만을 주장하는 모양새를 연출하고 있지만, 양국 모두 하루빨리 원만히 해결되기를 기대하고 있다.

설령 지금의 사태를 잘 풀어내지 못하고 양국 어느 한쪽이 승리한다 한들 서로 이웃에 힘겹게 싸워야 할 국가를 두는 형세로 전락할 뿐이다.

파국을 두려워하지 않는 듯한 양국 정부의 대응은 안 된다. 국익도 국민이 받아들일 수 있는 범위 내에서 주장함이 옳다. 소수의 권익을 부르짖는 이 시대에 서로 상대국을 생활터전으로 삼는 양 국민이 매우 많다는 사실을 직시하고, 그 누구에게도 피해나 두려움을 주는 상황을 만들어서는 안 된다.

일본의 수출규제가 한국의 원인 제공 탓이라는 주장에 냉정하게 대응하면서 합리적인 해결 방안도 모색해야 한다.

한국은 한국의 판단이 옳다하고 일본은 일본의 판단이 옳다하며 평행선을 긋는 주장만이 계속된다면 사태 해결은 쉽지 않다. 정치 문제를 경제 문제로 화풀이하고 있다는 사실을 부인하기 어렵지만, 이미 사태가 감정을 앞세운 명분 싸움으로 번진 상황에서 일본의 조치가 잘못되었으니 시정하라는 요구만으로 해결책을 찾기도 어려워 보인다.

미국의 중재나 타국에 벌이는 외교전도 미봉책에 그칠 수 있다. 한일 간의 문제는 한일이 풀어야 한다. 전쟁이라도 하여 양국 모두 거덜나는 것을 원치 않는다면 사태 해결을 위한 지혜를 모아야 한다.

일본정부는 자국 기업의 피해를 받아들일 수 없다하고, 한국정부는 사법부의 판결에 따라 진행되는 징용피해자들에 대한 배상 절차를 막을 권한이 없다하니 한일 양측의 입장을 살려내는 방도를 찾아내야 할 텐데 양국의 양보 없이 묘안을 찾기란 힘들어 보인다.

한일청구권협정을 피 토하는 심정으로 받아들일 수밖에 없었을 당시 국민들의 자존심을 생각하면 청구권협정으로 받은 돈의 성격을 논하는 것 자체가 치욕처럼 느껴질 때가 있다. 한국정부가 이미 이뤄진 사법부의 판단을 뒤집을 수는 없는 만큼 대법원의 판결과 징용피해자들의 요구에 따라 이뤄지고 있는 일본기업의 자산매각 절차를 신속히 진행해 배상을 마무리하고, 그로 인해 발생하는 일본기업의 손실분을 한국 정부가 일본기업에 되돌려준다면 양국의 입장을 수용하는 절충안이 되지 않을까 생각해 본다. 한일 관계는 긴 호흡으로 가야 한다.

국제관계의 새 틀 대학생들이 모색하길

인하대학신문, 2019.09.02

한일 간에 극한 대립이 전개되고 있다. 가시지 않는 일제침략의 앙금에도 한국은 일본과 미래의 공동번영을 말하며 지내 왔다. 풀리지 않는 과거사문제에 저항하면서도 현재의 일본과 마주하며 미래지향적 교류를 이어온 것이다.

멀어져만 가는 탓에 과거를 실감하지 못하는 세대들이 한국의 주류를 형성하면서 일본에 대한 역사교육에도 불구하고 피해당사국의 국민이라는 감각이 무뎌지고 있는데, 일본인들도 마찬가지로 가해당사국의 국민이라는 인식이 흐릿해지면서 가해자들이 안고 살았던 한국인에 대한 사죄의 마음 또한 남 일이었던 듯 변하고 있어, 잘못된 역사를 반복하게 해서는 안 된다는 교육관도 후퇴하고 있다.

한국은 미·일·중·러를 주변국으로 두면서 만만치 않은 국제관계를 감당해내야 하는 국가이다. 겨레가 두 동강 난지 70여 년이 지났는데 통일조차 이뤄내지 못해, 한국은 북한 문제 하나에도 국력을 쏟아 부으며 신경을 곤두세워야 하는 처지이다. 주변 강대국들은 남북문제를 교묘히 이용하면서 한국의 발전을 가로막고 있는데 여전히 국력이 열세인 한국으로서는 난국을 타개해나갈 현책을 찾아내기가 쉽지 않다. 남북문제 하나도 해결해내지 못하는 답답한 상황을 지켜보고 있노라면 울분이 치솟기까지 한다. 꽤나 먹고 살 만한 강국이 되었다고 자부하고 있는데 여전히 주변국의 조력 없이 남북문제에 한 발짝의 진전도 이뤄내지 못하고 있으니 한국의 작은 입지가 두드러져 보인다. 남북문제의 해결만이 현 상황에서 벗어날 최선책이 될 텐데 그렇지 못한 상태에서 주변강대국들과 불편한 관계를 만들어가는 것은 전략적으로 불리하다.

한국이 세계에서 두각을 나타내기 시작했다. 한국의 기세를 두려워하며 꺾어 누르려는 경쟁국들이 나와도 이상할 일이 아니다. 국가 간의 관계라는 것이 늘 그런 속성을 보여 왔다. 한국이 세계와 경쟁하며 우위를 지켜내기 위해서는 경쟁력도 중요하지만 국가의 정책이나 국민의 의식이 전략적이어야 한다. 국가 간의 관계가 국내에서 통용되는 이치처럼 흘러가지 않기 때문이다. 자국에 유리하면 타국의 정당한 행위나 요구 따위는 묵살하기 일쑤인 것이 국제관계의 현주소이다. 우방국의 태도도 필요에 따라 얼마든지 바뀌는 것이다. 한일관계의 현재를 통해 지금의 한국이 어떤 상황인지 직시해야 할 시점이다.

다행히도 한일 양국의 많은 국민들은 바른 의식을 가지고 위선과 가식에 싸인 정치가들과는 다른 모습을 보이고 있다. 일반 국민들은 언제나 국정을 운영하는 위정자들의 오판 탓에 말할 수 없는 피해를 당해 왔다. 정치가들의 탐욕적이며 비이성적 행동이 없었다면 일본의 한국침략이나 남북한의 전쟁도 일어나지 않았을 것이다. 많은 국가의 많은 국민들이 위정자들의 잘못으로 겪지 않아도 될 고통을 맛보게 되는 것이다. 작금의 한일 간의 문제도 잘못의 크기는 다를지언정 양국 위정자들에 기인한 날벼락인 셈이다.

일본정부를 규탄하는 일본의 시민 및 단체들이 있고, 한국정부의 대응이 적절치 못하다는 국민들이 있으니, 양 정부에 동의하지 않는 국민들이 존재하고 있는 것이다. 민주주의가 잘 구현되고 있는 것처럼 보이지만 여전히 국민으로부터 위임받은 권력을 남용하며 편 갈라 제 편만을 위해 싸우는 정치행태가 반복되고 있다.

민주주의는 민이 주인인 체제이다. 더 이상 정치적 목적을 위해 국민을 이용하는 정치가 한일 양국에 발붙이지 못하도록 해야 한다. 이를 위해 한일 양국민이 연합체를 구성하여 양국 위정자들의 잘못된 선택을 국민이 나서서 국민의 힘으로 바로잡는 시대를 만들어야 한다. 미래의 주역인 젊은층, 대학생들이 주체가 되어 국제관계의 새로운 이정표를 만들어내기를 기대한다.

전쟁은 일방적인 승리를 거둬내기 힘든 시대로 이겨도 피해고 져도 피해인 공멸의 길이다. 결국 싸움보다는 서로 협력하여 상생할 수 있는 국제관계를 구축해야 한다. 아직은 국가경쟁력이 국가를 살리는 요소이지만, 언젠가는 한 국가의 경쟁력이 타국을 제압하는 무기가 아니라 타국에게도 도움을 주는 인류에 필요한 능력으로 작용하는 시대가 되기를 기대한다.

애국의 방법, 국민의 선택에 맡겨야

경기일보, 2019.07.22

공산주의를 부정한다면서 최근의 한국은 인민재판식의 여론몰이가 성행하여 어떤 사태가 벌어질 때마다 선과 악을 규정지어 놓고 이를 따르라며 강요하는 분위기가 늘고 있다.

이번 한일 사태에도 '일본여행을 하지 마라', '일본물건을 사지마라'는 등 국민 개개인의 자유로운 행동을 막아서며, 그것만이 국민이 보여야 할 애국의 길인 양 하고 있다. 사람에 따라 한일관계를 끝장내자는 의견도 있고, 좀 더 협력하며 상생하자는 의견도 있다. 한때 독재에 저항하거나 북한을 거론만 해도 국가보안법으로 처단되던 시대처럼, 일본이 잘못했다 지적하면 애국이고 한국이 잘못했다 지적하면 매국이라는 논리는 적절치 않다. 산업계의 상황도 동향도 파악하지 못하고 사태를 이 지경까지 몰고 온 정부의 잘못은 남 탓으로만 돌릴 정도로 가벼워 보이지 않는다.

침략을 획책하는 것도, 침략을 초래해 국민을 도탄에 빠트리는 것도 정치가로, 선량한 국민은 모두 희생자이다. 정치가에 대한 국민의 불신은 한일 양국 모두 비슷하다. 이런 때일수록 양국 정치가들의 잘못을 바로잡기 위해, 잘못된 정치에는 따를 수 없다며 양 국민이 좀 더 협력하며 민간교류의 강건함을 보여야 한다고 생각하는 자도 있다. 여행을 가서 의연함도 보이고 필요한 물건은 구입해 신뢰도 보이며 일본인에게 성숙한 한국인의 모습을 보이자는 주장도 있는 것이다. 애국이라는 이름하에 행해야 하는 국민의 책무가 있다면 이는 국가가 법으로 정하면 되고, 법에 위반되지 않는 사안에 대해서는 국민의 자유로운 선택에 맡겨야 한다. 애국의 방법이 모두 같을 수는 없다. 전쟁조차도 찬성 쪽이, 아니 반대 쪽이 애국이라 생각하는 사람도 있는 것이다. 언론 등이 객관성을 잃고 한쪽을 선택하도록 잘못된 정보를 줘서도 안 되지만, 어느 세력이라도 선동이나 강요를 하는 행위는 사태를 악화시킬 뿐이다.

일반 국민들이 뉴스에서나 제공받는 정보로 복잡하게 얽히고설킨 국제관계를 이해하는 데에는 한계가 있다. 금번 일본의 조치를 통해 그 내막이 드러나고, 세계에서의 경쟁력 확보를 절실하게 느꼈지만, 그렇다고 모든 것을 자급자족할 일이라고는 생각하지 않는다. 산업사회가 언제 어떻게 재편될지도 모르는 상황에서 모든 것을 자급자족하는 형태로 가져간다는 사고는 실현가능성도 희박하지만 위험부담도 커 옳지 않다. 석유가 나오지 않듯이 모든 자원이 한국에 존재하지 않는 상황에서 준비하고 대비한들 이루는 데에는 한계가 있다. 국제무역 외에는 답이 없다. 상호의존적인 세계의 산업계가 원만히 돌아가도록 국제무역질서가 준수되어야 하는 이유이다.

한국 산업계의 오늘이 외국의 자본과 기술 위에서 이루어졌고 한국의 수출입 모두를 외국에 의존하는 현 상황에서, 한일 양국의 무역질서가 무능과 폭거의 양 정부 탓에 훼손되어서는 안 된다. 한일관계는 생존이 걸린 현재를 잘 관리해 나가는 차원에서 이루어져야 한다. 상호 이해와 양보 없는 태도로는 한일관계를 풀어나갈 수 없다. 과거에 대한 정리는 우리의 결단에 달려있다. 우리도 승자의 모습을 익혀야 할 시점이다.

경제

─ 주택·세금 ─

서민 울리는 정부 주택정책

'하우스푸어', 분양방법부터 바꾸자

무책임한 개발계획

수도권 신도시주택정책 당장 중단해야

부동산정책이 증세 위한 꼼수인가

과세 정책·제도에 문제 있다

세금은 걷기만 하면 되나

폐지가 옳은 전기세 누진제

혈세인 국회 예산심의, 납세자 안중에 없어

모세종의 오피니언

서민 울리는 정부 주택정책

인천일보, 2011.12.13

　국가가 발전하여 온 국민이 멋진 자택에서 윤택하게 사는 이상적 사회를 마다할 사람은 없을 것이다. 하지만 이를 단기간에 이뤄내려는 정책이 성공하기는 어렵다. 국가정책은 미래를 내다보아야 한다. 지금 경기가 좋다 해도 그것이 끝없이 계속될 수는 없다. 국가재정으로 온 국토를 이상적으로 건설할 수 있다면 좋겠지만 국가발전은 언제나 국민의 주머니에서 나오는 세금으로 겨우 이루어지는 것이다. 그런 의미에서 기업들이 상업적 이익을 위해 광고하듯 국가가 건전하지 않은 정책으로 국민을 불확실한 미래의 세계로 끌고 들어가서는 안 된다.

　서민들의 꿈을 실현시켜 주겠다는 여러 주택정책들이 궁극적으로 서민들을 궁지에 몰아넣는 경우가 많다. 상황이 안 좋을 때는 그저 국민 개인들의 자발적 선택이기 때문에 책임은 국민 개인에게 있다며 선을 긋고 물러나 방관자의 자세를 취한다. 물론 국민들의 주택구입이 국민 개인과 기업과의 계약에 의해 이루어지지만 그 이면에 있는 모든 것들은 국가정책이나 발전계획에 의거하고 있어, 국민 개인은 그를 믿고 주택구입을 하게 되는 것이다. 경기가 악화되면 국민개인의 책임이 무거워지니 신중히 생각하라는 아무런 경고도 없이, 수많은 발전계획을 담은 장밋빛 청사진으로 애꿎은 국민들만 궁지에 내몰리고 만다.

국민들에게 희망을 불어넣는 일은 필요하다. 하지만 허파에 바람을 불어넣듯 해서는 안 된다. 인간은 나약한 존재요, 분위기에도 휩쓸리기 쉽다.

정부의 정책과 지자체의 화려한 발전계획, 기업들의 과장된 광고에 국민들은 이를 붙잡지 않으면 인생의 낙오자가 될 것만 같아진다. 그런 바람몰이에 국민들은 너도나도 그것을 잡지 않으면 안 되는 것인 양 몰려들어 발을 담근다. 발을 담그는 이면에는 정부의 눈에 보이지 않는 보증이 있기 때문이다.

지역이 개발된다느니, 계약금만 있으면 나머지 비용은 은행에서 대출해주니 문제없다느니, 설상가상으로 집값이 오르기만 하니 일반국민이 동요하여 부족한 능력에 무리를 해서라도 그 분위기에 편승하지 않을 수 없다.

가끔 성공하기도 하지만 오랫동안 이어질 리는 없다. 결국 경기가 가라앉아 침체기에 접어들면 모든 것은 개인의 책임으로만 남고 만다. 분명 개인의 책임이 있다. 하지만 국민들에게 약속한 것을 지키지 않은 정부, 지자체, 회사를 믿고 따른 국민들만이 책임을 져야한다는 것은 부당하다. 집값의 대부분을 대출로 해결할 수 있도록 만든 것은 국민들을 유혹해 강매하는 행위와 다를 바가 없다. 집 살 여력이 없는데 국가가 정책적으로 욕심을 갖게 한 것과 같다.

대출시의 낮은 금리가 시간이 지나면 오를 것이라 예상하는 국민은 별로 없다. 물가가 올라 서민들의 생활여건이 나빠졌는데 서민들이 이해 못하는 이런저런 이유로 물가를 잡는다며 금리를 올려 이자

부담을 가중시키니 서민들은 엎친 데 덮친 격이다. 집값은 내려가고 대출이자는 늘어나 근심이 극한상황으로 치닫고 있는데 공적자금으로 회생된 은행들은 국민을 쥐어짜내 이윤을 높여 은행 살찌우는 일에만 몰두하고 있다.

국민세금으로 회생했으면 국민들이 힘들어할 때 이윤을 낮추어 국민의 근심을 조금이라도 덜어줘야 하지 않겠는가?

국민이 있어야 은행도 있는 것인데 국민이 신음해도 정부와 은행은 아랑곳하지 않고 마이페이스이다. 정부정책이 그저 눈에 보이는 것만 선심 쓰듯 하고 있으니 다수의 지지를 얻어 정권을 창출해도 그 인기는 하루아침에 시들어버리는 깜짝 인기가 되고 만다. 국민들의 현실적 기대에도 부응해야 하겠지만 기대에 미치지 못해도 장기적 안목에서 정책을 펴야만이 끓는 여론의 질타를 피해갈 수 있을 것이다. 정부의 근시안적인 정책으로 서민들은 예상 밖의 난관에 부딪혀 신음 속에 한숨만을 더해가고 있다.

무리한 주택구입으로 서민들이 빚에 허덕이게 된 데에는 국가 잘못이 크다. 여력이 없는 자들에게 집을 사도록 만든 장본인이 국가이기 때문이다. 국민들에게 주택구입의 환상을 심어놓고 그 환각에 빠뜨려 놓고 이제 와서 그 책임을 국민의 탓으로만 돌리는 것은 온당치 않다.

'하우스푸어', 분양방법부터 바꾸자

국가는 국민에게 희망을 주어야 한다. 하지만 그것이 불안전하거나 로또와 같은 것이어서는 안 된다.

정부가 모든 국민에게 아파트의 꿈을 심어놓고, 그 아파트로 좌절하게 만들고 있다. 정부의 정책실패는 국민의 피해로 귀결되기 때문에 주택정책은 시장침체 등 경기변동을 내다보는 신중한 것이어야 한다. 누구나 아파트를 장만하고 싶고, 더 좋은 아파트로 옮겨 살고 싶으며, 아파트로 재산도 형성하고 싶다. 지극히 평범한 한국인들의 생각이다. 하지만 주택정책은 국민을 용어도 생소한 '하우스푸어'라는 나락의 길로 빠뜨렸다.

주택난 해소와 지역개발을 위해 정부가 금융권, 건설사와 함께 내놓은 아파트 분양정책이 서민들을 하우스푸어로 내몰았다. 능력이 없는데 중도금, 잔금에 대한 마술을 부려 계약금만으로 아파트를 마련할 수 있는 것처럼 꾸며 결국 국민들을 빚더미에 나앉게 만든 것이다.

개발계획과 모델하우스만 보고 분양경쟁에 뛰어들어 실물도 없는 주택을 위해 은행에 대출이자를 물면서 기다리도록 만든 아파트 선분양 제도는 대출금리 인상폭탄에도, 공사 지연이나 중단에 대한 위험에도, 입주 시 주택가격 폭락에도 전적으로 개인이 책임져야 한다. 이런 불합리한 선분양 제도를 폐지하고 후분양 제도를 도입해야 한다. 변재 가능한 대출로의 대출제도 변경, 정부와 민간 간 주택사업 차별화 등 정책변화가 필요한 시점이다.

가장 시급한 것은 은행과 정부의 파격적인 대출금리 인하 및 세금감면, 폭락한 아파트 입주를 위한 건설사의 고통분담 차원의 분양가 보전 등 부양정책을 확대 실시하여 하우스푸어를 구제하고 부동산 경기를 회복시키는 일이다. 특히, 아파트 분양계약 해지를 가능하게 하여 개인의 손실을 최소화해야 한다. 아파트 중도금 대출은 은행과 협의한 건설사가 건물을 짓는데 필요한 자금을 실물도 없는 담보를 통해 입주자에게 책임을 지우는 식으로 빌려주는 것이다. 이런 대출금의 이자를 개인에게 떠넘기는 것부터 바로잡아야 한다. 또한 앞으로는 개인과 건설사, 은행이 튼튼해질 때까지 주택공급이 다소 줄더라도 주택경기 부양정책이 없을 것임을 밝힘으로써 은행돈으로 아파트를 짓고, 은행돈으로 아파트를 사게 하는 인위적 정책을 폐지해야 한다.

실물이 없는 현행 선분양 제도는 불확실한 미래가치에 대한 거래이다. 실물을 보고 현실가치로 거래하는 후분양제도로 바꿔야 한다. 완공된 아파트를 분양하도록 해야 건설사가 무리한 사업을 하지 않고, 시공사와 입주자 간 분양가나 품질, 주거환경 등을 놓고 다툴 일도 줄어들 것이다. 은행도 실물을 담보로 경제상황을 반영해 대출할 테니 부실거래를 줄일 수 있다.

은행대출 제도가 사람의 마음을 흔들어 남의 돈으로 과욕을 부리다 낭패를 보게 하는 것이어선 곤란하다. 주택구입이 과도한 대출에 의존하지 않도록 해야 할 것이다. 과도한 대출이 없으면 아파트 구입으로 하우스푸어가 될 리 없다.

아울러 정부가 하는 보금자리 주택사업이 기존 분양시장 질서와 주변 거래시장을 마비시키는 특혜성 제도여서는 곤란하다. 무리하게 그린벨트를 풀어 싼 가격으로 아파트를 지어 공급하는 정부와 민간 기업이 공정하게 경쟁할 수는 없다. 많은 국민들이 민간건설 아파트를 분양받는 상황에서, 정부가 동일권역에서 훨씬 싼 가격으로 아파트 분양사업을 하면 주택시장은 혼란해질 수밖에 없다.

저렴한 주택분양 유도정책은 필요하지만, 정부사업이 주택시장 안정화를 저해하고 침체된 경기를 더욱 하락시키는 쪽으로 작용해서는 안 된다. 서민주거 안정을 위한 주택정책은 편리하게 이용할 수 있는 다양하고 저렴한 임대주택을 지속적으로 제공하는 것이다.

무책임한 개발계획

인천일보, 2012.11.16

　정부와 지방자치단체가 발전을 내세워 국민들이 살고 있는 지역을 강제로 재단하곤 한다. 정 붙이고 살던 지역에서 어쩔 수 없이 쫓겨나듯 떠나야 하는 경우도 있다. 정부와 지자체는 도시정비나 재개발 등의 개발 지구를 지정해 주민들을 묶어놓고 결국은 예산이 없어 그곳을 개발하지도 못하고 방치하기 일쑤이다. 모든 지자체가 부채에 시달리고 있으면서 개발이 순조롭게 진행될 리 만무하다. 경기가 안 좋다는 핑계는 계획자체가 졸속이었음을 보여주는 대목이다. 결국 개인의 권리를 제한하거나 주민들을 불편하게 만드는 무리한 개발정책으로 국민들만 멍들게 된다.

　개인이 자기 집이나 일터에서 자유롭게 생활하지 못하고 언제 공권력에 의해 쫓겨날지도 모른다면 이는 민주국가라 할 수 없다. 지역발전을 위해 불가피한 경우도 있겠지만, 주민들의 동의 없이 관에서 일방적으로 개발 지구를 지정해 개인 재산권을 제한하는 행위는 지양되어야 한다.

　대대로 살아온 정든 집, 추억이 깃든 지역을 떠날 수 없다고 생각하는 사람이 있어 당연한 것이다. 살던 곳을 잘 고치거나 새로 짓거나 해서 살고자 하는 개인들도 있는 것이다. 개발계획에 묶여 사유

재산을 이러지도 저러지도 못하고 고통 속에 사는 국민들이 있어서는 안 될 것이다. 명분이야 개발을 하여 더 좋은 모습으로 바꾸겠다는 것이지만, 결국은 개발이 안 되거나 지지부진한 경우가 허다하다. 한 곳을 제대로 개발하기도 어려운 상황에서 시내 곳곳을 개발한다는 발상이 성공할 리 없다.

국민의 재산권이 제한되어야 가능한 개발이라면 이는 단기간 내에 이루어져야만 한다. 정말 재원이 충분하여 짧은 기간 내에 계획대로 완성시킬 수 있는 개발이어야 한다. 계획을 세워놓고 도중에 멈추거나 아예 진행을 하지 않거나 하는 경우는 없어야 할 것이다. 서민들을 몰락시키고 있는 하우스푸어 역시 이루지 못한 정부와 지자체의 장밋빛 개발계획에 기인하는 바가 크다. 도심 외각에는 거대한 신도시를 건설하면서 구도심을 정비하거나 재개발하고 있으니 어디에서 사람들이 몰려와 도시를 채워주겠는가? 주택경기 활성화는 백약이 무효인 상황으로 가고 있다. 책임 못질 개발계획으로 국민들의 꿈만 짓밟히고 있다.

지금 개발하지 않아도 후대에 더 잘 개발될 수 있는 것이니 현 정부나 지자체에서 많은 지역을 개발하겠다는 성급한 태도는 버려야 한다. 무리한 개발정책은 국민들조차 빚더미에 나앉게 만들어, 국가의 빚을 감당할 수 없게 만들 뿐이다. 국민들에게는 안 된다고 말하면서, 정부나 지자체는 빚내서 해도 괜찮다는 태도인데, 능력범위 내에서 경제활동을 해야 하는 것은 개인이나 정부나 마찬가지일 것이다.

유럽도시들을 보면 역사가 살아 있다고들 한다. 한국은 어떤가? 오천년의 역사를 가진 나라라고 떠들면서, 육백년이 넘은 서울이라 자랑하면서 옛 모습을 찾아볼 수 있는 거리는 거의 없다. 일반서민들이 생활하던 정감 있는 곳을 낡았다고 모두 없애고 개발한다는 것은 현명한 생각이 아니다. 특히 공권력의 개입으로 저항과 투쟁이 벌어지고 상처를 남기는 개발은 피해야만 한다. 그냥 웬만한 곳은 동의가 없는 한 터전으로 삼는 사람들이 그들의 수준에 맞추어 자유롭게 살도록 하는 것도 나쁘지 않을 것이다. 좁은 나라인 만큼 인위적이고 합리적인 지역정비나 개발은 필연적이겠지만, 국가가 필요하면 언제라도 강행할 수 있는 것이어서는 안 될 것이다.

옛 모습이 전부 없어지는 개발 속에서 역사와 전통을 이야기 할 수는 없다. 옛 뒷골목이 있어 추억이 있어 좋지 않겠는가? 돌아가고 싶은 어릴 적 흔적이 남아 있어 기쁘지 않겠는가? 정부나 지자체가 강제적으로 하지 않으면 없어지지 않을 옛 정취를 모두 말살하는 개발이 인간 정서에 도움이 되지는 않을 것이다. 밀집된 고층빌딩에 둘러싸여 교통난에 신음하게 되는 삶을 강요해서는 안 된다. 낮고 작은 집들이 올망졸망 늘어서 있는 지역도 아름다운 도시의 모습이다.

수도권 신도시주택정책 당장 중단해야

인천일보, 2019.05.15

2기, 3기 신도시, 언제까지 수도권에 신도시를 만들어 국민들을 흡수한다는 말인지 이해할 수 없다. 지방은 인구감소로 몰락해가고 수도권은 인구폭증으로 숨 막히는 삶을 강요받고 있는데, 모든 국민을 수도권에 살게 할 작정인지 신도시를 만들어 또 주택을 공급하겠다니, 국가전체를 바라보는 정부의 정책이라 믿기 힘들다. 한국이 인구의 도시집중으로 균형을 잃어, 이미 지방의 일부지역은 생기를 잃거나 폐허처럼 변해가고 있는데, 수도권 신도시건설이 국민의 주거문제 해결을 위한 최고의 정책인 양 내놓고 있으니, 국민 모두가 지방을 버리고 수도권으로 이사 오라는 말인지 알 수가 없다.

늘 정치권에서는 국가균형발전을 말한다. 우여곡절 끝에 탄생한 세종시, 국가공공기관의 지방이전은 업무의 비효율성보다 수도권의 인구집중이 가져오는 폐해를 막기 위한 고육지책이 아니었던가? 그렇다면 그런 정책을 이어받아 국가전체를 효율적으로 관리해 지방에도 사람들이 발붙이고 사는 도시로 만들어냄이 시대적 소명일 것이다.

5월은 가정의 달로 어버이를 기리는 달이기도 하다. 방송프로그램에 비춰지는 아름다운 한반도의 구석구석을 지키며 여생을 살아가는 어르신들의 고독하고도 초라한 시골살이에 눈시울이 붉어진다. 고생하며 자식들을 키워내 우리의 지금을 있게 한 어르신들의 삶이 이토록 방치되고 있다니 자식세대로서 죄책감을 느낀다.

많은 이들이 산 좋고 물 맑은 전원생활을 꿈꾼다. 숨 막히는 도시에 살다보니 시골이 인간 최고의 주거환경이었음을 새삼 깨닫는다. 여건이 된다면 그리운 고향, 정겨운 시골로 돌아가고 싶다. 많은 이들의 일상이었던 시골의 삶도 예전에는 그럭저럭 사람들도 있고 해서 지낼 만했다. 개천에서 용이 나고 자연에서 살며 얻은 호연지기에 리더십을 갖춘 인재도 많이 배출됐었다. 서울에 올라와 도시인의 나약함, 자연에 대한 이해와 창의력 부족, 거기에 이해타산적이기까지 한 모습에 지방출신이라는 점이 참으로 다행스러웠었다. 국가의 건강한 인재를 만들어내는 교육이라면 자연과 호흡하고 인간애를 주고 받으며 성장할 수 있는 지방이 보다 효과적일 수 있다는 옛 경험을 떠올린다.

경제적 추구를 위해 서울 등 수도권 생활이 최고라 여길지 몰라도 번잡함과 경쟁에 내몰려 숨 가쁘게 사는 대도시의 삶이 결코 인간을 행복하게 만드는 조건은 아니다. 서울의 문화생활이 지방의 자연을 만끽하는 생활보다 더 감동적일 수도 없다. 대도시의 삶에 몸과 마음이 병들어간다는 현대인의 외침과, 일과 여가를 균형 있게 보내야 한다는 시대의 흐름을 생각할 때, 많은 사람들이 수도권에 몰려 피곤한 삶을 살게 하는 국가정책에는 동의하기 어렵다.

인구의 수도권 집중을 해소하여 온 국민이 전국에 고루 퍼져 여유롭게 사는 한반도를 건설해야 한다. 사람이 모이면 자연스레 살 만한 도시가 된다. 사회에 다양한 능력자가 필요하듯이, 국민 중에는 도시뿐 아니라 농촌, 어촌, 산촌, 그리고 섬 생활에도 익숙한 사람이 있어야 한다.

수도권이 주택공급 과잉으로 집이 없거나 비싸서 못 구하는 상황만도 아니다. 많은 수도권 아파트값은 분양가에도 못 미쳐 낙담하는 사람도 많다. 경제를 살린다며 건설회사와 은행의 이익만을 대변해온 정부의 주택정책에 많은 국민들이 휘둘려온 삶이다.

정부정책 탓에 입어온 국민의 피해는 적지 않다. 분양만 하면 기업과 은행은 앉아서 돈을 버는 구조인데, 정부도 국민의 손해와 상관없이 고율의 취등록세와 매년 징수해가는 재산세에 국민들만 세금납부로 허리가 휘는 구조이다. 뿐만이 아니다. 내버려둬도 될 문제에 정부가 나서서 이런저런 핑계를 대가며 부동산세 인상이 문제해결을 위한 방책이라 내놓지만, 과연 그런 정책들이 국민 누구에게 도움이 되었는지 묻고 싶다.

한국은 남북이 총부리를 겨누고 있고 주변국과의 관계도 신통치 않다. 북한과 가까운 서울수도권은 군사적 위기상황에도 쉽게 대처할 만한 안전한 지역이 아니다. 적의 포탄이 날아오면 이를 막아내야 한다며 외교적 불이익을 감수하면서까지 사드를 배치했다. 인구분산은 국가안보차원에서도 필수적 요소이다.

지역균형발전이 지역이기주의는 아닐 것이다. 그런데 지역의 정치인, 언론인, 시민단체는 반응이 없다. 국가전체를 살 맛 나는 지역으로 만들어야 한다는 명제 앞에 모두 함구하며 무기력증을 보이고 있다. 지방의 삶이 우리의 몸과 마음을 풍요롭게 한다는 사실을 지역 정치가들이 모를 리는 없다. 수도권 신도시정책, 아무리 생각해도 지나치다.

부동산정책이 증세 위한 꼼수인가

인천일보, 2019.01.16

서울 강남의 아파트가 폭등하자, 국민 1.5% 그것도 그들이 부동산을 매매하는 경우에나 나타날 수 있는 현상이라며, 98.5%의 국민은 걱정할 것 없다는 설명이었다. 많은 국민들은 오르기는커녕 팔리지도 않는 아파트에서 대출이자와 세금부담 속에 어렵사리 살아가고 있다. 그런데 일부 특정지역의 부동산문제를 해결하겠다는 대책은 전 국민에게 부담을 지우는 쪽으로 방향을 틀어, 그렇지 않아도 짓누르던 세금이 늘어나는 결과만을 초래했다.

굳이 나설 필요도 없는 극소수의 문제를 국가적 대책이 필요한 긴급과제처럼 만들더니 슬그머니 그 화살을 국민 전체에게 돌린 꼴이다. 결국 부동산문제를 해결한다는 미명하에 부동산 세제를 바꾸어, 온 국민이 세금을 더 내게 되는 상황을 만들었으니, 정부가 세수를 높이려는 꼼수로 의심받을 대목이다. 부동산문제를 풀겠다는 명분을 내세워 대다수 국민과 상관없는 문제를 끌어들여, 국민의 뜻에 따라 세제를 바꾸는 듯한 모양새만 취한 체 증세를 단행한 셈이다.

과세는 수입이 있거나 거래가 있는 경우에 이루어짐이 마땅하다. 지금의 과세는 부과할 항목을 최대한으로 넓게 잡으면서 그에 대한 합당한 이유는 대지 않아, 정치적 목적으로만 보이는 경우도 많다.

내야 하는 이유를 모른 채 내라고 하면 무슨 일이 있어도 내야만 하는 것이 세금이 되었다. 그렇다고 세금 용처에 대해 국민들이 납득하고 있는 상황도 아니다. 의원들의 외유는 혈세낭비의 빙산의 일각이다.

경제행위라 하여 무조건적인 과세는 옳지 않다. 국가가 과세라는 형태로 관여해야 할 경제행위는 국민의 동의하에 합리적으로 도출해내야 한다. 또한 재산을 보유하고 있는 것만으로 과세를 하는 것도 불합리하다. 재산보유 자체가 거래도 아니고 수익 발생도 아니기 때문이다. 돈이 없으면 집의 기둥뿌리를 하나씩 뽑아 세금으로 내야한다는 이치와도 같다. 비싼 보석이나 골동품, 그림 등을 가지고 있다 하여 세금을 내지는 않는다. 골동품이나 그림 소유자에게 돈 없으면 일부라도 잘라서 세금 내라 할 수는 없을 것이다. 주택이나 자동차 등의 보유에 따른 재산세는 폐지함이 옳다. 재산은 매매든 증여나 상속이든 양도시점에 과세하면 되는 것으로, 그때의 세율로 모든 것을 조정하면 된다. 멈춰있을 때는 과세 또한 멈춰야 한다.

큰 집에 사는 가난한 자가 작은 집에 사는 부자보다 세금을 더 내는 구조는 모순이다. 큰 집에 살고 큰 자동차를 가지고 있다하여, 세금을 더 내야 하는 가진 자로 규정지을 수는 없다. 외견이 납세능력과 비례하는 것은 아니기 때문이다. 돈이 없어도 취향에 따라 원하는 집이나 자동차, 고가의 물건을 살 수 있다. 구입할 당시의 세금은 부담하더라도 이후의 부당한 보유세까지는 참을 수 없다. 모든 국민이 절세를 위해 작은 집에 작은 자동차만을 갖고 있어야 한다는 사고는, 모두 세금 내지 않는 가난한 삶을 선택하는 것이 바람직하다는 이야기와 같다.

한국에도 대궐 같은 집과 세계 최고의 자동차 등이 있어야 볼거리도 제공하고 잘사는 한국도 대변하지 않겠는가. 성공한 자들이 많이 나와 당대에는 세금 걱정 없이 훌륭한 저택을 짓고 살 수 있어야, 나도 그런 꿈을 꿀 수 있는 것이고, 또한 그런 것들이 후대의 문화유산으로 남을 수 있는 것이다. 안정이나 정상화를 요구했더니 어처구니없게도 모두가 함께 초라하게 사는 길을 제시하고 있다. 국민의 삶을 더욱 어렵게 만드는 증세로는 경제 활성화는커녕 위축만을 초래할 것이다.

늘어만 가는 세금 탓에 국민들이 위축되고 있다. 국민의 모든 재산과 시시콜콜한 행위가 정부의 치밀한 감시와 과도한 정책으로 사라져가는 국가가 되어서는 안 된다. 그런 만큼 과세의 정당성은 보다 철저하게 검증되어야 하고, 국가의 세금사용도 국민이 낱낱이 들여다볼 수 있는 구조를 갖춰야 한다. 정부가 과세나 징세에 힘을 쏟는다면 국민은 정부의 세금사용에 철저한 감시의 눈을 펼쳐야만 국민이 원하는 사회로 나아갈 수 있다.

말로는 국민들 편에서 일한다는 정치가, 관료들이지만, 주인이어야 할 국민은 늘 그들의 행위에 옴짝달싹 못하는 구조 속에 있다. 제도가 그러하니 선거라는 행위를 할 수밖에 없지만, 여전히 입법권은 정치가들을 위해 행사되는 권한일 뿐이다. 국민을 대신해서 일하라 뽑은 위정자들은 내려놓으라는 권한은 버젓이 유지한 채, 권력쟁취를 위해 망국의 싸움으로 일관하며, 마치 그것이 나라를 위하는 행위인 양 국민을 호도한다.

국정운영이 국민들에게 불안감과 피로감을 줘서는 국민들의 안정적인 삶은 파괴되고 미래를 위한 설계는 엄두도 낼 수 없게 된다. 위기의 경제상황에 한국의 역량과 현실을 직시한 신중한 국정운영을 기대해 본다.

과세 정책·제도에 문제 있다

인천일보, 2013.10.11

나라살림이 어렵다며 세금을 올리려는 시도가 이어지고 있다. 세금을 낼 수 있고 내야 하는데, 안 내는 것이라면 응당 엄격한 법집행을 해야 한다. 하지만 국민들의 삶이 어려운 상황에서 일률적인 증세는 부담을 넘어 생존을 위협하는 문제로 다가올 수 있다. 국민이 나라의 주인인 민주사회로 됐어도, 헐벗고 굶주리는 백성들에게 무리한 세금을 거둬 원성이 높았던 옛 시대의 제도가 그대로 이어지고 있는 듯하다.

경제활동을 못해도, 삶이 어려워도, 과액이 부당해도 어쩔 수 없이 내야만 하는 것이 세금이다. 정부는 세수가 부족하다면서 세수확보에 열을 올리고 있지만, 수입이 부족한 것은 국민도 마찬가지이다. 무엇을 어떻게 더 하겠다고 세수를 올려야하는지 동의하기 어렵다.

복지사회구현을 말하지만, 현실을 외면한 능력 밖 선심성 정책이어서는 안 된다. 여력이 부족하다면 선별적이거나 단계적이어야 한다. 당연히 없애거나 내려야 할 세금도 세수감소를 이유로 지자체들은 반발을 한다.

세수가 부족하다면서도 표심을 사려는 듯 대형 지역개발사업들은 보란 듯이 내놓는다. 지역을 살기 좋은 도시로 만든다는데, 돈만 있다면 돈 드는 사업이 뭐 문제이겠는가?

하지만 정작 돈은 없고, 그래서 외자유치나 정부지원을 들고 나오지만 모두 지자체 역량 밖의 주장이다. 결국 현실은 국민의 고혈을 짜내는 수밖에 없다.

열심히 살아도 경제적 여유가 없는 시대이다. 돈이 드는 사회구조가 된 것이다. 집을 장만하기도, 전월세를 살기도, 자식 교육을 시키기도, 부모공양을 하기도 매우 어려운 사회이다. 정보화시대에 통신비는 물론 기름값도 비싸고, 시장보기도 무섭다고들 한다. 더불어 사는 시대에 나누며 살아야 하고 봉사도 해야 하지만, 벌이도 시원치 않고 빚도 줄지 않는다.

백세 장수시대에 노년기를 준비해야 하니 보험도 연금도 들어야 한다. 수입이 있다 한들 늘 부족하기만 한 서민들의 삶은 스트레스의 사각 링 안에 갇혀 있는 꼴이다. 그나마 잘리지 않고 오래 일이라도 할 수 있으면 다행이다. 모두 돈에 혈안이 될 수밖에 없다. 명예나 권력 따위는 빛 좋은 개살구와 같고, 대대손손 돈 걱정하지 않을 재벌만이 최고이다.

그런데 정부에서는 손쉬운 세수확보를 위해 샐러리맨의 유리지갑을 흔들어대며 서민들의 숨통을 쥔다. 이러니 납세의 공평성뿐만 아니라 정당성에까지 의문을 갖게 된다.

위정자들은 저마다 치적을 올리려는 듯 무언가 세금이 드는 일을 벌이며, 국민의 과도한 세 부담에 대한 원성 따위에는 아랑곳하지 않는다. 지금의 한국 사회는 벌여놓은 일들을 안정적으로 마무리하는 것으로 충분하다. 국민이 더 이상 대규모 개발 사업이나 대형 국제대회 유치를 원할지도 의문이다. 수조원의 경제유발효과를 부르짖지만 언제나 빚더미로 전락하고 만다. 수도권 개발은 국가의 균형발전을 영영 멀게 만들고, 대형 국제대회 유치는 국민의 세 부담만 과중시킬 뿐이다.

정책을 펴기 위해 세금을 더 거두어야 한다는 말보다, 세금을 잘 거두기 위해 강력한 법집행을 해야 한다는 말보다, 부과되는 세금에 모두 납득할 수 있도록 과세 제도를 개혁해야 한다. 빚쟁이 하우스 푸어의 집이, 융자가 대부분인 부동산이, 고물 자동차 한 대가, 실제로 재산도 안 되고 소득도 안 생기는 많은 것이 과세대상이어선 납득하기 어렵다.

소득이 있는 곳에 세금을 부과해라. 불로소득이 생기는 곳에 세금을 부과해라. 빚을 갚기 위해 더 노력해 수입을 올려본들 과중한 세금이 기다리고 있어서야 허탈하기만 하다.

더 이상 공약이나 정책 수행에 드는 비용을 정해놓고 그에 맞춰 국민에게 세금을 징수하려는 태도는 버려야 한다. 국민이 빚에 허덕이는 것도 정부정책 탓인데, 그런 국민을 담보로 무리한 정책을 추진해서는 안 된다. 아직 한국은 세계에 내놓을 만한 부국도 아니다. 모든 것을 세계 최고의 수준으로 만들려고 무리하게 국민들을 쥐어짜내려 하지만, 일반 서민들은 돈을 주체하지 못하는 부자가 아니다.

세금은 걷기만 하면 되나

인천일보, 2018.02.14

왕이 통치하는 절대 권력 시대를 살고 있지도 않은데 국민이 강요를 받는 납세 의무는 옛 시대와 다름없다. 걸핏하면 재원조달이며 경제활동 과열 등을 들어 증세나 과세범위 확대를 들이댄다. 정부나 국회 의도에 따라 증세와 과세항목이 신설되어 국민들의 납세부담은 가중되고 있는데, 국세업무는 날로 발전하여 국민들을 손바닥 들여다보듯 하며 언제라도 손볼 수 있는 태세를 갖추고 있다. 여기에 국민들은 속수무책인 상황이다.

납세는 국민의 당연한 의무이니, 세금이라 하면 정당성을 확보했다고 믿는다. 세금이 국가를 위해 정당하게 사용되고, 국민이 납득할 수 있는 범위 내에서 과세되고 있다는 전제하에서 국민은 납세를 당연한 의무로 받아들이며, 부담하기 힘들어도 부과되면 어떠한 경우라도 납부해야 하는 것을 세금으로 이해하고 있다. 그런데 국가경영에 반드시 필요한 일에만 사용하라고 내는 세금이 비효율적 사용뿐만 아니라 위정자들의 개인금고처럼 사용되는 일련의 사태에 접하는 국민들로서는 과연 세금을 순순히 납부하는 것이 옳은 일인지, 현행 조세제도가 적절한 것인지 의문을 갖게 된다.

국가를 위해 바르게 사용되어야 할 세금이 정당하게 쓰이지 않고 있음이 만천하에 드러났는데, 그저 납세를 신성한 의무라고만 볼 국민은 더 이상 없을 것 같다. 납세 의무를 받아들이기에는 과세 항목이나 체계, 나아가 더 중요한 세금사용에 이르기까지 국민이 납득할 수 없는 내용이 너무나 많아, 세금을 걷고 쓰는 국가의 논리가 논리로서만 의미를 가질 뿐 정작 국민들에게는 정당성을 주지 못하고 있다. 국가기관이 마음대로 쓸 수 있고, 부과하면 무조건 받아들여야만 하는 납세제도에 국민이 저항하고 개선하라고 요구할 명분이 충분해 보인다.

정부는 과세제도가 잘못되어 국가경영이 잘 안 되는 것처럼 걸핏하면 과세의 칼을 빼 이리저리 휘두르며 국민들을 압박한다. 국민은 경제활동에서 손해를 보더라도 국가는 이에 아랑곳하지 않고 원하는 만큼 세금을 거둬들여, 국민의 사정에 관계없는 과세 제도를 운영하고 있다. 국민의 어떤 경제 행위도 세금을 피해갈 수는 없는 구조이다.

정녕 국민을 위해 일하는 민주정부를 표방한다면 국민이 납득하는 범위 내에서 과세함이 옳은 일일 텐데, 그저 돈이 움직이는 곳에 무조건적으로 과세를 하여 이익도 없는 경제행위에마저 세 부담을 지게 하는 것이 조세정의의 구현인지 의문이다. 국민의 혈세로 급여를 받는 자들은 혈세를 자기 주머닛돈처럼 쓰느라 여념이 없는데, 국민들에게는 과세의 정당성과 납세 의무만을 강조한다면 이는 받아들이기 어렵다.

여러 명분을 내세워 과세를 정당화하지만 실제로는 명분이 없는 과세가 너무나 많다. 신설할 과세가 있다면 폐지할 과세도 있을 텐데, 신설만 될 뿐 폐지되는 과세는 찾아보기 힘들다. 어떻게든 명분을 만들어 과세만 하려들지 말고 기존 세수 범위 내에서 쓰는 노력을 해야 한다. 세원이 부족하면 혈세만 낭비하는 수많은 정부의 기구를 줄이는 것이 답이다.

부의 양극화든 부의 세습이든 모두 정부가 만들어낸 작품들이다. 부동산시장이나 주식시장, 가상화폐 시장의 이상 현상도 정부정책에 기인한다. 국민들은 모두 정부 정책 속에서 움직인다. 주택에 대해서도 구입에서 등록, 보유, 매매에 이르기까지 모든 과정에 과세를 하는데 정당해 보이지만은 않는다. 아무런 수익도 생기지 않는 재산에 과세를 한다는 것은 억지이다. 소득이 있는 곳에 과세함을 원칙으로 하고, 그 외에는 폐지하는 것이 옳다. 정부가 특정지역 특수현상에 매몰되어 땜질식 정책을 남발하면 국민은 기회주의자가 될 수밖에 없다. 보편적이고 항구적인 내용을 담아, 누구에게나 미래설계가 가능한 합리적인 제도를 운용해야 한다.

국민을 지배하는 절대 권력 시대에나 있을 법한 과세제도. 이제는 국민 입장에서 운용되는 제도로 바뀌어야 한다. 세금을 내야 국가가 영위되지만 정부가 국민이 뜻을 거스르고 자신들의 정치적 목적을 위해 수행하는 조세제도는 안 된다. 국민들은 누구나 최소한의 세금을 내고 안전한 국가가 경영되기를 기대한다. 그렇다고 국민들이 내야 할 정당한 세금을 거부할 리는 없다. 정부는 국가를 유지하기 위해 필요한 세금항목을 다시 설정하고 과세체계도 대폭 개선하여, 국민을 옥죄는 세금이 아니라 국민을 살리는 세금으로 거듭날 수 있도록 조세제도를 개편해야 한다.

폐지가 옳은 전기세 누진제

인천일보, 2018.08.15

천재지변적 폭염에 한시적으로 누진제를 완화했다. 하지만 완화가 아니라 폐지함이 옳을 것 같다. 전력공급이 여의치 않던 시대에는 전기사용을 자제시켜야 했다. 어느 가정에서나 사용해야 하는 전기인데 공급이 충분치 않으니 적정량 이상의 전기를 사용하지 못하도록 하는 조치는 불가피했을 것이다. 그러니 전기를 많이 쓰면 누진제라도 적용하여 높은 비용을 부담시켜야만 수요를 조절할 수 있었다. 사실 변변한 가전제품도 없던 시절에는 전기가 그렇게 많이 필요했던 것도 아니어서 절약을 하고 말 것도 없었다.

하지만 그것이 언제 적 이야기더냐? 예전에 비해 전기를 사용해야 하는 상황이 현격히 증가하여 전기 없는 생활은 상상도 할 수 없고, 원전뿐 아니라 태양광발전 등 전기를 생산하는 기술도 급속도로 발전했다. 컴퓨터와 휴대전화 등 모든 소통수단이 전기의 상시 사용을 기반으로 하고 있어 집에서건 직장에서건 전기의 힘을 빌리지 않고는 할 수 있는 일이 거의 없는 시대이다. 기름이나 가스도 전기로 대체되고 있고, 자동차마저 전기차가 대세를 이룰 듯하다. 환경오염과 지구온난화로 있는 자나 없는 자 모두 공기청정기나 에어컨을 달고 살아야 하는 일상이다. 그런데 지구 환경파괴와 이를 극복하려는 과학의 발전은 향후 더 많은 전기사용을 요구할 가능성이 농후하다. 이미 전기는 절약만을 강요받기 어려운 시대에 진입한 것이다. 이런 상황에서 전력공급이 부족하고 가전제품이 사치품과 같았던 시절에 통용되던 누진제와 같은 정책을 고수하는 것은 적절치 않다.

전력을 생산하여 공급하는 일은 국민을 호흡하게 하는 것과 다름없는데, 전기에 과한 사용료를 부담하게 하는 것은 호흡에 공기세를 물리는 것과 같다.

이제는 전기를 값싸게 공급해야만 우리 일상이 정상적으로 돌아갈 수 있는 시대이다. 이미 전기는 만드는데 위험이 따르거나 비용이 든다고 하여 사용을 줄일 수 있는 소비재가 아니다. 그런 의미에서 모든 국민이 필요한 전기를 부담 없이 쓸 수 있도록 만드는 것은 시대적 요구로, 전기를 충분히 공급하지 못한다면 전기사용이 일상인 현 시대의 정부로는 낙제인 셈이다. 전기세 누진제 유지는 전기하나 제대로 공급하지 못하여 국민 생활을 옥죄게 하는 무능한 정부로 남아 있겠다는 선언이다.

필요한 전기사용을 어렵게 만드는 누진제는 폐지해야 한다. 전기를 많이 쓰면 악이고 적게 쓰면 선인 시대는 지났다.

취약계층에 대한 배려나 지원 등의 정책은 별도로 하더라도, 일반가정용 전기사용료 체계는 사용량에 관계없이 단일화하여 사용자 모두 공평하게 부담하는 선에서 수립되어야 한다. 같은 사과는 같은 값에 사 먹으면 되는 것이다. 전기도 하나를 쓰든 둘을 쓰든 가격차를 둘 만한 것이어서는 안 된다.

부의 양극화로 인한 빈부의 차가 큰 것은 사실이지만, 어쨌든 많은 국민이 서로 비슷한 경제적 삶을 영위하고 있다. 그런데도 여전히 가난한 자는 못 먹고 가진 자는 너무 많이 먹어 문제가 있다는 단순 이분법적 사고를 견지하고 있다. 전기를 많이 사용하는 자는 선택을 받은 자들이니 전기세를 많이 물려 응징해야 한다는 발상은 국민의 생활수준이 높아지면 결국 모두에게 적용된다는 사실을 간과한 것이다.

과다한 전기세 부담에도 불구하고 대부분의 가정이 많은 전기를 사용할 수밖에 없게 되었으니, 전기세 누진제는 결국 중산층 가정에도 가난한 가정에는 더 많이, 감내하기 힘들 정도의 경제적 고통을 주는 제도로 돌아오고 있는 것이다. 아직도 주변에 절약해도 될 전기를 무분별하게 사용하는 경우가 적지 않게 목격되어 눈살을 찌푸리게 한다. 전기사용의 낭비를 막는 대책은 다각도로 강구되어 엄격히 시행해야 한다.

절약의 소중한 가치를 깨달아 절약이 생활화할 수 있도록 하는 교육도 빼놓아서는 안 된다. 모든 것이 인간의 의식에 달려있는 문제이기 때문이다. 공기업인 한전도 이윤을 추구해야 하겠지만, 징세와도 같은 구조에서 벌어들이는 수익만큼은 적정수준을 유지함이 옳다. 전기요금으로부터 올리는 수익이 과해서는 안 된다. 한전은 불편 없는 국민의 전기사용에 기여한다는 공익적 가치에 더 많은 비중을 두는 국민의 기업이어야 할 것이다.

쌀밥 한 끼 배불리 먹는 것이 소원이던 시절이 있었다고 누가 생각하겠는가? 쌀 소비를 너무 안 해서 걱정인 시대이다. 전기도 남아돌아 제발 좀 사용해 달라고 해야 할 시대가 오기를 기대해 본다.

혈세인 국회 예산심의, 납세자 안중에 없어

인천일보, 2018.12.19

언제부터인가 세금을 내는 것이 온전히 옳은 일만은 아니라는 생각이 들곤 한다. 국가가 운영되어야 하니 납세의 의무는 당연한 것으로만 여겨 과세와 징세는 엄정히 이루어져야 한다고 생각했었다. 거기에는 국민이 피땀 흘려 벌어서 내는 세금이 꼭 필요한 곳에 사용된다는 전제가 있었기 때문이다. 납세의 의무는 세금이 바르게 사용된다는 동의인 것이다.

이미 국가의 세금징수는 시퍼런 칼날을 들이댄 것 같이 엄격하여 백성의 고혈을 짜내던 독재군주의 시대보다 더 치밀하게 이루어지고 있다. 국민이 주인인 민주주의 시대라는데, 세금의 압박은 비민주주의 시대보다 훨씬 더하다는 평가이다. 민주주의 사회에서도 권력을 쥔 자들의 칼자루에 휘둘려 정해지기만 하면 무조건 따라야 하는 조세제도이다.

조세전문가는 아니지만 필자와 주변인 모두 과제의 정당성에 의문을 품고 있다. 내 세금이 건전한 국정운영에 진정으로 필요한 것이라면 과하다 해도 납부해야 하는 것으로 생각할 텐데, 세금이 위정자들의 정치활동에나 도움을 주는 것 같아 납세에 저항감을 느낀다. 없어져야 할 항목은 늘 그대로이고, 포퓰리즘적 정치를 위해 과세항목은 시도 때도 없이 늘어나고 변경되어 많은 국민의 목을 죈다. 당연히 받아들여야 할 과세에 동의하기 어려울 때가 많다.

국민이 납득하는 과세만이 정당한 것일 텐데, 정당성을 인정하기 어려운 과세항목이 너무나 많다. 현행 조세제도는 마치 정부가 좌판을 깔아놓고 행위하는 모든 일에 과세하여 거둬들이는 구조처럼 느껴진다. 필요한 것도 있지만 필요 없어 보이거나 건전해 보이지 않는 좌판마저 깔아놓고, 모두 그 위에서 행동해야 하며 어떤 경우에도 좌판을 이용한 수수료는 부담해야 하는 구조이다. 좌판을 깔아놓은 정부는 국민의 손익에 아랑곳하지 않고 세금만 걷어 가면 그뿐인 것이다.

그렇다면 걷어간 세금이라도 국민을 위해 잘 사용되도록 만들어야 할 것이다. 바로 국회의 역할이다. 납세자인 국민이 여유 있어 내는 세금이 아니기 때문에 국회는 이런 세금을 쓰겠다는 정부의 예산안을 꼼꼼히 챙겨봐야 한다.

한국의 예산이 470조원의 어마어마한 액수로 되었다. 예산규모가 크니 국민들로부터 거둬들이는 세금이 많다는 것인데, 국민 입장에서 보면 무턱대고 자랑할 일만은 아니다.

이번 국회의 예산안 심의도 밀실에서 부실하게 이루어져 국민의 혈세가 꼭 필요한 곳에 사용된다는 전제를 처음부터 묵살하고 말았다. 국회의원들은 자신의 지역구를 위해 국민의 세금을 다다익선으로 가로채가려 하고 이를 지역민들에게 잘한 행동처럼 홍보한다.

쪽지예산도 그렇고 힘 있으면 더 가져오고 힘 없으면 못 가져오는 그런 예산배정은 납세자인 국민을 우롱하는 처사이다. 정부의 예산편성과 이에 대한 국회의 심의는 늘 국민들과 상관없는 일인 것이다.

국가 예산이 눈먼 돈처럼 사용된다는 지적은 어제 오늘 일이 아니다. 절박하지 않은 예산은 나눠먹기식 배정이나 부정사용이 끊일수 없다. 의원들의 세비인상, 해외연수경비, 공무원들의 급여인상, 업무추진비 등의 각종 예산은 국민 눈높이에 전혀 맞지 않지만 절대 사라지지 않는다. 국민의 세금으로 호가호위하는 행위가 변함없이 되풀이되고 있는 것이다.

각종 예산이 회기를 이유로 무조건 써버려야 하는 것도 혈세낭비를제도화하고 있다. 비효율적인 예산집행을 강요하는 제도는 세금낭비의 전형이지만 이 또한 반복되는 일들이다. 세금을 걷는 치밀함에비하면 쓰는 일은 느슨하고 무책임하며 부정하기까지 하다.

이런 상황에서 납세 의무가 정당하다고만 주장하기는 어려울 것이다. 세금을 걷는 일에 팔을 걷어붙였다면, 쓰는 일에도 팔을 걷어붙여야 한다. 정부와 국세청이 팔을 걷어붙인다면, 국회도 팔을 걷어붙여야만 하는 것이다.

결국 모든 국민의 일에 관여하는 정부의 방만한 국정운영은 세수확대와 함께 국민의 세부담 증가로 이어져 국민을 피로하게 할 뿐이다. 정부가 진정으로 필요할 일만 담당하도록 정부기구와 공기업 등을대폭 축소하고 나머지는 국민들이 알아서 하도록 맡긴다면 예산을줄이고도 훌륭한 국정운영이 가능할 터이다. 부유한 국가는 국민들이잘 사는 것이지, 국민들이 어렵다는데 국가의 예산만 커지는 것은아니다.

4

사회

― 국민의식 · 정책 제도 ―

고향 길을 꽃길로

연말에 이웃을 돌아보자

코리안 타임은 계속되는가

국민의 의식수준을 높이자

안전 불감증 국민이 타파해야

메르스 사태와 국민의 의식수준

배신과 소신

롯데 사태를 보며

갑의 횡포는 갑을 용인하는 사회의 책임

'차고 증명제' 도입 시기

동물보호의 전제는 사람의 안전과 이해

관공서 야간업무 부서를

지역 균형발전은 양보를 통해 이루어진다

건전한 '자치'를 이루려면

아파트 관리 새로운 제도 도입해야

순기능 못하는 댓글 폐지해야

선거의 여론조사·출구조사 재고되어야

'여론조사'라 하지 말고 '의견조사'로 바꿔야

모세종의 오피니언

고향 길을 꽃길로

인천일보, 2006.10.18

명절이 되면 누구나 고향으로 달려가고 싶다. 핵가족이 되었어도 조상과 부모님이 계시는 고향길이라면 천리가 멀다한들 가지 않을 수 없다.

올 추석은 긴 연휴로, 설렘 또한 배가 된 달콤한 기간이었다. 하지만 언제부터인가 명절연휴는 위험한 3·8선 너머의 고향 길 찾기와 다름없는 고단한 길이 됐다. 꼭 가야하는 길이지만, 그 길은 험하기만 하다. 평소 같으면 몇 시간도 안 걸리는 가까운 곳이 피난민 행렬과도 같이 끝없는 자동차 행렬을 거쳐야만 갈 수 있는 힘든 길이 되고 말았다. 혹시 하여 좀 더 일찍 다녀오려고도 해보고 새벽같이 출발도 해보지만, 오히려 서두르는 탓인지 이런저런 사고를 만나는 일도 적지 않다. 지옥 같은 교통체증을 감수하며 가야하는 명절 귀향길은 점점 환영받지 못하고 단순한 연휴로 퇴색해가고 있다.

이미 고향길 나들이 못지않은 해외여행 나들이로 공항의 붐빔도 이만저만이 아니다. 명절연휴에 고향대신 해외여행을 간다 해서 나무랄 일도 아니다. 국제화시대의 해외여행은 필요한 경험이다. 인간은 누구나 자신에게 편하고 좋은 일을 추구하기 마련이다. 모처럼의 긴 연휴를 가고 오고로 이틀이나 걸리는 고향 찾기보다는 해외여행을 다녀오는 것이 유익할 수 있다. 그래도 아직 고향을 찾는 이가 많은 것을 보면 가족을 중시하는 우리네 전통은 잘 이어지고 있는 셈이다.

명절의 고향나들이는 단순히 전통적인 예를 갖추기 위한 일만은 아닐 것이다. 자신이 태어나고 자란 고향의 향취에 젖어보고 싶은 인간 본능의 표출이기도 하다.

고향의 옛 모습을 보고 옛 친구를 보고 싶은 간절한 소망이 있는 것이다. 하지만 산업사회 발달로 인한 도시의 인구집중화는 고향의 의미를 퇴색시켜 버리고, 더 이상 우리를 포근하게 맞이해주는 품안으로서의 고향을 사라지게 하고 있다.

고향에 가도 뛰어놀던 옛 자취는 온데간데없고 낯설기만 하다. 옛 친구들이라도 있어주면 반가울 텐데. 반기는 친구도 고향에는 없다. 그저 나이 드신 부모님만이 자식들을 맞으며 잠시 가족의 정을 나누는 것이 고작이다. 동네 이름은 그대로인데 모습은 낯설기만 하니 이미 그곳은 내 고향이 아닌 것 같다. 세월은 인간을 뒤돌아보게 하는데 뒤돌아볼 사람과 장소가 없으니 아쉬움만 남기는 고향나들이다. 비정상적으로 자리 잡은 우리의 왜곡된 발전상이다.

이는 미래를 내다보지 못한 정책실패의 결과이기도 하다. 아름다운 강산 방방곡곡에 국민이 고루 살아야 하는데, 많은 사람들이 고향을 등지고 대도시에만 몰리니, 이런 기형적 도시발달에서의 인구이동은 고통만 따를 뿐이다.

아직도 사람들은 서울로, 서울로 하며 수도 입성을 꿈꾸고 있다. 이런 생각을 모두 받아들이기라도 할 듯이 서울과 수도권은 더 많은 주택을 지으려고 하고 있다. 장사는 되겠지만 국가의 미래를 생각하지 않는 어처구니없는 정책이다. 지방자치제로 모든 지자체는 자기 발전만을 주장하며 국가의 균형발전 따위는 안중에도 없다. 인구의 과도한 집중은 인간의 삶을 피폐하게 만들고 불필요한 비용만을 발생시킨다.

그런 의미에서 수도이전은 국가의 실질적인 균형발전의 시작이 될 수 있는 상징적인 조치일 수 있다. 작은 나라에 수도가 어디 있든 무슨 상관이 있겠는가? 전국을 수도처럼 발전시키면 되는 일이다. 한국 역량으로 보면 어려운 일만도 아닐 것이다. 넓은 미국이나 중국 등과 달라 작은 한국이야말로 전국을 균형 있게 발전시킬 수 있는 최적의 나라이다. 지금의 불균형한 인구집중은 빨리 해소해야 할 국가의 중요한 과제이다. 북핵 문제 등으로 전쟁을 걱정하지만 인구집중은 국민방어라는 안보적 차원에서도 유리할 것이 없다.

전국 각지의 발전된 고향에서 애향심을 갖고 사는 그런 시대가 그립기만 하다. 인구를 분산해 전국을 균형 있게 만드는 정책이야말로 국가만이 할 수 있는 고수준의 중장기적 과제이다. 교통발달로 전국이 몇 시간 안의 생활권에 들어 있다. 여건만 갖춰진다면 굳이 한곳에 밀집해 불편하게 살 필요가 없다. 자연이 어우러진 최적의 장소에 터를 잡아 발전해온 고향마을은 인간에게 건강한 삶의 환경을 제공한다. 산이나 계곡, 바다나 강을 일부러 찾을 필요가 없다.

자연을 파괴하며 만든 대도시에는 인공의 가공된 자연만이 있을 뿐이다. 지금도 계속되는 인구집중을 막고 전국을 균형 잡힌 나라로 만들면, 명절의 고향 길은 사뿐히 즈려밟고 갈 수 있는 꽃길이 될 것이다.

연말에 이웃을 돌아보자

인천일보, 2006.12.13

올 연말은 고요하기만 하다. 예전 같으면 크리스마스 캐롤 소리
가 들려오고도 남을 시기인데 전혀 그렇지 않다.

올해는 수출도 3,000억불을 달성했다며 감격해하는 떠들썩한 뉴
스보도가 엊그제였었는데 국민들은 쥐죽은 듯 조용하기만 하다. 국
민들이 성숙해져 차분해진 것인지, 좀 더 허리띠를 졸라매 내친김에
4,000불, 5,000불시대로 직행하겠다는 의지를 보이는 것인지, 자그
마한 축제소리도 들을 수 없다. 아니라면 수출의 성과가 국민들의
생활에 반영이 안 된다는 것일 텐데 자원이 없는 우리 한국은 수출
만이 유일한 생계수단이라고 귀가 아프도록 강조해 왔었다. 수출이
잘 되어도 국민들의 생활이 윤택해지지 않는다면 우리는 이제 어디
에 새로운 희망을 가져야 하는지 막막하기만 하다.

세계 10위권의 수출대국이 되었다는데 예전보다 더 화려한 연말
분위기가 있어도 이상하지 않으련만 별 반응이 없으니 대다수 국민
들은 수출한국의 국민 측에 끼지 못하는 것 같다. 어찌 올 한해가
즐겁게 잘 마무리될 수 있을지 걱정이다.

모든 국민들이 수출에 관여하지는 않았지만 그래도 상당수의 사
람들은 그 혜택을 입었을 테니 연말분위기를 좀 내주어도 될 법한

데 아직은 눈에 잘 띄지 않는다.

돈 있는 자들이 서민들을 생각하여 자숙하고 있지는 않을 터, 혹 돈 가지고 해외나들이에 나서 연말분위기를 내고 오려는 것이 아닌가 하는 생각도 들게 한다.

보도에 의하면 최근의 여행수지는 매년 적자폭이 크게 늘어만 간다니 시기당하고 매도당한다는 생각에 한국에서 연말을 즐기는 것보다 해외에서 즐기는 것이 낫다고 생각하는 사람들도 있을 수 있다. 원화가 큰 폭으로 절상된 지금이야말로 해외여행이 최대의 적기임을 부정하기도 어렵다.

수출대국이라는 면모에 맞게 수출에 의한 혜택이 온 국민에게 골고루 분배되어 모두 생활이 나아지는 구조여야 할 텐데 오히려 빈부의 격차가 벌어져 일자리도 적고 고령화의 시대에 난감하기만 하다.

연말이 조용한 것은 거리를 떠들썩하게 해주는 청장년들이 별 여유가 없는 시대에 접어든 탓도 있을 것이다. 젊은이들은 취업에 어려움이 많고 취업한 사람들은 돈이 너무나도 많이 드는 사회현실에 여유가 있을 리 없다.

당연히 연말을 예전처럼 흥청망청 보낼 수는 없다. 점점 더 어려워질 것처럼 보이는 미래에 대한 불안이 분위기를 나게 하지 않는다.

연일 폭등하는 집값에도 모두들 덩달아 집을 사기라도 할 것처럼 돌아가는 분위기를 보면 그래도 여유 있는 사람이 많은 것도 사실이다. 그렇다면 추위와 배고픔이 더해만 가는 연말 겨울이 되었으니 우리는 주위의 소외된 곳을 좀 더 세심하게 살펴봐야 할 것이다. 많은 사람들이 여전보다 더 큰 어려움에 직면하고 있기 때문이다.

현대사회는 여유가 적고 기쁨을 얻기 또한 그리 쉽지만은 않다.

하지만 주위의 어려운 사람을 둘러보고 사랑을 나눈다면 우리는 기쁨도 얻을 수 있고 다소간의 마음의 여유도 찾을 수 있을 것이다.

베풀고 나누면 기쁨을 얻을 수 있으니 베풀고 나누는 일은 주는 것인 동시에 받는 것이기도 하여 모두 행복해질 수 있는 길이다. 사랑 역시 주고 싶은 상대를 찾아 주면서 나누고 싶어 하는 것이다. 그런 의미에서 우리는 자신의 행복을 위해 나눔을 실천해야 한다. 이런 나눔에 남녀노소나 빈부의 구별이 문제될 일은 없다. 나눔의 기쁨을 행하는 일이야말로 고귀한 것으로 절대 멈춰서는 안 될 것이다. 나눔은 관심만 있으면 쉽게 이룰 수 있다. 나눔으로써 얻어지는 행복을 위하여 우리는 부지런히 나눔의 장에 있어야 할 것이다.

코리안 타임은 계속되는가

인천일보, 2006.12.27

연말은 약속이 많은 시기이다. 약속을 지켜야 한다는 말에는 누구도 이의를 제기하지 않을 것이다. 하지만 약속이 정확히 이루어지는 사회는 아닌 것 같다. 약속에 대한 태도는 예나 지금이나 별로 달라진 게 없다. 바쁜 현대사회에 약속시간을 정확히 지킨다는 것은 생각처럼 쉽지 않을지도 모른다.

요즘에는 별로 듣지 못하는 말 '코리안 타임', 제대로 지키지 않는 한국인의 약속시간을 일컫는 말이다. 하지만 지금도 약속을 하고 나가보면 정시에 사람들이 모이는 경우는 별로 없다. 늦을 거라고 미리 말해두는 경우도 있고, 예측 못하는 교통체증을 서로 이해해주는 분위기도 있고 해서인지, 여전히 약속시간을 어기는 것이 대수롭지 않은 일처럼 넘어간다. 코리안 타임을 말하지는 않지만 한국인의 시간관념이 개선되었다고 말하기는 어려운 것 같다. 약속에 늦게 오나 일찍 자리를 뜨나 모두 약속을 지킨 것이라 생각한다.

늦어도 괜찮은 약속이 있기나 한 듯이 자의적으로 판단하여 행동하는 사람들이 많지만, 약속은 그 어떤 것이든 어겨서는 안 되는 것이다. 직장상사나 어려운 웃어른과의 만남만이 정시에 지켜져야 하는 약속은 아니다. 약속을 어기는 것은 상대의 시간을 빼앗고 마음을 상하게 하거나 초조하게 만드는 행위로, 사과 정도로 끝날 일이 아니다.

한국에서는 사람이 모이는 행사를 치르기가 쉽지 않다. 참가하는 사람은 그냥 가서 행사를 즐기고 오면 되겠지만, 준비하는 사람은 고달프기 짝이 없다. 특히 참가자의 수를 알아야 하는 행사에는 참가자의 확인에 불필요한 시간을 허비해야 하는 경우가 많다. 여러 차례의 확인절차를 마쳐도 당일 개인적 사정을 이유로 오지 않는 경우도 많다. 사과는 받지만 행사는 김도 빠지고 흥도 반감하고 만다.

한국인의 행사모임에서 참가자의 수를 예측하기란 하늘에서 별 따기와 같다. 강연에도 결혼식에도 우리는 참가자 수를 예측하지 못해 낭패를 겪는 경우가 많다. 강연장에 빈자리를 채우느라 이리 뛰고 저리 뛰며 고생하는 모습도 쉬이 볼 수 있고 결혼식장의 하객도 일정치가 않아 음식이 남거나 모자라는 등 그 낭비와 부조리가 심각하다. 우리의 행사문화는 아직도 개선될 여지가 많은 것 같다.

행사는 어떻게 치러야 할 것인지 하는 내용에 고민해야 하지만 그보다는 몇 사람이 참석할 것인가 하는 참석자의 확인 작업에 더욱 고민해야 하는 것이 우리네 약속문화의 현주소이다. 몇 번이고 연락을 취하여 출석여부를 확인했음에도 불구하고 불참을 하는 경우도 적지 않으니 행사를 주관하는 측에서는 당혹해 하지 않을 수 없다. 참석자의 수에 맞춰 준비하는 행사임을 아는 이상, 화급을 다투는 그야말로 부득이한 사정이 아니라면 약속은 반드시 지켜야만 한다. 누구나 피치 못할 사정이 있는 법이다. 하지만 미리 정한 약속을 어기는 일은 있을 수 없다. 딱 당하여 연락을 취해 참석이 어렵다고 양해를 구하는 것은 정말 있어서는 안 될 일이다. 선약이란 그 시간에 다른 약속을 할 수 없기에 선약인 것이다.

상대방의 입장에서 생각해야 한다고들 말하지만, 실제로는 그렇게 행하지 않는 경우가 많다. 강연장에 출석하여 자리를 채우고 들어주는 것이 구성원으로서의 주인의식인 것이다. 내가 참석하지 않아 빈자리가 생기면 강연자에 결례가 될 것이라는 의식을 가져야 한다. 구성원인 나의 참석을 전제로 한 행사에 내가 가지 않으면 성공적인 행사가 될 수 없다는 그런 의식을 가져야 성숙한 사회로 나아갈 수 있을 것이다. 다른 사람들이 참석할 테니 나 한 사람 빠져도 된다는 식의 생각, 자칫 대다수가 빠지게 되는 결과를 초래할 수도 있어 위험한 발상이 아닐 수 없다. 여러 날 준비한 측의 계획과 성의가 짓밟히는 사회가 되어서는 안 될 것이다. 약속을 지키는 일에 개인사정을 내세우는 것은 성숙하지 못한 태도이다. 공적인 일에 사적인 일을 우선시해서는 조직이 흔들리고 사회가 무너지게 될 수도 있다.

약속을 지키는 것은 인간관계의 중요한 덕목이다. 강연이든 결혼식이든 친목모임이든 가야하는 것이라면 가야만 하는 것이고, 간다고 했으면 반드시 가야 하는 것이다. 간다고 약속해놓고 가지 않으며 사과로 해결하려 한다면 한국의 행사는 반토막짜리가 되고 마는 후진성을 벗어나지 못할 것이다. 이젠 한국에서도 약속이 정확히 이행되는 문화를 정착시켜, 모든 행사가 예측 가능한 것이 될 수 있었으면 한다.

국민의 의식수준을 높이자

인천일보, 2013.07.16

원전 부품을 속이고 용인하고, 고층 아파트 골조 철근을 빼내 팔아먹고…. 도처에서 벌어지고 있는 우리 한국인들의 모습이다.

돈을 버는 일이라면 국가가 파멸되는 일이라도 서슴지 않고 해버린다. 원전사고의 참혹함은 러시아나 일본의 사례에서도 처절하게 느낀 일인데, 교훈은 없고 그 전철을 답습하려는 듯하다. 조심하고 또 조심해도 위험함이 상존해 폐지해야 한다는 여론이 들끓는데, 원전 부품을 속이고 이를 눈감아주는 행위가 민관 합동으로 버젓이 행해지고 있다. 삼풍백화점이나 성수대교 붕괴와 같은 대형 참사가 있었는데도, 국민의 눈을 속이고 건설공사에 중요 자재를 빼먹는 행위 또한 여전히 계속되고 있다. 출산율이 저조해 한국의 미래가 암울한데, 사명감을 갖고 임해야 할 보육기관들은 유아들을 소중히 돌보기는커녕 돈벌이 대상으로만 여겨 비인간적 행위를 일삼고 있다.

개인에게 이익이 되는 일이라면 그 어떤 행위라도 서슴지 않고 벌여 사회 곳곳에서 양심 있는 사람으로서는 차마 할 수 없는 행위들이 끊임없이 드러나고 있다. 운동선수가 잘했다고, 가수 하나가 성공했다고 한국인임이 자랑스럽다는 표현에 귀를 막고 얼굴을 가리고 싶다. 한국인임이 자랑스럽기는커녕 부끄러워해야 할 상황이다.

없이 사는 시대도 아닌데, 이제는 한국의 민도가 높아져 상식이 통하고, 건전함이 주류를 이루며, 세계에 미래정신을 제시하는 사회가 되어야 하지 않겠는가. 그런 바탕 위에서 일궈낸 결실을 통해 한국의 자랑스러움을 내세워야 하지 않겠는가.

월드컵에 열광해 모든 국민이 길거리로 뛰쳐나와 응원하는 모습도 성숙된 국민의 의식이 뒷받침되어야 애국·단결·에너지가 있는 국민으로 평가를 받아 자랑할 만한 것이다. 그렇지 않으면 그 열기는 국가발전의 동력으로 작용하지 못하고 그저 일회적인 즐길 거리에 지나지 않고 만다. 국민의 민도가 바탕을 이루지 못하면 칭찬하고 자랑할 만한 어떠한 성취도 의심을 받고 평가절하 될 수 있다.

빠른 기간 내에 민주화를 이루고 경제성장을 달성했는데, 진정 국민들의 의식은 그 속도에 맞게 높아질 수 없는 것인지 안타깝기만 하다. 자유를 누리는 데에는 책임이 따라야 하고 돈을 버는 데에도 신뢰가 있어야 하는 법인데, 자유에는 절제가 없고, 돈 버는 데에는 양심이 없다. 비단 어느 한 곳의 문제만은 아닌 것 같다. 기초질서도 지키지 않으며 자기가 하고 싶은 대로 행동하고, 수단과 방법을 가리지 않고 돈을 벌려는 비이성적 태도가 여전히 한국 사회를 지배하고 있다.

권력이나 부를 이룬 자들은 기득권을 지키기 위해 그 권력과 부에 철옹성을 쌓고 국민 위에 군림하고 있고, 국민들은 사회의 불공정과 부조리에 대한 해결을 기대하지만 정부는 국민들의 불신을 해소하지 못한다. 이런 상황에서 국민들은 점점 더 불안해질 수밖에 없다. 국가경쟁력이 성장에만 있고 분배는 부수적으로 되어 국민들 사이에 빈부격차가 심화되고 계층이 나뉘었다. 동시에 모든 이가 부를 획득해야 하고 상류층에 진입해야 한다는 조급함과 맹목적 경쟁이 국민 의식을 왜곡시키고 있다.

권력과 부가 독점되지 않아 상생할 수 있는 공정한 사회, 작은 질서라도 반드시 지키며 상호 신뢰할 수 있는 건전한 사회를 만들어야 한다.

누구나 보고 배운 대로 행동하기 쉽다. 보고 배운 대로 하는 행동이 높은 수준의 사회규범이어야 한다. 역시 국민의 의식수준을 높이기 위해서는 가정과 학교의 바른 교육이 선행되어야 한다. 아울러 각 기관과 기업도 올바른 제도나 규범을 만들어 제시함으로써 이를 추구하는 국민의 의식이 개선되도록 힘써야 할 것이다.

안전 불감증 국민이 타파해야

인천일보, 2014.11.04

잊을 만하면 다시 일어나니 언제 어디서 사고가 날지 몰라, 그저 목숨을 운에 맡기고 살아야 하는 것 같다. 개인의 힘으로는 달리 대비할 방법도 없으니 자포자기하며 살아야 하는 현실이다. 배에 타자니 언제 뒤집힐지 알 수가 없고, 대교를 건너자니 언제 무너져 내릴지 모르겠고, 환풍구 덮개에 올라 걷자니 언제 밑으로 떨어질지 알 수가 없으니, 한국에서는 하늘이 무너지고 땅이 꺼질 걱정을 하며 살아야 할 판국이다.

최근에 일본의 지방 도시를 다녀왔다. 한국의 환풍구 덮개가 무너져 많은 사람이 희생된 터라, 건물주변에 만들어져 있는 환풍구 하나가 유독 눈에 들어왔다. 한국의 사고를 보고 조처한 것은 아닐 텐데 너무나도 주의를 기울인 구조물과 안전표시에 새삼 말문이 막히고 말았다. 넓은 환풍구 구조물 제일 위에는 튼튼히 고정된 그물망이 쳐져 있고, 덮개인 철제 구조물은 그 그물망 한참 아래에 놓여 있어 원천적으로 사람들이 올라가 서 있을 수 있는 구조가 아니었다. 그물과 덮개의 안전성에도 부실이 없어 보였으며, 환풍구 구조물 벽에도 사방에 위험함을 알리는 경고표시가 붙어 있어, 그 위에서 안전사고가 나리라는 상상은 불가능한 구조였다. 안전조치가 되어있지 않아 안전요원의 배치를 운운해야만 하는 한국의 상황과는 너무나도 다른 모습이었다. 생각해보면 아주 당연하고 평범한 조치인데, 한류를 자랑하며 세계최고라 우쭐해하는 한국에는 어째서 이런 당연한 것들이 빠져 있는지 부끄러울 따름이다.

우리는 모든 시설이 사고가 난 후에야 겨우 공사와 감리가 부실했다느니, 관의 관리가 소홀했다느니, 책임이 누구에 있냐느니 하는 타령을 하며, 끔찍한 희생이 나왔음에도 사고에 대한 조사만 제대로 하면 된다는 식이다. 뉴스에서도 그런 부실한 시설물들을 전부 조사하여 철저하게 조처할 것 같은 분위기를 전하지만, 그 역시 그저 순간의 분위기로 끝나기 일쑤이다.

한국의 기술이 세계적이라며 자랑스럽게 외치지만 우리의 현실은 그런 주장과는 정 반대의 모습을 보여주고 있는 것이다. 세계최고의 IT강국으로 우뚝 서 있고, 많은 기업이 세계 최고 수준이며, 한류가 세계를 강타하고 있는 상황이니, 한국사회의 모습을 높은 수준의 지극히 정상적인 것이라 생각하고 일상을 편히 마음 놓고 생활하고 있지만, 일련의 사건사고들은 그것이 얼마나 허구이며 착각인지를 여실히 드러내 주고 있다. 일상에서 일어나는 사고들은 우리의 모습을 세계최고는커녕 흉내도 제대로 내지 못하고 있는 것이 아닌가하는 자괴감마저 들게 한다.

정보강국인 한국에 세계의 정상적인 정보가 전혀 반영되어 있지 않은 것이다. 소 잃고 외양간 고친다는 말을 몇 백 번이고 되풀이하지만, 한국이란 너무나도 피드백이 안 되는 나라인 듯하다.

국민들은 사고를 쉽게 잊고, 또한 사고가 남의 일이지 나의 일이 아니라 생각하며 무심코 생활하다 또 다른 사고에 휘말려 피해를 보게 된다. 사고가 발생할 때마다 이번에야말로 사회의 부조리한 구조를 뜯어고치겠다며 내놓는 국가의 서슬 퍼런 대책은 그 상황을 모면하려는 임기응변의 입발림으로 끝나는 경우가 대부분이니, 우리 국민들은 반복되는 인재의 피해에서 벗어나기 어렵기만한 상황이다.

관이나 기업이 조금만 사명감이나 책임감을 가지고 본분에 충실이 임한다면 적어도 인재라는 단어는 나오기 어려울 것이다. 악습과 부조리가 오랜 관행이라 쉽게 고쳐지지 않는다면, 우리는 앞으로도 많은 인재의 위험에 노출되어 불의에 사고에 희생될 수밖에 없다. 나쁜 관행은 그냥 없애면 되는 것이다. 지도자의 의지만 있다면 없애지 못할 나쁜 관행은 없는 것이다. 국민들은 모든 사고가 바로 나에게 닥쳐올 것이라는 생각으로 안전 불감증 타파에 감시의 눈을 더욱 강화해야만 할 것 같다.

메르스 사태와 국민의 의식수준

인천일보, 2015.06.24

메르스 확산에 국민들이 크게 동요하고 있다. 거대 인구가 밀집해 생활하는 한국에서 매일 매일을 많은 사람들과 부딪히며 살아야하는 것이 일상인데, 늘 마주하던 사람들과의 만남이 괜찮은지 걱정하며 지내는 상황이 되고 말았다.

정부에서는 소비활동을 권하며 평소처럼 사람들을 만나며 일상생활을 하라고 한다. 그 말대로 잠시 강한 체하며 태연한 생활을 해본다지만, 사태가 진정되지 않는 상황에서는 엄습해 오는 불안에 결국 필요 이상으로 위축된 행동을 보일 수밖에 없다. 마스크를 쓰고 손을 씻고 재채기에 주의하는 정도로 충분한데 국민들이 너무 겁을 내고 있는 것이라면 차라리 낫다.

자가격리라는 힘든 상황에 놓인 자들이 많아 상당부분을 개개인의 의식수준에 기댈 수밖에 없는 상황이 되었다. 예전 같으면 강제적인 조치가 취해졌을 일도 이제는 국민 개개인의 자율적 조치에 기댈 수밖에 없는 민주사회인 것이다. 하지만 일부에서 기대에 반한 행동을 드러내, 모두들 깜짝 놀라하며 상식을 벗어난 행동이라 비난하는 일도 있다. 경험해보지 못한 예측불허의 사태에 국민들의 부적절해 보이는 행동 또한 당연한 일일지 모르지만, 이런 상황에서야말로 국민들의 의식수준이 사태 해결의 열쇠가 될 수 있는 것이다. 자 칫 국가를 송두리째 마비시킬 수 있는 이번 사태는 국민들의 의식 수준을 한 층 높일 수 있는 절호의 계기가 될 것으로 기대한다.

언제부터인지 우리는 늘 공공의 이익보다는 자기 자신의 이익을 앞세우며, 타인이 어찌 될지에 상관없이 자기 하고 싶은 대로 하면 된다는 식의 태도가 자리 잡고 있다. 그런 태도에 피해를 입는 것은 결국 자기 자신임을 깨달아야 한다. 메르스사태를 종식시켜야 하는 현 상황에서는 모든 국민들이 타인에 폐가 되지 않도록 스스로 주 의하는 행동을 해야 한다. 정부의 판단과 대처에 대한 국민의 신뢰 가 선행되어야 하지만, 국가 위기상황이니 마땅히 모두가 정부의 말 에 귀를 기울이고 지시에 순응해야 한다. 공적 가치보다 사적 가치 를 내세워 타인에 끼칠 피해에 아랑곳하지 않는 개인적 행동은 있 을 수 없다. 개인의 일탈된 행위마저 민주주의 하의 자유라 둘러대 며 공공의 안녕을 위태롭게 해서는 안 될 일이다.

국민의 의식수준은 타인 즉 공익을 지켜낼 수 있는 언행에서 판가름 나는 것이다. 공익이 우선하는 안전하고 질서 있는 사회를 만들기 위해서 우리는 매사 타인을 먼저 생각하는 마음을 길러야 한다. 의식 을 갖춘다는 것은 나를 위해 행동하는 것이 아니라 타인에게 폐가 될까봐 조심하여 행동하는 것이다. 어떤 언행에도 자신의 입장에서 생각해 '괜찮겠지'가 아니라, 타인의 입장에서 생각해 '폐가 되겠지' 하는 생각을 갖는 것이 중요하다. 자신의 행동이 타인에게 미칠 영향 을 생각하는 능력이 바로 의식수준인 것이다. 메르스사태에 써야 하는 마스크도 내가 아닌 타인을 위해 한다는 생각을 가져야 한다. 마스크 를 쓰고 조심하는 자세가 감염의 두려움을 가질 주변 사람들에 대한 최소한의 예의이자 배려인 것이다.

세계최고라 자랑하는 한국의 교육수준이지만, 국민의 의식수준이 기대치에 못 미치는 것은 아마도 우리의 교육이 자기만 잘 먹고 잘 살면 그만이라는 왜곡된 방향이었기 때문일 것이다. 국민들에게 타인에 폐가 되지 않도록 의식을 가져달라고 그저 계몽하듯 이야기하는 것만으로는 의식수준의 향상을 기대하기 어렵다.

의식 있는 행동을 하지 않으면 버텨내기 힘든 사회를 만들어야 한다. 개인을 속박하는 것으로만 생각하는지 책임과 의무는 나 몰라라 하며, 자유와 권리만을 주장하는 환경에서, 무섭지도 않은데 누가 질서를 지키고, 제멋대로해도 아무 탈 없는데 누가 타인을 배려하며 행동하겠는가. 법과 질서를 어기거나 타인에게 함부로 하는 것이 결코 용인되지 않도록 하는 사회 분위기를 확립해야만 한다. 그것이 바로 자유민주주의를 확고히 다져나가는 길일 것이다.

국민의 의식수준은 가정과 학교, 그리고 사회가 오랜 시간 공을 들여 교육해야만이 얻어지는 것이며, 또한 그런 의식수준이 유지되도록 하는 사회체제를 확립하여 엄격히 관리해야만이 지켜지는 것이다. 현재와 같이 가정과 학교의 교육으로 전혀 기대할 수 없는 상황에서는, 당장은 공권력이 나서서 사회 기초질서를 바로잡는 엄격한 법집행을 수행하면서 국민의 의식 있는 행동을 유도하는 것이 급선무이다.

의식 있는 시민 사회를 만들기 위해 상식 밖의 행위가 전혀 용납되지 않는 사회를 지향해야 한다. 위정자에서 국민에 이르기까지 배려는커녕 타협도 모르는 그저 자기주장을 관철하려는 이기적 행동을 멈추지 않는 한 국민의 의식수준은 점점 더 퇴보하고 말 것이다.

점차 잘 되겠지 하는 느슨한 태도로는 한국사회의 의식수준이 국민의 기대와는 다른 방향으로 갈 수 있음을 명심해야 할 것이다.

배신과 소신

인천일보, 2015.07.14

태어나자마자 자기 힘으로 일어나 뛰어다니는 동물과 달리 인간은 태어나 오랜 기간을 부모의 도움이 있어야 살 수 있고, 성장하는 동안에도 사회생활을 하면서도 타인의 도움과 배려가 있어야 살아갈 수 있다. 인간은 태어나 스스로 자라 성공할 수 없는 존재인 것이다. 어떤 경우에도 도움을 받아야만 살아갈 수 있는 인간사회에서 도움을 준 자들에 대한 고마움은 잊어서는 안 된다. 키워주신 부모에 대한 효를 최고의 가치로 삼듯이, 성장하는 데 도움을 준 자들에 대한 신의 있는 행동 또한 우리가 지켜야 할 중요한 덕목인 것이다.

하지만 누군가에 도움을 준 자도 다른 누군가의 도움을 받아 그 자리에 있다는 사실을 잊어서는 안 된다. 자식을 낳고 키우는 부모 역시 선대 부모의 도움이 있었기에, 어떤 성공한 자도 부모는 물론 선배나 지인, 주변사람들의 도움이 있었기에 오늘이 있는 것이다.

그런 면에서 부모와 자식 사이만은 못하더라도, 사회에서 맺은 인간 사이에서도 선배가 후배를 배려함은 응당 해야 할 역할로 생각해야 한다. 효도를 바라고 자식을 키우는 것이 아닌 것처럼 대가나 보답, 또는 맹목적 충성을 바라고 사람에게 은혜를 베풀어서는 안 되는 것이다.

우리는 자신이 도와준 자에게 자신의 뜻대로 움직여 주기를 바라는 경우가 많아, 불협화음을 낳는 원인이 되기도 한다. 저 친구 내가 키워줬는데, 내가 도와줘서 성공했는데, 성공하고 나니 싹 달라졌다며 나쁜 사람이라고, 배은망덕한 사람이라고 비난을 한다. 누구 덕에 그 자리에 올라왔는데 내 말을 안 들어 하면서 치졸한 공격을 하기도 한다. 하지만 내가 잘해줬는데 내 뜻에 따라야지 하는 생각은, 자신의 성공 역시 타인의 도움이 있었음을 망각한 행위이다. 우리가 누군가로부터 도움을 받고 또 다른 누군가에게 도움을 주는 것은 자연의 순리와도 같다. 그러니 나의 도움으로 성공한 자가 있다면 그는 나를 위해서가 아니라, 도움을 필요로 하는 타인을 위해 행동하면 되는 것이다.

응당 따라야 할 일을 거스르거나 거부하는 행위는 배신으로 지탄받아 마땅하지만, 옳지 않다거나 소신에 반한다 생각하여 따르지 않는다면 이는 배신보다 소신이라 말해야 할 것이다. 배신이란 믿음을 거스르는 행위이지만, 악의 무리가 아닌 이상 그 믿음은 선을 전제로 해야 한다.

나쁜 짓이며 잘못된 행위임이 명백한 상황에서 이를 거부하는 행위를 배신이라 할 수는 없다. 부정을 바로잡기 위한 내부고발이, 상관의 부당한 지시에 따르지 않는 것이, 집단따돌림에 가담하지 않는 것이 배신일 수는 없다. 범죄나 악행에 가담하지 않는다고 이를 배신이라 하는 것은 부당한 사익을 꾀하는 그릇된 자들의 논리이다.

최근 정치권에서 배신이라는 용어에 한바탕 회오리가 있었다. 정치하는 자들도 사익을 추구하는 집단이니 사적영역에서의 표현이라면 이해할 수 있다. 하지만, 공적영역에서의 배신이란 국가와 국민에 해악을 끼치는 행위로 받아들여질 수 있는 만큼 그 의미하는 바는 사뭇 엄중하다 할 것이다.

정치가든 누구든 직분에 따라 맡은 바의 역할이 있으므로 서로 다른 견해를 표출하는 것은 건강한 민주사회의 반증이 아닐 수 없다. 보은이라는 명목으로 정치행위가 이루어져서는 안 되는 일이기에, 배신이라는 표현은 국민들에게 오해를 불러일으키기에 충분해 보인다.

인간관계에서 신의는 무엇보다도 중요하다. 도움을 받고서 이에 보답을 하기는커녕 배신을 한다는 것은 있을 수 없다. 하지만 은혜를 베풀었는데 자신의 뜻에 동조하지 않는다 하여 이를 탓하는 것은, 자신의 행위만이 선이라 믿는 지나친 우월의식이나 조급함으로 비칠 수 있다.

사욕을 위해 대의를 저버리는 행위라면 배신이라 비난받아 마땅하지만, 옳다고 믿는 소신 있는 행위라면 용기라 칭찬 받아야 할 일이다. 아부하고 맹종하는 자만이 득세하기 쉬운 시대에 이를 거부할 수 있는 행동이야말로 진정한 민주주의의 정신일 것이다. 잘못된 기득권을 지키기 위한 자들의 보기 흉한 몸부림이 신의이고, 이를 바로잡겠다고 나서는 자들의 용기 있는 행동이 배신으로 내몰려서는 건전한 사회 건설은 요원한 일이 되고 말 것이다. 설령 은인의 뜻이라 해도 무조건 따르는 맹목적인 충성보다는 선과 공익을 위한 소신 있는 행동을 국민들은 기대하고 있다.

기득권층일수록 소신은 없고 자신의 입신양명을 위해 아부하고 줄서기에 몰두하는 경향이 강해지고 있다. 사적인 충성을 위하여 민의를 무시하고 매사 자신의 권한이라며 독단을 일삼는 일도 많아지고 있다.

공적 사회가 아닌 사적 사회의 모습이다. 이런 사회에 망국의 그림자가 드리웠던 사실을 우리는 역사에서 늘 보아왔다. 대의가 아닌 소의에 신의를 지키는 것이야말로 국가와 국민에 대한 배신행위임을 명심하고, 악을 위한 의리보다는 선을 위한 소신 있는 행동을 보이는 자들이 좀 더 나오기를 기대한다.

롯데 사태를 보며

인천일보, 2015.08.11

롯데그룹의 경영권승계를 둘러싸고 사회에 파장이 일고 있다. 돈과 권력 앞에서는 부모도 형제도 없다는 말이 다시금 입증되는 대목이다. 돈이 최고의 가치가 된 한국사회에서 이를 쟁취하기 위한 가족 간의 다툼이 볼썽사나워 보이지만, 재벌가에는 흔히 있는 일로 오히려 다툼이 없으면 이상한 일인지도 모른다.

하지만 어찌 보면 가족 간의 문제이니 타인들이 왈가왈부할 일도 아닐 것 같은데, 연일 비판의 목소리가 이어지고 있다. 그런데 롯데가 한국기업이냐 일본기업이냐 하는 어처구니없는 지적이 나오는가 하면, 재일교포인 그들에게 한국어를 하느니 못하느니 하면서 치졸한 여론몰이조차 하고 있다.

재벌기업의 지배구조나 경영승계의 문제를 지적하는 것이라면, 먼저 한국의 법과 제도에 위배되는지를 물어야 할 것이다. 가족 간의 이전투구에 도덕적 비난을 퍼부을 수는 있겠지만, 재벌가에서 늘 벌어지는 일을 가지고 새삼스레 이러니저러니 하는 것은 식상해 보인다. 사실 재벌기업에 관련된 법규를 바로잡도록 하면 될 일인데, 매번 일회한적인 뉴스거리로 삼아 지적하고 비난하다가 관심이 시들해지면 언제 그런 일이 있었느냐는 식이어서는, 그냥 한편의 드라마를 보듯 넘기면 될 일이다.

롯데는 일본기업이 한국에 진출해 성공을 거둔 글로벌기업이다. 이런 롯데가 일본기업이냐 한국기업이냐 하는 지적은 사태의 본질과는 관계없는 부적절한 문제제기이다. 해외기업 유치가 국가 성공의 열쇠라며 동분서주하는 시대이다. 기업의 국적문제를 거론하는 것은 외국기업이 한국에서 영업하면 안 된다는 발상으로 비칠 수 있다. 해외에 진출한 많은 한국기업에 현지인들이 한국기업이니 안 된다고 하면 어찌 될지 가슴이 철렁하는 순간이다.

수출과 해외진출만이 살길이라 외치는 한국이다. 한국의 경제적 성장에는 한국기업들이 해외에 나가 공장을 짓고 기업을 두고 열심히 일하고 있는 덕임을 상기해야 할 것이다. 일본에서 성공한 한국인의 기업은 많다. 그들이 조국 한국에 기여한 공이 적지 않음도 간과해서는 안 될 일이다.

또한 재일동포가 한국어를 하고 안하고도 문제 삼을 만한 일이 아니다. 메스컴에 영어나 기타 외국어로 인터뷰에 응하는 해외동포들을 종종 볼 수 있다. 해외동포들 중에는 한국어를 못하는 자들이 많지만, 우리가 그들에게 한국에서는 한국어로 말하라고 할 일은 아니다.

금번 롯데 오너가를 둘러싼 부적절한 지적들은, 그렇지 않아도 한일 간의 감정대립이 첨예한 상황에서 국익에 전혀 도움이 되지 않는다. 한일 양 국민을 자극하기 위한 것이 아니라면 국가발전을 위한 보다 본질적인 문제제기를 해야 할 것이다.

불매운동을 벌인다지만, 이 또한 자칫 한국기업이 해외에서 역풍을 맞게 될 수도 있다. 기업의 사정이 나빠지면 구조조정이니 뭐니 하며 정리해고의 칼을 들이대는 세상이다. 정부도 노동의 유연성을 운운하며 해고를 쉽게 할 수 있어야 한다고 한다. 불매운동이 성공한다 해도 그 피해는 기업총수일가가 아니라 오히려 그룹사에서 열심히 일하는 선량하고 평범한 사원들에게 돌아갈 일이다.

재벌가의 일그러진 행태는 반드시 바로잡아야 한다. 하지만 그들의 부조리한 모습이 현행법 테두리 안에서 이루어지는 것이라면 국민의 정서에 반한다 해도 이를 문제 삼을 수는 없을 것이다.

국민 대다수가 재벌들의 행태에 대해 민주사회에 있을 수 없는 일이라고 늘 문제제기를 하지만, 위정자들이 국민들의 지적을 무시하고 반영을 하고 있지 않으니, 금번 롯데사태도 위정자들의 책임이 크다 할 것이다. 재벌의 힘만으로 부조리를 반복할 수는 없을 것이다. 재벌기업이 낳는 모든 부조리는 결국 국가의 보호하에 행해지는 일이라 할 수 있다. 처음부터 제대로 된 법체계를 갖추고 있었더라면 재벌들 또한 그 틀 안에서 움직였을 것이다.

한국에 세계적인 기업이 많지만 이를 이뤄낸 기업가가 존경받지 못하는 것은 결국 재벌들이 좋은 기업가로 성장할 수 있는 풍토가 조성되어 있지 못해서일 것이다. 기업들이 건전한 사회 환경에서 살아왔더라면, 오늘날과 같은 재벌들의 부조리는 발붙이지 못했을 것이고, 온 국민이 비난만 퍼붓는 재벌이 되지는 않았을 것이다. 존경받는 기업가들이 나올 수 있는 것도 토양이 갖춰져 있어야만 가능한 일이다.

수많은 부조리가 발생해도 우리 사회는 늘 드라마를 보듯 즐기기만 할뿐 본질적인 문제제기와 그 개선을 위한 노력에는 힘을 기울이지 못했다. 그러니 어떤 부조리한 사태도 잠시 소나기만 피해 가면 그뿐이었다. 어쩌면 이번 사태도 그저 국민의 감정을 자극하는 보도만으로 흐지부지 끝나고 또 다른 재벌가의 사태를 보게 될지도 모르겠다.

사회정의를 위해 재벌기업의 부조리와 이를 용인하는 잘못된 법규, 나아가 이를 고치지 않고 수수방관하는 정부, 위정자들의 잘못을 지적해야 마땅할 것이다. 법과 제도를 바로 세워야할 위정자들을 제대로 뽑지 못한 국민들의 탓도 있지만, 정치가들도 국민들의 선택을 받고 누리려고만 하지 말고 건전한 한국 건설을 위해 노력해야 할 것이다.

갑의 횡포는 갑을 용인하는 사회의 책임

인천일보, 2015.11.17

한국은 이미 민주주의가 진전된 사회라고들 믿고 있어, 누군가 민주주의 후퇴라는 말을 꺼내기라도 하면 지금이 유신독재의 시대도 아니고 무슨 케케묵은 민주주의 타령이냐며 무시해오곤 했다. 그런데 우리사회가 불평등한 인간관계의 구조적 모순을 드러내며 곳곳에서 비민주적 양상을 보이고 있다.

인간은 존엄하고 모두가 평등한 존재라고 하면서 사회는 그것을 용인하고 있지 않는 모습이다. 평등이란 인간의 지위고하에 관계없이 실현되어야 하는데, 어떤 조직도 갑인 지배자와 을인 피지배자가 있어, 을은 늘 갑의 눈치를 보며 불평등한 관계 속에 머물러 있다. 수많은 관계 속에서 삶을 영위하고 있는 사회에서, 우리는 인간의 평등함을 그저 추구해야 할 가치로만 남기고 늘 불평등한 관계 속에서 살아가고 있는 것이다.

생존경쟁에 살아남아야 한다며 일부 기업들이 갑을 양산하는 사회를 만들었다. 돈 있는 자들만을 위한 마케팅전략을 내세우며, 돈을 벌게 해 주는 일부 부유층을 상전 떠받들 듯 예우하는 정책을 펼쳐왔다. 돈만 많이 써주는 고객이라면 특별한 대우를 보장하는 서비스문화가 만연하게 된 것이다. 매번 대접을 받던 자가 그것을 당연한 일로 여기게 되면 매사 군림하듯 부적절한 행동을 하게 되는 법, 필요이상의 예우가 관행처럼 이어지게 되면 그곳에는 비민주적인 인간관계가 발생하게 되는 것이다.

백화점은 돈을 많이 써주는 고객이 최고일 수밖에 없고, 은행도 거액의 돈을 맡겨주는 고객만이 진정한 손님인 것이다. 나머지는 그저 와도 좋고 안와도 좋은 미미한 존재처럼 되고 만다. 그런 사회를 우리가 바라만 보고 용인해온 것이다. 돈을 벌게 해주는데 갑인 vip 고객의 몰상식한 행동이 문제 될 리 만무하고, 갑 때문에 먹고 사는 일개 사원들의 갑에게 당하는 수치쯤이야 당연히 감수해야 할 사안인 것이다. 기업이 무분별한 돈벌이만을 경쟁에서 살아남는 최고의 모델로 여기는데, 갑을 앞에 둔 부하 직원의 인격 따위가 고려대상이 될 수는 없는 것이다. 기업 윤리가 이윤추구 다음에 있어서는 안 될 말이다.

늘 겪는 일이라 그 심각성을 잊고 있지만, 일부 기업의 오너나 권력자들의 몰지각한 행위는 뉴스보도에 나오는 갑의 횡포보다 더한 형태로 존재해 왔고, 그들의 견고하기만 한 갑의 지위는 이미 아무도 넘볼 수 없는 철옹성이 되어 버렸다. 하물며 임기가 있어 보다 민주적이어야 할 기관의 장조차 구성원의 의견을 묵살하고 모든 것이 자신의 권한이라며 독단적인 행동을 서슴지 않는 경우가 부쩍 늘고 있다. 구성원 대부분이 잘못되었다 지적해도 결정은 자신의 권한이라며 막무가내로 나오는 장이 많아진 것이다. 돈과 권력을 무기로 한 비민주적 사회가 불평등한 인간관계를 당연한 것으로 고착시키며 민주주의를 위협하고 있다.

갑의 문제는 그저 간헐적으로 보도되는 백화점에서 직원 무릎 꿇리는 한두 명의 몰상식한 갑에 국한된 현상은 아니다. 유전무죄 무전유죄의 사회가 제대로 자리 잡고 있으니 터무니없는 갑의 횡포가 많을 수밖에 없다. 아마 뉴스에 보도되는 일은 빙산의 일각에 지나지 않을 것이다.

인간의 행복을 경쟁에서 이겨야 하는 산업사회의 승리에서만 찾는다면 많은 사람들은 늘 경쟁에서 이긴 소수 갑의 지배하에 숨 졸이고, 눈치를 보며 그들의 횡포 속에서 살아가야 할지도 모른다. 경쟁만능주의는 이겨야만 살아남을 수 있다고 구성원들을 몰아붙인다. 이는 1등 한 명을 제외하고는 모두 살아남지 못한다는 것인데, 더불어 사는 인간사회에서 있을 수 없고 그릇된 주장이다. 살아남기 위한 경쟁이란 전체를 살리기 위한 경쟁이어야 한다. 황금만능주의 사회에서 극심해져만 가는 빈부의 차는 더욱더 불평등한 사회를 조장하여, 무늬나 모양만 바뀐 부당한 갑이 다시금 출몰할 여지가 많아 우려스럽기만 하다.

국민의 의식수준이 성숙되지 않은 사회에서 인간관계를 돈 위에 올려놓으면 민주주의는 후퇴할 수밖에 없다. 민주주의의 후퇴로 인한 불평등 사회의 확산은 국민의 주권의식 결여에서 온다. 국민들이 바른 사회를 만들 수 있는 위정자들을 잘 선택하여 대다수의 을이 공정하고 평등하게 살아갈 수 있도록 감시의 눈을 작동시켜야 하는데, 갑의 횡포나 수탈을 눈감아주고 똑같이 갑의 노릇을 해온 위정자들을 뽑기 때문에 우리는 늘 이런 불합리한 사회에서 벗어나지 못하는 것이다.

가진 자라고 못가진 자를 업신여기는 그런 사회를 일소하기 위해서는 정부가 올바른 정책을 펴지 않고는 버틸 수 없게 만드는 국민의 힘과 노력이 필요하다. 몰지각한 자들이 제왕처럼 군림하는 한국 사회에서 갑의 횡포를 막는 일은 모든 국민이 다시 주인이 되는 민주주의의 회복에 있다.

정말 훌륭하고 존경스러워 갑으로 예우해드리고 싶은 사람들이 많이 나오는 사회를 거꾸로 기대해본다.

'차고 증명제' 도입 시기

인천일보, 2006.09.06

세계는 지금 에너지전쟁 중이다.

석유가 나지 않는 한국에서는 석유확보와 에너지 절감에 총력을 기울여야 하는데, 에너지절약은 별 호응이 없는 듯하다. 아직은 경제 여유가 있는 탓인지 고유가에 놀라기는 하면서도 그래도 원하는 만큼은 사용하고 있는 것 같다.

한국의 석유소비는 기름 한 방울 나지 않는 국가 상황을 전혀 반영하지 않은 모습이다. 유가 폭등에도 그저 개인의 의식에 호소하는 에너지절약 캠페인 정도나 볼 수 있다. 전에 비해 차가 줄었다거나 전기소비가 줄었다거나 하는 소리는 들리지 않는다. 길거리에 쏟아져 나오는 자동차, 길거리 간판의 무분별하고 현란한 네온사인은 에너지절약을 무색케 한다.

많은 이가 승용차를 이용하는 현 상황에서 승용차는 개인의 발이 되어버린지 오래이다. 유가가 폭등한다 하여 발이 되어버린 승용차를 포기하기는 쉽지 않다. 발이 되어줄 편리한 시스템이 달리 없는 것처럼 보이기 때문이다. IMF가 터지고 나서야 위기상황을 알았던 것과 같이, 아직 일반국민은 석유소비를 버틸 만한 것으로 생각하고 크게 걱정하지 않는다.

국제경쟁에서 살아남기 위해서라도 석유소비를 줄이고 미래를 헤아리는 안목을 갖추어야 한다. 이젠 석유소비를 줄이고 선진교통질서를 위한 정책이 필요한 시점이다. 자동차의 부제 운행은 효과가 적다. 대중교통수단을 이용하자고 하지만, 아직 한국의 전철사정이 완벽치 못하고, 자동차 증가에 따른 교통체증으로 버스의 편리함도 기대하기 어려운 상황에서 이런 호소도 별 효과가 없다. 죽이 되던 밥이 되던 내 차 타고 다니는 것이 제일 속편하니 무리가 되더라도 승용차를 사게 된다. 자동차의 절대수가 많아 기어 다니듯 하는 도로 상황에서 대중교통수단의 개선이나 발전은 제한적일 수밖에 없다.

승용차는 줄어야만 한다. 승용차가 줄면 대중교통수단은 획기적으로 발전할 것이다. 개인승용차가 없어지는 불편과 불만은 대중교통수단의 발전이 충분히 흡수할 수 있을 것이다. 자동차 증가가 가져다주는 폐해는 실로 커, 석유소비는 물론 교통체증, 주정차문제와 이로 인한 질서파괴, 배기가스로 인한 환경오염 등 이루 헤아릴 수 없다. 개인 승용차라도 줄면, 에너지절약과 대중교통수단의 발전은 물론, 자동차에 드는 돈의 절약으로 개인의 구매력도 증가되어 경기도 호전될 것이며, 주차다툼도 줄어 질서가 회복되고 예절이 살아나며, 궁극적으로는 지구환경도 좋아지게 될 것이다.

이젠 한국도 자동차 수의 조절과 질서 있는 자동차문화의 정착을 위해 '차고(주차지)증명제'를 도입할 시기이다. 차고가 있다는 증명서를 제시해야만 자동차를 구입할 수 있는 제도이다. 자동차를 구입했으니 일정한 보관 장소를 갖는 것은 당연한 일이다. 자신의 주차지에 주차해야 하니, 주차 때문에 신경 쓸 일도 이웃 간에 다툴 일도 줄고, 자동차 구입도 좀 더 계획적이 될 것이다. 개인주택이든 아파트든 확보된 주차장의 수만큼 자동차를 주차할 수 있는 것이다.

차고증명제의 도입은 단계적으로 서서히 시행하면 된다. 자동차는 소모품으로 언젠가는 폐차되니, 일정한 유예기간을 두고 시행하면 불편을 최소화할 수 있을 것이다. 교통체증이나 주차문제가 심각한 대도시 지역에서부터, 또는 배기량이 큰 차종에서부터 시행하는 것도 방법이다. 예를 들어 시행시기를, 서울 2년 후, 광역시 3년 후, 지방도시 4년 후로, 또는 배기량을 기준으로 하여, 2,000cc 이상 2년 후, 1,800cc 이상 3년 후, 기타 4년 후 등과 같이 단계적으로 시행하는 것이다.

차고증명제가 정착되면 도로의 주차장도 단계적으로 없애야 한다. 꼭 필요한 곳은 주차료를 징수하여 주차하도록 하고, 나머지는 모두 과감하게 없애 버린다.

정부의 주차장확보 정책도 있겠지만, 자동차 회사도 적절한 대응이 있을 것이다. 여러 곳에 주차장을 만들어, 자사의 차를 구입하는 사람에게 값싸게 제공할 수도 있다. 또한 상대적으로 고부가가치의 버스를 많이 생산해내고, 내수보다 수출에 더욱 힘을 기울일지도 모른다. 대중교통수단이 편리해지고 고유가의 지속, 차고확보나 차량유지에 비용이 많이 들면 개인승용차는 줄 수밖에 없을 것이다.

차고증명제의 실시는 무질서한 주정차문제를 해결하고, 승용차 감소와 그에 따른 대중교통수단의 발전, 나아가 에너지절약으로 이어지는 일석 다조의 정책이다. 송도신도시에 동서남북으로 개발되는 인천이다. 인천의 인구증가와 그에 따른 자동차의 폭증은 예측하기 어렵지 않다. 이런 인천에서 먼저 '차고증명제'를 실시하여 질서 있는 아름다운 도시를 건설해보는 것은 어떨까?

동물보호의 전제는 사람의 안전과 이해

인천일보, 2017.09.07

사람을 공격하는 동물들로 인해 그 피해가 빈발하고 있다. 그런데, 이런 사고가 동물보호를 위해 어쩔 수 없는 것처럼 방치되다시피 하고 있다. 동물도 사람처럼 고귀한 생명이니 함부로 취급해서는 안 된다는 것이 동물보호의 출발점이다. 동물을 사람으로부터 보호해야 하겠지만 거기에는 사람의 안전이 담보되어야 한다는 전제가 있을 것이다. 사람을 해할 수도 있는 동물이라면 우리는 충분한 안전책을 마련한 다음에 그에 대한 보호를 말해야 한다. 동물보호를 내세워 동물이 주는 공포심이나 불편함을 사람에게 감수시킬 수는 없다.

동물에 대한 사람들의 반응은 매우 다를 수 있다. 같은 동물이라 해도 이를 전혀 무서워하지 않는 사람도 있지만, 반대로 공포를 느껴 주변에 있어서는 안 될 대상으로 생각하는 사람도 있다. 개나 고양이처럼 많은 사람들이 좋아할 것 같은 애완동물의 경우도 마찬가지이다. 애완동물이라 해도 이를 예뻐하지 않고 무서워하거나 아예 보고 싶어 하지 않는 사람도 많은 것이다. 옆집에서 들려오는 개 짖는 소리도 싫고, 엘리베이터에 개와 함께 타야 하는 것은 정말 끔찍한 일로 생각하는 사람도 있다.

나에게는 사랑스럽기만 한 개가 타인에게는 그저 혐오스러운 존재일 수도 있다면, 동물보호에 대한 이해는 단순히 좋고 싫음의 기호문제가 아닌 것이다. 그런 차원에서 애완견을 즐기는 것이나 동물보호에 대한 주장은 사람들과 공존할 수 있는 범위 내에서만 받아들여질 수 있다.

많은 사람들은 개가 사람에게 해를 끼치지 않을 동물이라는 전제하에서 개들과의 공존을 허락한다. 그런데 최근 들어 개에게 당하는 피해가 적지 않게 발생하고 있다.

피해는 유기견뿐만이 아니라 평범히 키우는 개들로부터도 발생한다. 이런 사태가 해결되지 않으면 동물보호는 자칫 허물어질 수도 있다. 법도 이런 상황을 간과하는 동물보호를 인정하기는 어려울 것이다. 외국의 사례들을 듣고 보면 우리의 제도도입은 늘 허술하기만 하여 꼭 필요한 요소가 빠진 졸속이 많다. 한심하기만 하다.

동물보호가 사람의 피해를 예견하지 못한 것이어서는 안 된다. 개를 두려워하는 사람이 엄연히 있고 개에 물리고 공격당하는 사고가 확인되는 상황에서 사람들이 안심하고 받아들일 수 있는 동물보호가 아니면 안 된다. 애써 손에 넣은 동물보호에 대한 인식이나 법규도 그 전제가 제대로 갖춰져 있지 않으면, 우리는 동물에게 당할 피해도 감수해야 하는, 우스갯소리로 동물을 상전으로 모시는 동물만도 못한 존재로 전락할 수 있다.

우리가 보고 싶어 하는 많은 동물이 동물원의 우리에 있는 것은 우리가 그 동물들을 사랑하지 않아서가 아니다. 사자나 호랑이와 같은 맹수를 키우는 자도 있지만, 일반인들은 그들을 격리된 동물원에서 만나야 한다고 생각한다. 개도 사람에게 공포감이나 불쾌감을 줄 수 있다면 그 해소 없이 사람들 앞에 끌고 나오게 해서는 안 될 일이다.

  개의 종류는 다양하여 사람이 제어하기 힘든 맹견도 많다. 이런 개들은 사람들에게 그저 위험한 짐승으로 여겨질 수 있다. 성품이 온순하여 사람에게 달려들거나 물지 않는다 해도, 몸집이 큰 개는 주위에 나타나는 것만으로도 공포의 대상이 된다. 개 주인은 괜찮다고 할지라도 타인에게는 전혀 그렇지 않다.

  공원을 거니는 수많은 어린이에게 개가 안전하다고 할 수 있는 일은 결코 아니다. 끌기에 턱없이 힘없어 보이는 개 주인이 어찌 개의 돌발적인 행동을 막아낼 수 있겠는가. 동물이 사람의 의지대로 제어될 수 있다는 생각은 과한 것이다.

  공격성이 강한 개가 훈련을 잘 받았다고 해서 사람의 지시에 늘 복종하리라는 생각은 잘못이다. 우리가 개 조련사들처럼 개의 습성을 잘 알아 개의 공격으로부터 스스로를 지켜낼 수 있는 일도 아니다.

  우리가 동물을 키우는 경우에 지켜야 할 모든 사항을 법으로 세밀히 규정하여 더 이상 사람에게 피해가 발생하지 않도록 엄격히 관리해야 한다. 개가 사람에게 피해를 입히는 경우, 그 주인에게 매우 무거운 민형사상의 책임을 물리고, 그 개 또한 보호대상에서 제외하는 강력한 제도를 도입해야 한다. 개를 사랑하지 않아서가 아니다. 개를 사랑하는 만큼 그 책임도 다해야 한다는 인식을 갖도록 해야 한다. 자칫 보호받아야 할 개가 보호받지 못할 운명을 맞이하게 된다면 이는 모두 개를 키우는 자들의 부주의 탓에 기인하는 것이 될 것이다.

관공서 야간업무 부서를

인천일보, 2006.11.01

대도시 번화가의 밤은 사람들로 넘쳐난다. 사람들은 주간에는 직장에서 일을 하지만 밤에는 직장 밖의 곳에서 새로운 일과를 시작한다. 밤이 새로운 아침을 시작하듯 북적거리는 곳이 많다. 관공서는 시민들의 움직임에 따라 업무형태를 조절해야 한다. 낮이든 밤이든 사람들이 활동하고 있어 관의 손길이 닿아야 하는 곳이 있다면 관은 언제라도 그에 대응해야 한다. 하지만 지금 모든 관공서는 주간에만 일을 하여 오후 6시 무렵이 되면 문을 닫아 버린다. 일반 민원업무를 하는 곳은 대부분이 근무시간이 지나면 일을 하지 않는다. 물론 개인적으로 야근을 하는 경우도 없지는 않다.

업무란 필요한 때에 이루어져야 한다. 시민을 주간에 상대하는 부서도 있어야 하지만 야간에 상대하는 부서도 있어야 한다. 오히려 밤에 더 신경을 써야하는 부서도 있을 것이다. 관공서란 국민들이 질서 있고 행복하게 살아가도록 사회를 지켜야 한다.

현대인의 생활모습이나 사고방식은 많이 바뀌었다. 남녀가 따로 없으며 밤낮 구별이 무색해졌다.

주간의 관공서는 시민들의 요구에 부응하느라 부산하지만 야간은 그렇지 않다. 야간은 마치 공권력이 부재하는 시간 같다. 시민들의 변화된 생활패턴에 관은 아주 무감각하며 대응조차 하려 하지 않는다. 현대사회는 사건사고가 늘어만 간다. 주로 밤에 발생하는 경우가 많다. 이미 관공서는 현대인의 활동시간을 고려한 업무시간을 마련해야 할 것이다. 밤거리로 뛰쳐나오는 시민들의 안전과 질서를 위하여 관공서의 업무방법은 마땅히 재고되어야 한다.

대개 주간에는 직장이라는 틀 속에서 활동하게 되니 직장을 벗어날 일이 많지 않다. 하지만 직장일이 끝나면 사적인 일을 수행하기 위해 많은 사람들이 새로운 장소로 찾아 나간다. 일과로부터 벗어나 스트레스를 풀고, 연인이나 친구를 만나는데 밤 이외의 시간은 찾기 힘들다. 밤은 사적인 일과를 이루는 매우 소중한 시간이다. 개인의 행복추구를 중시하는 현대인에 있어서 밤의 문화를 빼놓을 수는 없다. 돈을 쓰고 버는 수요와 공급이 직접적으로 만나 많은 소비가 이루어지는 시기도 밤이며, 이런 밤을 추구하고 노리는 자들이 활동하는 시간대도 밤인 것이다.

간혹 인간은 원하는 일을 하고자 할 때 성급해지고 이기적으로 행동하며 자칫 도를 넘기도 한다. 밤거리는 이런 욕구의 분출로 질서유지가 쉽지 않다. 불법이 눈에 잘 뜨이지 않게 되고 단속 또한 느슨해지는 밤이다 보니 번화가의 밤거리는 불법과 무질서가 난무하기도 한다. 인천경찰청의 경우 번화가의 주변이라 하지만 그곳마저 불법 주정차로 장사진을 이루고 있으니 공권력의 아량인지 공권력에 대한 무시인지 이해하기 힘들다.

밤에 대응하는 관공서는 겨우 경찰관서의 파출소가 고작이다. 모든 사건사고·무질서가 난무하는 밤무대를 안전하게 지켜내는 것은 공권력의 역할이다. 통행금지가 있던 시대처럼 주간의 업무가 주였던 시절의 관공서의 역할이 지금과 같을 수는 없다. 이미 밤이나 낮이나 모두가 활동하는 세상이 되어 버렸다. 이제 관공서의 업무도 그에 맞추어 밤과 낮을 구별해서는 안 되는 시기가 온 것이다.

이젠 밤에도 시민들의 생활패턴에 맞추어 관공서의 업무를 계속해야 한다. 많은 이가 야간을 주간처럼 활동하는 시대에는 그에 상응한 관공서의 대처가 필요하다. 밤의 무질서에 편승하여 벌어지는 일들에 공권력의 대응은 즉각적이어야 한다.

밤과 낮이 같아진 이 시대에 6시 땡 하면 모두 퇴근하여 관이 담당해야 할 일을 못하게 되어서는 안 될 것이다. 파출소처럼 밤에도 업무가 이루어져야 하는 관의 부서가 있다면 당연히 그리 해야 할 것이다. 시민들의 안전과 질서유지에 임해야 하는 관의 책무에 밤낮 구별이란 있을 수 없다. 모두가 원하는 밤 문화의 정착에는 시민의식 못지않게 공권력의 주간보다 더 세심한 주의와 배려가 필요한 것이다. 은행도 24시간 돈을 찾을 수 있게 되었고, 24시간 영업하는 편의점도 생겼다.

모두가 밤낮없이 활동하고 있다. 하지만 밤의 활동에 공권력이 잘 미치지 않는 까닭에 무법과 무질서가 만연하고 있다. 새로운 밤 문화에 맞추어 국민들의 행복과 안전을 위해, 관은 필요분야를 선별하여 이에 대응하도록 하루속히 업무형태를 개선해야 할 것이다.

지역 균형발전은 양보를 통해 이루어진다

동아일보, 2011.06.17

국가의 발전은 어느 특정지역에 국한되는 것이 아니라 국가 전체의 발전이어야 한다. 국가의 재정이 넘쳐나 모든 곳을 한꺼번에 발전시킬 수 있으면 좋겠지만 재원이 한정되어 있는 이상 국가 발전은 지역이나 분야가 선택적이고 단계적일 수밖에 없다. 즉 국가나 지방자치단체가 발전계획을 세운다는 것은 우선순위를 정한다는 의미이다.

과학벨트 입지 선정이나 국제공항 건설, 공공기관의 지방 이전 등에서 나타나듯 모든 국민은 어떤 발전이든 자기 지역이 우선시되어야 한다고 주장한다. 어느 지역에는 꼭 있어야 하는 것이지만 자기 지역에만은 안 된다고 하는 주장과는 대조적이다. 정치인들도 지역이기주의를 대변하듯 목소리를 높여 자신의 입지를 높이는 계기로 이용하기도 한다. 자신이 지역을 위해 열심히 일한다는 것이다. 결국 지역 간 대립과 갈등이 악순환처럼 되풀이되어 국민의 화합은 멀어져만 간다.

살기 좋은 국가 건설이란 지역의 균형적 발전을 이루는 것으로, 이는 한꺼번에 이룰 수 있는 것이 아니라 순서를 거쳐야 한다. 우선 필요한 곳에서부터 시작하지만 궁극에 가서는 균형을 잡는 것이다.

한국의 얼굴인 수도 서울의 발전은 우선적일 수밖에 없다. 지극히 당연한 것이다. 그에 따른 주변 수도권의 발전도 피할 수 없을 것이다. 하지만 더는 수도권의 발전이 인위적이고 선택적이어서는 안 된다. 현재와 같은 수도권의 비대화는 궁극적으로 균형을 잡는 국가 발전이라는 점에서 실패로 귀결될 것이다. 지방은 피폐해지고 수도권은 복잡함에 허덕인다. 수도권은 집중을 방치한 채 복잡함의 피로에서 벗어나려 정책을 강구하지만, 이것은 늪에 빠져 살려고 발버둥치다 더 깊이 빠져드는 결과를 초래할지도 모른다. 행정수도 건설과 공공기관의 지방 이전 등의 처방은 균형 발전을 위한 불가피한 선택으로 반드시 성공시켜야 한다.

모든 지자체가 지역 발전을 위해 몸부림쳐야 하지만 국가의 균형 발전을 이루는 시도에서 자기 지역이 우선해야 한다는 생각은 가슴속에 담아두자. 우리 지역에 더 좋은 공공기관이 이전해 와야 한다는 생각은 선의의 경쟁이어야 한다. 국가 발전을 먼저 생각해야 하는 정치인들도 지역구만을 챙기려는 생각을 버리고 국가 전체를 보았으면 한다. 경쟁도 해야 하지만 양보도 해가며, 그 속에서 정치를 해야 할 것이다. 지역의 균형 발전이 이루어져 사람이 모이고 지역경제가 활성화되면 지역이기주의는 감소될 것이다. 수도권도 세계적 경쟁력을 운운하며 규제를 풀고 더 개발, 발전시켜야 한다고 주장하지만 이는 지방의 균형 발전이 이루어지고 난 후가 되어야 한다. 지방의 발전은 국가 전체의 발전으로 가는 하나의 과정으로 지방의 발전 없이 한국의 발전을 말할 수는 없다.

국가 발전에는 전략적 차원에서의 접근이 있어야 하지만 균형을 고려한 적절한 지역 안배가 필요하다. 발전에서 소외되거나 낙후된 곳은 발전계획의 우선순위를 높여야 한다. 또 국가가 발전하면 언젠가 모든 지역이 균형을 이루어 살기 좋은 곳으로 바뀌리라는 믿음을 가지고, 자칫 이기주의로도 비칠 수 있는 지역 간 싸움을 멈춰야 한다. 이를 위해서는 국가의 균형 잡힌 정책결정이 전제되어 국민이 국가의 결정에 신뢰감을 가져야 할 것이다. 그런 전제를 만들게 하고 감시하는 것은 국민의 몫이다. 정치인이나 관료도 이제 지역민을 볼모로 하는 작은 정치를 지양해야 한다.

우리 고장의 발전이 늦어진다고 해도 다음 순서라 생각하고 참고 기다리는 아량을 보였으면 한다. 미래에 어떤 변화가 기다리고 있을지 아무도 모르는 사회다. 더 나은 미래를 위해 현재의 미개발이 최상일지도 모른다.

건전한 '자치'를 이루려면

인천일보, 2013.08.22

국민이 주인인 민주사회에서는 구성체의 일을 자치적으로 해야 하니, 선거를 통해 대표를 뽑아 일을 처리할 수밖에 없다. 선출된 대표가 구성원과 같은 마음일 테니, 공동체를 위해 봉사하며 민주적으로 일처리를 잘 하리라 믿는다.

하지만 선출된 대표가 비민주시대 임명직 장과 마찬가지로, 염불보다 잿밥에 더 관심을 가지며 교묘한 꼼수로 사익을 챙기기도 한다. 시대가 변했음에도 대표 권한에 대한 인식변화가 없기 때문이다. 대표가 권한을 잘못 행사하면 결국 주인이었던 구성원들은 대표의 농락에 빠지고 만다.

민주주의라는 말에 너무 매몰되어 익숙하지 못하거나 비효율적인 부분까지 자치를 내세우면 많은 부조리를 겪게 된다. 익숙해질 겨를도 없이 개인주택에서 공동주택으로의 급격한 변화는 여러 시행착오를 불러와 결국 아파트 관리비 비리를 낳았다. '설마 했는데 역시'인 아파트 관리비의 부정은 새삼 놀랄 일도 아니다.

입주민들을 위해 봉사해야 하는 아파트의 동대표·부녀회 회장 등이 입주민을 속이며 부당한 이권을 챙기는 '벼슬자리'처럼 됐다. 이들은 부당함을 지적받고 부정이 드러나도 죄의식을 갖기보다 오히려 선거로 선출됐다며 법적 정당성을 주장한다. 법으로 해보라는 식이다. 나쁜 짓을 하고도 멀리에 있는 공권력이 두려울 리 없다. 새 아파트만을 찾아 이사를 해 관리소나 대표모임을 장악하려는 사람들이 나올 만도 하다.

결국 민주사회의 맹점은 권한을 위임받는 대표를 선출하는 데 있다. 대표 선출은 법으로 보장을 받는, 막강한 권한을 부여하는 제도이다. 하지만 직접선거가 좋은 대표를 선택할 수 있는 제도가 아닌 데에 문제를 안고 있다. 대부분의 선거가 그 대표를 잘 모르면서 선출하는 것이기에, 형식은 최선이나 내용은 최악일 수도 있는 것이다. 유권자에게 후보의 면면을 알리는 데에도 한계가 있지만, 알린다 해도 선택에 도움을 주는 정보는 되지 못한다. 한 길 사람 속은 모른다고, 알고 지내는 사람도 잘 모르는 법인데 같이 지내보지도 않은 후보를 제대로 판단할 수는 없다.

직접선거는 자칫 권력을 휘두르고도 국민이 뽑았다며 당당할 수 있게 만드는 제도로, 선출직 대표는 법의 보호를 받는 부정한 사람으로 될 수도 있다. 유권자의 관심이 적으면 적을수록 그 가능성은 높다.

유권자가 후보를 잘 선택하는 것이 최선의 방법이지만, 후보에 대한 유권자의 관심이 적으니 이도 기대하기 힘든 상황이다. 결국 선거의 입후보 요건을 강화하거나 입후보자의 정보공개 범위를 확대해 무능력하거나 부도덕한 대표가 선출되지 않도록 하는 최소한의 안전장치를 마련하는 길밖에 없다.

상당수 국민이 아파트라는 공동주택에 살고 있기 때문에 정부는 응당 아파트가 근심과 걱정 없이 생활할 수 있는 주거공간으로 정착되도록 힘써야 할 책무를 갖고 있다.

아파트의 관리소와 자치기구에 대한 제반사항을 재검토하고, 또한 많은 항목의 아파트관리비 부과방법이 공평하고 타당한지 관리규약도 점검해 입주민을 속이지 못하고 입주민끼리 다투지 않도록 하는 새로운 모범 관리규약을 만들어 제시해야 한다. 그리고 한 가족과도 같은 구성원을 속여 이권을 취하는 자들에게 무거운 형사적 처벌을 내리는 제도적 장치를 마련해 풀뿌리 민주주의의 건전한 정착을 이뤄내야 한다.

돈벌이만이 지상과제처럼 된 시대이다. 부정한 돈을 챙기려는 꼼수가 사회 곳곳에서 암세포처럼 퍼져나갈 수 있다.

부조리 없는 건전한 사회가 거저 만들어지는 것이 아님을 상기하고, 국민들의 성숙한 의식이 자리를 잡도록 민·관 모두 노력해야 할 터이다.

아파트 관리 새로운 제도 도입해야

인천일보, 2018.04.25

한국의 주거시설이 개인주택에서 공동주택으로 바뀌면서 우리의 주거생활도 이전과 다른 모습을 강요받고 있다. 먼 친척보다 가깝다는 이웃사촌은 옛말로, 공동주택에서의 이웃은 나의 자유를 제한하고 사생활을 침해하는 그다지 마주하고 싶지 않은 대상이 되고 있다.

공동주택인 아파트의 삶은 우리에게 부당하고 부조리함을 그저 인내만으로 감당하게 하는 경우가 많다. 아파트는 싫어도 이웃과 현관을 함께 쓰고, 엘리베이터를 함께 타고, 쓰레기도 같은 곳에 버리고, 자동차의 주차나 자전거의 보관도 함께 해야 하며, 경우에 따라서는 타인의 잘못에 비용까지 지불해야 하는 삶이다. 내 집이 분명한데 온전히 내 집이 아닌 듯, 내 집이라 생각하고 할 수 있었던 여러 행동에 제약이 따라 마음대로 행동할 수 없는 주거형태이다.

아파트에서는 집안에서 마음껏 뛰어놀거나, 악기를 켜며 노래를 부르거나, 담배를 피우거나, 애완동물을 마음대로 키우기도, 집안에서만 입던 차림으로 쓰레기를 버리러 문밖을 나서기도 쉽지 않아, 개인주택에 사는 것과는 다른 매사 조심하고 주의해야 하는 삶이 요구된다. 구성원의 일부로 사는 형태인 만큼 내가 좋다하여 해서

될 일과 안 될 일이 있는 것이다. 그런데 누군가가 이웃을 배려하는 공동체의식에 반하는 행동으로 나온다면, 아파트에서의 삶은 참으로 피곤하고 힘들어진다.

층간소음으로 인해 벌어지는 참변, 경비원들에 대한 부당대우, 입주민들의 관심이 적을 수밖에 없는 점을 파고든 일부 입주자대표나 부녀회의 비리문제 등은 늘 뉴스거리에서 떠나지 않고 있다. 소방법 위반인 현관 밖 복도나 계단에 자전거며 사물 등의 무단방치는 개선되지 않고, 싸우건 말건 너희들 끼리 알아서 하라는 식의 건설사의 무책임 탓에, 돈을 지불하고 개인 몫으로 분양받은 주차장은 지정되어 있지 않아, 매번 주차를 위해 사방을 돌아야 하는 화나는 일도 아파트의 일상사이다. 갑의 횡포라며 늘 가진 자들을 탓하는 것치고는 경비원 폭행이란 어처구니없는 일을 벌이는 곳도 평범한 우리네 아파트의 모습이다.

입주민 전체가 이용할 수도 없고 겉멋 들인 골프연습장 등의 시설만이 최고가 아닌, 삶 자체가 최고인 아파트가 먼저일 것이다. 늦었지만 공동주택에서 지켜져야 할 사항들을 철저히 점검, 법제정을 통해 엄격히 관리되도록 그 근거를 만들어 시행해야 한다. 에티켓으로서 지켜야 할 사항은 계도로, 반드시 지켜야 할 사항은 법으로 하여, 공동주거시설을 안전하고 쾌적한 삶의 보금자리로 만들어야 한다.

지진에 끔찍한 대형화재의 빈발 등으로 아파트의 삶에는 늘 불안함이 상존하고 있다. 소방법 위반행위는 물론 불법주정차, 쓰레기 등의 무단투기, 이기적 동물사육, 기타 다수의 안전과 쾌적함을 해치는 행위 등은 법으로 철저히 관리하여, 아파트를 개인보다 입주민 전체의 편의를 도모하는 주거공간으로 탈바꿈해야 한다. 최근의 상황으로 보면, 일부 국민들의 민주주의와 자치를 말하며 보이는 행동이 도를 넘고 있어 아파트의 삶에도 변화가 요구된다.

우리는 이웃 간에 문제가 발생하면 직접 해결하려는 경향이 있다. 이는 문제를 해결해주는 곳이 없다는 인식도 작용한다. 관리실에 문제해결을 요청한들 힘도 없는 그들이 괜히 잘못 이야기했다가는 입주민의 횡포에 봉변당할 것이 뻔하다. 경찰서나 소방서를 이용하여 문제를 해결하면 좋으련만 그런 문화도 아니다. 하지만 법에 저촉되는 사항은 관공서의 힘을 빌려 해결하는 방향으로 바뀌어야 한다.

일상생활에서 피해를 당하거나 부당한 일을 목격했을 때는 이웃이라 해도 개인이 직접 나서는 것이 아니라, 관공서를 통해 해결하도록 문화를 바꿔야 한다. 관공서도 공무에 대해 인식을 전환해야 한다. 세금으로 운영되는 관공서라면 주민 간에 발생하는 문제에 개입하여 국민들의 안전하고 쾌적한 삶이 보호받을 수 있도록 조처해야 함은 당연한 일이며, 이를 위한 관련법 개정이 필요하다면 시급히 정비해야 한다.

관리비는 납부해도 아파트 일에 관심이 없는데, 이웃 간 다툼이 잦은 현 세태에서 지금과 같은 허울 좋은 자치로만은 무관심이나 방관으로 인한 불법, 불합리를 타파하지 못하고, 문제해결에 입주민 간의 다툼도 막을 수 없어, 아파트의 삶은 개선되기 힘들 것이다. 목소리가 크거나, 자치를 악용하는 소수가 이기는 사회는 건강할 수 없다. 국민대다수의 주거공간이 된 아파트의 쾌적한 환경 만들기에 관의 개입이 절실하다. 늘 민생을 챙겨야 한다고 말하지만 정작 국민들의 일상에서 벌어지는 폐해에는 뒷짐지고 있는 것이 정치권이나 관의 모습이다. 국민의 행복은 평범한 일상에 있음을 명심하고 아파트가 안전하고 쾌적하며 합리적으로 관리될 수 있도록 새로운 제도마련을 기대한다.

순기능 못하는 댓글 폐지해야

인천일보, 2018.10.24

역사에서 보듯이 전쟁도 사소한 일이 국민의 감정을 지극하여 발생하는 경우가 많다. 한국이 겪은 파란의 역사도 권력집단이 파벌을 이뤄 서로 감정을 해치는 싸움 탓에 주변 정세에 바르게 대응할 수 없었기 때문이다.

같은 나라에서 같은 국민으로서 더불어 살아가지만 간혹 우리는 서로를 물리쳐야 할 경쟁자나 타도해야 할 적으로 설정하며 타인을 끌어내리려는 모습을 보이고 있다. 마음에 들지 않는 사람이 있다 해도 무턱대고 비난만 하려 드는 사회는 안 된다.

기회만을 엿보다가 그에 걸려들기라도 하면 옳거니 잘됐다하고 뭇매를 때리는 사회는 지양해야 한다. 적폐청산도 정의구현도 의롭고 이성적이어야 한다.

이미 실시간으로 뉴스를 공유하는 시대에 접어들어 매 사건마다 이를 평가하는 온갖 댓글이 달리고, 우리는 이 댓글을 공유하며 살아가고 있다. 어떤 사건에 대해 다른 이들의 의견을 엿볼 수 있는 시스템이 있다면 판단에 도움이 될 수도 있다. 잘된 것인지 잘못된 것인지 다수의 의견을 통해 사안을 다양한 관점에서 바라볼 수 있기 때문이다. 하지만 댓글에 대한 기대는 예상을 크게 빗나가 정반대의 양상으로 치닫고 있다. 댓글은 이미 괴물로 변질되어 사회를 혼탁하게 만드는 주범이 되어 법정사건으로 번지는 일도 비일비재하다.

기사마다 달려있는 댓글에는 어법 무시는 기본이고 은어, 속어, 욕설 등의 무절제한 표현이 주를 이뤄, 아무리 기다려도 순기능이 회복될 기미를 보이고 있지 않다. 설령 비판받아 마땅한 내용이라 해도 입에 담기 어려운 표현들로 점철된 댓글을 평상심을 가지고 대하기는 쉽지 않다. 인권이 대세인 이 시대에 댓글에서 찾아볼 수 있는 인간 존중이나 배려는 오히려 금기사항이라도 되어버린 듯, 타인을 비판하는 것임에도 불구하고 처참하기까지 할 정도의 과한 막말이 주를 이루곤 한다.

광기의 인민재판처럼 욕설과 비난으로 도배한 댓글에 상처를 받는 정도가 아니라 분노하는 경우도 많아, 댓글로 국민들에게 마음껏 욕설하는 연습의 장을 제공하자는 의도가 아니라면 방치해서는 안 될 지경에 이르렀다.

이런 댓글은 보는 이들의 감정을 자극하고 분개하게 할 뿐 언론의 자유는커녕 건전한 사회를 좀먹는 해악이다. 기사의 많은 댓글로 이익을 취하기만 하면 된다는 것인지, 사회에 끼치는 해악을 알면서도 댓글을 달게 하는 시스템은 당장 폐지해야 한다. 국민들을 분열시켜 서로 무절제하게 싸우고 대립하게 만드는 언로는 설령 지켜내야 할 작은 가치가 있다 하더라도 그간의 경험에서 충분히 보아왔듯이 없애는 것만이 최선일 것이다.

특히 외국기사에 대한 댓글은 우려스럽기만 하다. 치욕의 역사를 만회하려면 신중하고 전략적이어야 할 텐데, 정녕 아무런 생각이 없는 것인지, 주워 담기 힘든 험한 댓글들이 봇물을 이룬다. 수출로 먹고 살고, 남북문제 등 국제관계가 중요한 한국에 이보다 더 어리석은 일은 없다. 한국에 체류하는 외국인이 많은 이 시대에 외국에 대한 노골적인 욕설이나 비하발언 등은 위험천만한 행위가 아닐 수 없다.

댓글에 접하고 감정이 상한 외국인들이 분개하여 자국의 험한 여론을 부추기고 한국을 손봐줘야 한다며 골탕을 먹이거나 치명상을 가해올 수도 있는 일이다. 누구나 감정이 상하게 되면 이상적 판단이 가로막혀 비이성적 행동을 할 수밖에 없게 된다. 그저 마음에 안 들거나 기분이 나쁘다고 외국에 대해 아무렇게나 욕설을 퍼부을 수는 없다. 그런 기능밖에 구현하지 못하는 댓글은 개인을 욕보이고 나라를 곤경에 빠트릴 수도 있는 위험한 도구이다.

몇 명 되지 않는 1,000여 명의 의도된 의견조사를 그럴듯하게 포장해 그 결과를 전 국민의 뜻인 양 몰아가는 여론조사나, 조작되거나 욕설 투성이의 수많은 댓글이 국민의 뜻을 살펴보는 척도로 사용되는 일에 동의하기 어렵다. 신성한 언론의 자유를 갖다 붙이는 일에는 더더욱 그렇다.

분노조절장애의 비이성적 사회를 살아가는 이 시대에 댓글이 줄 수 있는 순기능은 기대하기 어렵다. 각종 매체에서 댓글기능을 사용하지 않으면 해결될 일이지만, 지금과 같이 손 놓고 있는 정부의 무책임은 이해하기 힘들다. 바른 품성의 사람을 길러내야 하는 교육이 얼마나 어렵고 중요한 일인지 새삼 깨닫는다.

선거의 여론조사 · 출구조사 재고되어야

경인일보, 2013.01.08

　선거철만 되면 걸려오는 여론조사 전화에 많은 국민들이 귀찮아했다. 가뜩이나 많은 스팸전화에 시달리는 국민들에게는 여론조사 전화도 그와 다를 바 없었다. 하지만, 대선기간동안 국민들은 여론조사라는 게임에 중독되어 헤어나지 못했다. 겨우 1천 명의 여론조사로 4천만 명이 넘는 유권자가 일희일비하며 휘둘리고 말았다. 4천만분의 1천, 불과 0.00025%밖에 안 되는 여론조사 결과가 국민을 편 가르고 싸우게 했다. 0.001%도 안 되는 샘플조사가 95% 신뢰수준에 표준오차 ±3.5%라면 거의 적중한다는 말인데, 사람이 기계부품과 같은 샘플도 아니고 과학적 조사방법이라 해도 신뢰하기 어려운 대목이다. 여론조사가 잘 맞지 않는 것은 역시 박빙의 상황에서 소수의 의견만으로 전체의 의견을 예단할 수 없다는 방증이다.

　또한 투표 결과를 미리 예측 조사해 보는 것이 선거열기를 끌어올릴 수는 있지만, 선거에 유익한 것만도 아닌 것 같다. 언론의 여론몰이가 선거에 영향을 끼친 것은 어제오늘의 일이 아니다. 여전히 언론의 공정성이 의문시되는 상황에서 여론조사는 선거에 악용될 소지로 오해받을 수도 있다. 어쨌든 여론조사는 국민들을 선동하는 측면이 있어, 차분하게 후보를 판단하여 결정해야 하는 권리를 여론의 바람이나 흐름 속에 빼앗아 넣어 버리기도 한다.

여론조사가 맞으면 좋고 안 맞아도 그만이라면 몰라도 그 영향을 고려한다면 방송사의 공식 보도는 신중해야 할 것이다. 여론조사가 단순한 재밋거리라면 투표결과를 점을 쳐서 발표하는 것과 다를 바가 없다. 어쩌면 여론조사는 정확하다 해도 문제일지 모른다. 선거는 비밀투표이다. 그런데 그 결과를 정확하게 예측해서 발표한다면 투표의 의미는 축소되고 말 것이다. 선거 여론조사에 대한 성찰이 필요해 보인다.

출구조사 또한 그 의미를 되짚어봐야 할 것 같다. 출구조사가 선거방송의 중요 포인트로 자리는 잡았지만, 몇 시간 일찍 알리기 위한 도박과도 같아 보인다. 당일 개표로 알 수 있는 사항을 그 많은 비용을 지불하여 조사하는 것이 참된 서비스인지 의문이다. 누구나 결과를 빨리 알고 싶어 하지만 예측을 진짜 결과처럼 비장하게 발표하는 것은 우스꽝스럽다.

이번 대선의 출구조사도 정확하지 못했다. 당락에 영향을 미칠 수도권 지역이 잘 들어맞지 않아 그 의미가 퇴색하고 말았다. 결국 출구조사가 한순간의 짜릿한 재밋거리는 되었지만, 정확성이 생명이어야 할 선거결과를 제대로 맞히지는 못했다. 몇 시간이면 가려지는 진실을 고비용저효율의 조사를 해야 했던 것인지 다시 한 번 생각하게 만드는 대목이다.

자칫 맞지 않는 출구조사에 일부 국민은 허탈감이나 절망감에 분노할 수도 있다. 그럴듯해 보이지만 출구조사는 원시적이며 비용도 많이 들 뿐 아니라 결과의 정확성도 떨어지는 디지털시대에 어울리지 않는 방법이다. 전자투표를 도입하면 일거에 해결될 일이다.

'여론조사'라 하지 말고 '의견조사'로 바꿔야

인천일보, 2018.05.23

대통령의 당락을 결정할 만큼 여론이나 댓글의 영향력이 커졌지만 조작 등으로 불신에서 늘 벗어나지 못하고 있다. 국가 중대사에 대한 국민들의 의견이 여론조사로 제시되고 정부기관이 그를 관리하는 모양새를 취하고 있지만, 현행 여론조사의 결과가 국민 다수의 일반적인 의견으로 공표되어도 괜찮은지 의문이 든다. 댓글의 인위적 조작도 그렇지만 1,000여 명의 조사로 국민 다수의 의견처럼 보이게 하는 것도 인위적 여론 만들기가 될 수 있다. 국민 1,000여 명의 조사는 1,000여 명이 빠지고 국민의 조사라는 인식만이 남아 여론으로 자리 잡으며 국민들의 사고를 그 틀 안에 가둬놓는다.

일반국민들이 개헌이나 선거출마자와 같은 반갑지도 않은 정치적 사안에 평소 관심을 표명하며 살고 있어 의미 있는 여론으로 표출될 수 있는지 납득하기 어렵다. 그런데 툭하면 여론조사를 들이대며 국민들의 의견이 잘 정리되어 있는 것처럼 말한다. 여론조사의 결과라며 뉴스에서 보도하는 많은 사안들은 여론을 만들어가는 것처럼은 보여도, 국민 다수의 의견을 수렴했다고는 보이지 않는다.

늘 관심도 없는 국민들에게 질문을 던지고 이에 답하라며 여론조사를 하지만, 그런 상황에서 의미 있는 의견이 나올 리 없다. 개헌문제도 그렇다. 단임이든 연임이든 국민들이야 대통령이 잘하면 되는 것이지 평소 개헌해야 한다고 의견을 가지고 있던 것은 아니다. 개헌이 필요할 수는 있어도 국민의 요구라는 말에는 저항감이 있다. 단임도 잘할 수 있고, 연임도 못할 수 있는 것으로, 국민들은 제도의 문제가 아니라 정치나 정치집단의 행위의 문제라 보고 있던 사안이라 생각한다. 제도야 장단점이 있기 마련인데, 개헌을 한들 지금보다 더 좋은 정치가 구현되리라고 믿는 국민이 있을지 의문이다.

무릇 여론이란 소수가 아닌 다수의 국민에게서 찾는 의견이어야 할 것이다. 많은 국민들이 의견들을 표출하고 있어 그 내용을 조사하여 결과로 내놓는 것이 여론이어야 한다. 하지만 지금의 여론조사는 매우 형식화되어, 국민들에게 형성도 되어있지 않은 의견을 답해내라고 유도하며, 의도한 바의 여론을 만들어내는 행위처럼 보인다. 관심도 없던 사안을 극소수의 국민들에게 간신히 물어 얻어낸 결과를 공표하며 마치 많은 국민들이 그런 의견을 가지고 있는 것처럼 내보임으로써, 어느덧 많은 국민들의 의견으로 자리매김하게 된다.

겨우 1,000여 명의 답으로 나온 의견이 여론으로 둔갑하는 순간, '아 그래?' 하며 대다수의 국민들이 그 결과에 귀를 기울이고, 그 속에서 사고하게 되는 함정에 빠져, 결국 1,000여 명의 조사만으로도 그 의도는 달성된다.

여론조사의 무서운 점으로 인위적 조작을 하게 되는 이유이기도 하다. 여론조사기관이야 규정에 따라 정당하게 행하겠지만, 극소수의 의견을 다수 국민의 의견인 양 착각하게 하는 여론조사라는 표현은 적절해 보이지 않는다. 1,000여 명의 극소수의 의견을 여론이라 표현해 국민들의 사고를 그 틀 속에 잡아두는 것이야말로 여론을 호도하는 행위일 수 있어, 소수의 의견은 그냥 소수의 의견으로 말하는 것이 타당해 보인다. 표현 하나가 국민들의 의사결정에 큰 영향을 미칠 수 있기 때문이다.

그러니 여론조사란 말은 신중하게 사용하고, 1,000명에게서 조사한 경우는 '여론'조사가 아니라 '국민 1,000명' 조사처럼 사실대로 표현함이 옳을 것 같다. '여론을 조사해보니까'가 아니라 '국민 1,000명을 조사해보니까'로 표현함이 사실에도 부합하고, 표본오차를 거론하며 조사의 신뢰수준을 말할 필요도 없게 할 것이다. 여론조사는 필요한 경우가 많겠지만 사실을 왜곡하여 사람들을 현혹해서는 안 된다.

6·13지방선거가 코앞이다. 늘 여론조사가 대표주자 한두 명 외에는 유명무실한 후보로 만들어 유권자의 선택을 받지 못하게 만든다. 겨우 1,000여 명의 조사결과이지만 여론이란 단어로 발표하면 다수의 의견으로 바뀌고 유권자들의 사고를 마비시킨다. 선거에는 바른 선택을 위한 정보가 필요한 것이지, 선택을 강요하게 할 수 있는 정보가 필요한 것은 아니다. 사실, 여론조사의 결과가 맞는다면 선거는 할 필요도 없다. 누구를 선택해야 할지 모르니 그나마 의도된 조사결과라도 참조하는 것이 낫지 않겠냐고 한다면, 선거는 허울만 있는 것이지 민주주의를 실현하는 좋은 제도가 아닌 것이다.

더 이상 '여론조사'라 하며 국민 대다수의 의견인 양 착각하게 만들지 말고, 조사한 자의 수로 말하는 '0,000명 의견조사'로 바꾸어, 국민이 조사의 결과를 그저 참고하는 수준으로 받아들일 수 있도록 함이 바람직해 보인다.

5

방송과 언어, 한국어

— 방송·언어표현·한국어 —

정치평론과 혹세무민

방송의 질 괜찮은가

실망스러운 '국가 재난대책' 방송 보도

뉴스가 국민에 전할 희망은 없는가

규제할 방송이 어디 '먹방'뿐인가

무절제한 방송언어

무절제한 표현과 언론의 자유

방송이 국민의 바른 언어 해쳐

한국인의 사고는 한글 속에서

한글운용에 한자의 도움 필요치 않아

의사소통 가로막는 사자성어

한글이 흔들리고 있다

부적절한 외국어 사용은 한국어에 대한 무지함의 표출

'반려견'은 적절한 표현인가

모세종의 오피니언

정치평론과 혹세무민

인천일보, 2013.01.07

대선을 앞두고 TV 앞에 앉으면 대부분의 프로그램이 대선에 대한 전망으로 채워져 있다. 국민 모두가 정치 평론가의 말에 귀를 기울이며 대선 판을 예측해간다. 누구는 정치학과 교수라며 누구는 정치평론가라며 각 후보에 대한 평가는 물론 전 국민의 마음을 알고나 있는 듯이 선거판을 전망해 나간다. 매번 같은 인물이 여러 프로그램에 단골로 나오다 보니 중량감이 더해져 조심스러워야 할 사안도 마치 객관성이 있는 것처럼 주장한다.

지난 대선은 이것이 중요하다 저것이 중요하다 하며 그럴듯하게 말을 이어가거나, 이 후보는 이렇게 해야 한다느니 저 후보는 저렇게 해야 한다느니 하면서 뭔가 본인들의 예측대로 선거판이 짜질 것 같은 주장들이다. 여론조사의 결과나 그 추이를 놓고 하는 해석도 자신이 있다. 어차피 신이 아니고서는 맞힐 수 없기에 그 결과에 크게 연연해하지 않고 이야기한 것인지도 모른다. 하지만 국민들은 그들의 이야기에 빠져들어 자신의 지지후보를 평가하고 생각하게 된다.

전문가라는 정치 평론가의 주장도 어디까지나 예측이지만, 과거의 결과나 그간의 경험들을 바탕으로 자신 있게 얘기하다 보니, 국민들은 그들의 의견에 동조하거나 신뢰하기도 한다. 하지만, 지난 대선에서 정치 평론가들이 내놓은 예측은 결정적인 부분에서 적중하지 못했다. 꽤 자신 있게 내놓았고 맞았어야 할 중요한 예측이었기에, 일부 국민들은 실망하고 분노했다.

투표율이 몇 퍼센트를 넘으면 야당이 이긴다며 자신 있게 얘기해놓고, 상반된 결과에는 결과론적인 변명만 늘어놓은 채 슬그머니 사라졌다. 투표에 끼친 영향이 컸던 만큼 깊이 되새겨볼 필요가 있을 것이다. 20, 30대는 야당을 지지하고 50, 60대는 여당을 지지하니, 투표율이 올라 20, 30대가 투표를 많이 하게 되면 야당이 이긴다고 자신 있게 이야기를 했지만, 결과는 영 딴판이었다. 영호남에도 20, 30대와 50, 60대가 있지만 세대차에 의한 결과를 뒷받침할 만한 근거는 찾기 힘들다. 젊은이들이 수도권에 몰려있지만 수도권의 투표결과도 정치 평론가들의 주장과는 사뭇 다르다. 말대로라면 수도권은 야당 우세여야 하지만, 그런 결과도 보이지 않았다.

대선결과에 대한 평도 마찬가지이다. 20, 30대가 야당에 많이 투표했고, 50, 60대가 여당에 많이 투표했다는 것도 단순조사에 의거한 추정에 불과한 것이다. 비밀투표인데 결과를 정확히 분석한 듯이 이야기하는 것은 같은 오류의 반복일 수 있다. 야당이 이래서 졌느니 하는 등의 분석도 신뢰할 만한 근거가 없다. 그 평가와 정반대의 목소리가 우세한 경우도 있기 때문이다. 아무도 정답을 알 수 없는 사회과학 분야에서의 의견개진은 전문가라 하더라도 틀릴 수 있음을 전제로 신중에 신중을 기해야 한다. 자칫 국민들이 그 말에 현혹되어 올바른 판단을 그르칠 수 있기 때문이다. 결국 근거 없는 이야기들로 국민들을 혹세무민한 정치평론이 되고 만 것이다.

그간 TV를 도배하다시피 정치 평론가들이 나와 짐짓 정확한 판단인 양 거침없는 주장을 했지만 결과에는 책임지는 일이 없었다. 언제나 시사 토론프로그램에 나와 이야기하는 전문가들의 발언이, 분야나 개인에 따라 다르겠지만, 근거가 빈약하거나 신중함이 결여되었음을 깨닫게 하는 대목이다. 전문가가 아니라 누가 나와도 할 수 있는 이야기들이 되고 만 것이다.

방송사야 응당 편성해야 할 프로그램이니 주목을 끌 만한 강력한 주장을 원했겠지만, 평론가들은 섣부른 예측보다는 공정한 선거와 올바른 선택이 될 수 있도록 하는 정보제공에 초점을 맞췄어야 하는데, 전문가를 자처하며 국민들을 흥미위주의 게임에 끌어들여 기만한 꼴이 된 것이다. 일부러 한 것은 아니겠지만 전문가를 자처한 발언들이었으니 비판은 무겁게 받아들여야 할 것이다. 국민의 마음이 전문가들의 입맛대로 움직이지 않는다는 것을 깨닫고, 향후 국민의 마음을 잘 헤아리는 보다 신중한 평론이 나오기를 기대한다.

방송의 질 괜찮은가

기호일보, 2013.10.16

　방송은 국민과 일상을 함께하며 국민의 언어와 행동 사고방식 등을 변화시킨다. 방송이 좋은 것을 보여주면 좋은 것을, 나쁜 것을 보여주면 나쁜 것을 따라하게 된다. 그런 면에서 방송의 내용이나 질적 수준은 매우 중요한 것인데, 방송이 점점 더 공기로서의 역할은 포기하고 상업화에 몰두하고 있어 사회에 미칠 영향이 우려스럽다.

　국민이 알고 싶어 하지도 않는데 알권리라 항변하며 사회의 바람직하지 않은 모습들을 여과 없이 전달하거나, 건전하지 않은 행태를 새로이 추구해야 할 사회상인 양 거리낌 없이 만들어 내보낸다. 한 프로그램에서는 바른말을 사용해야 한다고 지적하면서, 다른 프로그램에서는 오히려 건전하지 못한 언행을 무기로 삼는다. 장르를 가리지 않고 집단으로 출연하는 연예인들의 무절제하고 무분별한 언어사용, 자극적이고 선정적인 모습 등은 큰 파괴력을 가지고 국민들에게 파고든다.

　방송이 기존의 모습을 여전히 지켜야 할 질서인지 타파해야 할 구태인지 구별하지 않고, 오히려 파괴된 질서만이 새로이 정착시켜야 할 트랜드인 양 그를 일상으로 반복하고 있다. 미풍양속은 모두 타파해야 할 대상이었던 것 같다.

　드라마도 상식을 벗어난 경우가 많다. 드라마가 가공의 것이지만, 그 속에서 보여 주는 언어와 행동 예절 등이 국민에게는 일상의 평범한 것으로 정착되어 버린다. 청소년들의 거친 언어와 불손한 태도 등이 일상으로 그려지면 그것이 일상으로 자리 잡게 되는 것이다.

　국민들은 사회지도층 인사들에게 공인으로서의 높은 수준의 도덕성을 요구하며, 언행 하나하나에 시비를 가리려 한다. 이것은 그들을 괴롭히기 위해서가 아니라 그런 삶이 바람직하니 지켜야 한다고 믿기 때문이다.

　그런데 방송은 시선만 끌면 되는 예능오락에 사활을 건 듯 국민들에게 바람직하지 않고, 저속하기까지 한 모습들을 아무렇지 않은 일상처럼 익숙하게 만들며, 도덕성이나 품격의 파괴를 조장한다.

　일상에 오락도 웃는 일도 필요하지만 그것은 가끔이면 된다. 지금의 방송내용은 균형도 품격도 찾기 힘들다. 뉴스마저도 인터넷에서 이미 사라져가거나 식상해서 보고 싶지도 않은 정치싸움과 같은 것을 주요뉴스라며 매 시간마다 반복하고 있어 볼만한 것이 없다. 이미 스마트폰으로 인터넷을 즐기는 초고속정보화시대가 되었는데, 방송에서 얻을 수 있는 것이 철지난 뉴스여서는 안 된다. 방송이 그저 상업주의의 인기몰이로 광고수입이나 올리기 위한 매체여야 한다면 방송의 공기로서의 기능을 폐하고, 원하는 사람들이 극장에 가서 돈 주고 영화 보듯 모두가 돈 주고 선택해 시청할 수 있도록 그 시스템을 바꿔야 할 것이다.

　방송은 공영이든 민영이든 공정성과 공익성을 담보하여 대체적으로 무해해야 한다. 그런데 수신료로 운영되는 방송마저도 민영방송과 상업화의 경쟁을 벌이며 그 책무에 소홀하고 있다. 공영방송이라도 국민에게 미치는 방송의 영향력을 생각해, 타 방송들의 일탈을 경계할 수 있는 유익한 프로그램을 지향하고 국민이 신뢰할 수 있는 매체로 거듭나야 할 것이다.

공교육의 붕괴를 대세라고 그냥 내버려둘 수 없는 것처럼, 설령 시청자가 많은 인기 프로그램이라 해도 유익하지 않다면 바로 잡는 노력이 있어야 한다. 오히려 세계테마기행·한국기행·인문학특강·극한직업 등을 볼 수 있는 EBS교육방송은 유익함과 즐거움을 주는 매체로 발전하고 있어 참으로 다행스럽기만 하다. 굳이 내야하는 수신료라면 EBS에만 내고 싶을 정도이다.

인기인의 출연이 기대되는 방송도 있지만 방송이 그들이 껴야만 하는 놀이터처럼 되어서는 안 된다. 연예인들의 사생활이나 인생경험 등이 특별히 본받을 만한 것도, 재미있고 유익한 정보도 아닐 것 같다. 건전한 것만이 능사는 아니겠지만 자극적이고 선정적이어야만 재미있는 방송이 되는 것도 아닐 것이다. 미꾸라지 한 마리가 온 방죽을 흐려놓듯이 유해한 방송 한두 분야가 시청자들의 건전한 상식을 전부 흐려놓을 수 있음을 상기하고, 국민의 정신건강을 위해 방송의 내용과 질이 제고되기를 기대한다.

실망스러운 '국가 재난대책' 방송 보도

인천일보, 2014.04.23

인명사고의 수습책은 인명구조이다. 나머지는 모두 부차적인 것이다. 그런데 금번 여객선침몰사고의 수습상황을 보고 있노라면 언론보도부터 정부의 대처까지 실망스럽기만 하다.

인명구조가 우선인 상황에서 사고의 원인규명 등은 시급을 요하는 일들이 아닐 것이다. 어려운 상황에서 인명 구출이 쉽지는 않겠지만, 그래도 생존자의 구출만을 기다리는 가족이나 국민들에게는 사고수습대책이 본질을 추구하는 것이어야 한다.

삼면이 바다인 한국에서 언제라도 발생할 수 있는 해상사고이고 똑같은 천안함사건의 경험도 있는데, 정부의 대책과 방송보도는 별 달라진 것이 없다. 쓰라린 경험에서 얻은 교훈은 하나도 없고, 그저 바다의 유속을 탓하고 기상여건이 좋기만을 기다려야 하는 형국이니, 국민이 감동할 대책이나 대처는 기대할 수 없는 상황이다.

방송에서는 연일 뭔가 특종이라도 잡았다는 듯이 아무런 매뉴얼도 없이 이것저것 가리지 않고 특집보도를 하고 있다. 물론 정답을 알 수 없는 급박한 상황이지만, 방송이 모두 구조되었다는 충격적인 오보에 부적절한 진행은 물론, 동일 내용의 지루한 반복으로 국민들을 피로하게 만들고 있다. 작은 나라에 거미줄 같은 네트워크를 활용했어야 할 텐데, 모든 방송사가 사실 확인도 하지 않은 채 모두 앵무새처럼 행동한 것이다. 확인도 되지 않은 정보를 내보내고 그를 토대로 대화를 나누는 어처구니없는 보도가 몇 시간을 이어갔다. 그런 상황에서 방송에 나온 전문가들 역시 배가 쉽게 뒤집히지 않을 테니 모두 구조되리라는 견해를 피력하는 것도 당연지사이다.

방송은 단순히 상황전달을 하기보다는, 당장 이루어져야 할 것들을 찾아내 이를 신속히 행동에 옮길 수 있도록 촉구·감시하고, 부족하면 질책할 수 있어야 한다. 우선은 인명구조에 필사적으로 매달릴 수 있게 하는 보도가 우선되어야 하는 것이다.

정부도 인명구조를 위한 방안과 즉각적인 실행 이외에는 그 어떤 것도 시급한 대책이 되지 못하니, 도움도 안 될 발표 따위는 서두를 필요 없다. 인명구조를 위한 사고대책본부를 꾸려놓은 이상 국민들은 인명구조 그 자체를 보고 싶은 것이다. 비상대기하고 자숙하고 다 좋지만 그것이 사고수습을 위한 모습이 될 수는 없다.

사망자가 속출하고 있는 상황에서도 방송은 피해자 가족들의 슬픔을 고려하기보다는 오히려 그들의 마음을 더욱 아프게 하여 국민들을 분노케 한다. 현장도 좋고 생생한 목소리도 좋지만, 다수의 슬픈 자들이 있음을 상기할 때 방송내용에는 신중을 기해야만 한다. 방송사가 많다보니 개성 있는 경쟁보도가 있을 수 있겠지만, 국가의 대형 참사를 다루는 일인 만큼 설부른 보도태도는 자제되어야 한다.

국가 재난방송사가 있지만 그 또한 제대로 된 보도를 했는지 묻지 않을 수 없다. 타 방송사와 엇비슷한 수준의 방송으로는, 국민이 신뢰할 수 있는 국가 재난방송사가 될 수는 없다. 국가의 재난에 국민 모두가 신뢰하고 함께할 수 있는 방송사가 되어야만 한다.

또한 모든 방송사가 모두 같은 내용을 보도하는 것은 전파 낭비일 뿐만 아니라 자칫 정보 전달에 혼선을 줄 수도 있으니, 국가 재난방송사가 기본 역할을 하고 타 방송사들은 다른 역할을 하는 등 역할분담이 이루어졌으면 한다.

한 방송사가 모든 것을 동시에 취재하고 보도할 수 없으니, 현장에서 이루어지는 구조 관련 소식은 재난방송사가 전담하고, 타 방송사는 사고 관련 내용을 다양한 각도에서 조명하여 자사만의 의미 있는 방송을 내보내면 좋을 듯하다. 나머지는 정규 뉴스나 속보 등을 통해 방송하면 될 것이다.

국가재난에 대한 정부대책과 언론보도가 국민의 신뢰를 얻을 날이 오기를 기대해 본다.

뉴스가 국민에 전할 희망은 없는가

인천일보, 2015.05.19

TV뉴스를 보고 있노라면 하루 종일 안 좋은 사건사고 일색인 날이 많다. 국민들에게 전해줄 희망의 메시지는 찾아보기 힘들다. 세월호 사건이 언제 일인데 여태 마무리를 못하고 온 나라를 시끄럽게 하는지, 유가족들의 부당한 요구 탓인지 아니면 해결의 의지나 능력이 없는 정부의 무책임, 무능 탓인지, 국민들을 피로하게 하고 있다.

총기사고, 자살, 구타, 성추행 등 끊이지 않는 군대문제가 이제는 예비군마저 이에 가세하여, 국민의 안전을 책임져야 할 군이 오히려 국민을 불안하게 하고 있다. 여러 곳에서 터져 나오는 갑을 관계의 횡포 논란은 우리 사회 불평등의 단면을 보여주고 있고, 흉악무도한 살인 범죄에서 사사로이는 주행 중 보복운전과 같은 어처구니없는 사건도 끊이지 않는다. 일상처럼 되어 버린 해외여행에 잦은 항공기 안전사고도 큰 불안감을 증폭시키고 있다.

미래의 희망인 남북관계는 악화 일로로 대치국면을 손 놓고 강 건너 불구경하듯 하고 있어, 통일을 위한 일보 전진이라는 희망은 고사하고 그저 북한의 어수선한 상황을 전하며 국민들에게 불안만 안겨주고 있다. 개성공단 문제에도 지혜라고는 찾아볼 수 없으니 협상력 제로인 셈이다. 대립일변도로 치닫는 일본과의 불편한 관계도 개선될 기미는 보이지 않고, 중국에서는 한국기업이나 한류의 쇠퇴가 가속되고 있어 한국의 위상이 날로 추락하고 있고, 역사인식이나 정치군사문제에 한국보다 일본으로 기운 듯한 미국의 태도변화 등은 미국, 일본, 중국과의 사이에서 한국의 입지가 점점 좁아지고 있음을 보여주고 있으니, 이런 소식을 접하면서 도대체 한국이 어디로 가고 있는지 어떤 선택을 해야 하는지 과연 희망은 있는지 의문을 갖게 한다.

최근의 총리, 도지사 등 전 현직 국회의원들의 부정수뢰 소식은, 역시 정치가들은 모두 그런 것인가 하며, 국민들의 정치 불신을 고착화시키고 있다. 공직자 인사청문회가 후보에게 흠결이 발견되어도 고개 한번 숙이고 사죄하며 넘기면 되는 정치 쇼로 전락하고 있는데, 정치가들의 부정부패 사건 역시 검찰의 수사만 잘 피해가면 국민들은 쉽게 잊어 주니 순간만을 모면하면 만사형통인 셈이다.

재벌들은 일을 안 하고도 수백억의 연봉을 받고 있는데, 시급을 받는 비정규직 노동자들은 최저임금에 혹사당하고, 미래가 불안하기만 한데 근로자들은 구조조정의 해고위험에 노출되어, 백세 장수시대에서의 길고긴 퇴직 후의 삶을 어떻게 영위해야 할지 막막하기만 하다.

하우스푸어의 아우성이 엊그제였는데, 주택경기가 다소 회복된다 싶자, 허위과장광고에 국민을 빚더미의 나락으로 빠트린 그 엉터리 같은 선분양제도의 부조리는 고쳐지지 않고, 저금리를 등에 없고 지금이 기회라며 이쪽저쪽에서 다시금 국민들을 유혹하고 있다.

복지논란에 국민들의 조세부담은 한계치를 넘고 있는데, 연말정

산의 세금폭탄 등은 국민들의 불만을 폭발직전으로 몰아가고 있다. 혈세낭비가 심각하고 조세정의가 구현되지 않는다고 믿는 현실에서, 나도 살기 어려운데 절실하다 한들 타인의 복지를 위해 선뜻 증세에 동의하기는 어렵다. 하물며 보편적 무상복지와 같은 명분이 갈리는 사안에 동의하지 못하는 국민이 있어 당연한 것이다.

그런데 정치권은 모두 한 치의 양보도 없이 자당의 주장이 옳으니 양보할 수 없다며 오히려 국민을 분열시키고 있으니, 이런 정치가 민의를 반영하는 민주주의 구현인지 의심스럽기만 하다. 망국의 고질병인 당파싸움만 재현하며 자신들을 위한 행보에만 몰두하는 정치권에 사회문제는 늘 정쟁의 도구일 뿐 진정으로 해결해야 할 과제는 아닌 것이다.

타협과 양보가 없는 정치권의 행태에서 국민들이 보고 배운 것은 그들과 마찬가지의 막무가내식 자기주장뿐이다. 늘 보고 자란 것이 투쟁이니 국민들이 일상생활에서 보여주는 것 또한 양보나 타협이 아닌 목적달성을 위한 사생결단식 투쟁이 많다.

경기침체에 시름하고 있는 국민들이 뉴스를 통해 무엇을 얻어야 하는지 생각해보게 한다. 분노조절장애라는 생소한 용어가 빈번히 들릴 정도로 인내심은 없고 불만은 즉시 표출해 버리는 현대인들에게 무분별한 뉴스전달은 모방행위를 부추길 위험천만한 행위이다.

사건 사고를 다루는 것이 뉴스이겠지만, 작금의 한국 뉴스는 부정부패, 참담한 사건사고 등 우울한 것들로 도배되다시피 하고 있어, 한국이 희망은 온데간데없고 절망만이 가득한 사회로 비춰지지 않을까 우려스럽다. 매스컴이 전하는 소식도 결국은 국민들에게 도움을 주기 위해서일 텐데, 그렇다면 뉴스는 보다 나은 사회건설을 향한 희망의 메시지도 담아야 할 것 같다. 흔히들 '알권리'를 운운하는데 국민이 뭘 알아야 한다는 것인지, '모르는 게 약'이라는 명언을 뉴스보도에 다시 한 번 되새겨보기를 기대한다.

규제할 방송이 어디 '먹방'뿐인가

인천일보, 2018.08.29

일부 방송프로그램에 대한 규제에 타당하다는 의견이 적지 않다. 그저 그러려니 하며 국민들이 눈감아주고 있어서이지 최근의 방송이 유익하다고 평하는 경우는 듣기 어렵다. 무엇하러 쓸데없이 방송을 보냐며, 보려면 그냥 바보가 되어 있어야 한다는 소리마저 듣곤 한다. 일부 방송은 특정 출연자들에게 점령되어, 벼슬자리라도 앉아 있는 듯한 그들의 손아귀에서 놀아나면서 이를 대세로 몰아간다.

규제를 하는 쪽은 가해자이고 받는 쪽은 피해자인 듯한 인상을 주지만, 규제는 얼마든지 필요한 것으로 하면 나쁘고 하지 않으면 좋은 그런 것이 아니다. 특별한 이유도 없이 규제받던 옛 시대의 악몽 탓에 규제라는 말을 듣고 부정적 반응을 보이는 것도 이해가 간다. 부당한 규제는 탄압이요 억압이니 없애는 것이 옳고, 지금도 한국사회는 철폐해야 할 규제가 많다. 하지만 규제 받지 않아 엉망인 것들도 많다. 규제는 왜곡을 낳을 수도 있지만 반대로 왜곡을 막을 수도 있다. 정상적으로 굴러가는 사회에 규제의 명분은 없다.

하지만 정상적이라 평가받지 못하는 것들이 아직도 많다. 민주주의를 내세운 독단, 자치권을 악용하는 파렴치, 집단 이기주의, 왜곡된 기득권 유지, 독창성이나 창의력을 내세운 무분별, 무절제 등 메스를 들이대야 할 일들이 도처에 깔려 있다. 방송도 그런 영역에 속하기에 규제가 필요하다는 견해일 것이다.

다양한 매체가 등장했지만 방송의 영향은 여전히 지대하여, 제작자들의 의도에만 맡겨놓으면 규제하라는 '먹방'처럼 방송이 부적절한 방향으로 흐를 가능성이 높다. 정치, 경제, 사회 분야와는 달리, 예체능오락 분야는 방송내용의 적정성 여부를 잘 추궁하지 않는다. 사실 그냥 무심코 보고 즐기는 방송이 국민들의 일상생활에 더 많은 영향을 끼치고 있음을 간과한 것이다.

방송의 한쪽에서는 바른말을 강조하고 국어를 사랑하듯 하지만, 다른 한쪽에서는 거칠고 왜곡된 언어와 행동을 남발하며 국민들에게 악영향을 끼치고 있다. 뉴스나, 일부 시사교양 프로그램 정도가, 그것도 일부 젊은 진행자들은 제외해야겠지만, 가까스로 정상을 유지하고 있을 뿐 드라마나 기타 연예오락 프로그램은 부적절한 언행이 일상이다. 틀기만 하면 나오는 방송출연자들의 정중치 못한 언행에 국민들은 모르는 사이에 그들의 정제되지 않은 언행을 일상으로 받아들이고 있다.

규제를 말하기라도 하면 침해라며 이유도 들여다보지 않고 즉각 반발하며 나오지만, 방송에 문제가 있다는 지적은 어제오늘 일이 아니다. 간섭과 규제가 없으면 모두 잘 할 수 있으리라는 기대는 그간의 경험이 증명하듯이 허구이다.

국민에게 부정적 영향을 주는 모든 것은 지적하고 필요하다면 규제함이 옳다. 남녀노소 모두가 일상으로 접하고 사는 방송인데 제작자 몇몇의 자유에만 맡겨두는 것은 최근의 방송행태를 보건데 위험한 일이다.

비만으로 고통 받고 고민하는 포식의 시대에 살고 있어, 일부러 방송에서 소개하지 않아도 원하는 것을 찾아다니며 잘 먹고 살 수 있는 시대인데, 누구를 위한 무엇을 위한 '먹방'인지 시대에 부합하지 않는 방송이란 지적에 한 표 던진다.

방송의 오락성을 배제할 수는 없겠지만 모든 방송에 단골로 나오는 그런 출연자들 가지고 수십 년을 우려먹고 있는 방송들이 제작의 보호받아야 할 전문성과 자존심인지 묻고 싶다. 유착관계마저 의심받을 수준이다. 시청률로 말한다면 절제되지 않고 더 자극적이고 선정적인 프로그램으로 승부하면 세계 최고의 시청률도 올릴 수 있을 것이다. 시청률로 방송의 해악을 덮을 수는 없다. 시청률과 규제는 별개의 문제이다.

누구나 방송과 소통하며 살아가는 시대인데 정말 봐줄 프로가 없다고들 한다. 방송내용이 너무 진부하다. 매일 똑같은 그 밥상의 그 나물이다. 벌써 치우고 다른 밥상의 다른 반찬을 올렸어야 했다. 공영방송도 마찬가지이다. 방송의 독점적 행태야말로 청산해야 할 적폐가 아닐 수 없다.

인기가 있다면 물불 안 가리고 모두 뛰어들어 많은 방송사의 프로가 같은 내용 일색인데, 방송이 지향하는 바람직한 경쟁이 그런 것인지 동의하기 힘들다. 방송사의 경영진은 현재와 같은 방송이 충분히 사회적 역할을 다하고 있다고 보는지 묻고 싶다.

제작의 독립성이라는 명분에 가로막혀 자체적 여과장치를 작동시키지 못한다면, 방송의 공영성이라는 측면에서 외부의 규제는 불가피할 것이다. 개인과 집단의 일탈된 행동에는 간섭과 규제가 제자리를 찾게 해줄 수도 있다. 언론의 자유, 방송제작의 독립이라는 미명하에 행해지는 부조리함을 지켜야할 가치라고 항변해서는 안 된다. 규제의 부당함을 말하기 전에 방송의 진정한 가치를 되새기며 금도 있는 방송을 선보일 때 국민의 신뢰는 회복될 것이다.

무절제한 방송언어

인천일보, 2012.03.02

사람은 누구나 환경의 지배를 받아, 보고 느끼는 속에서 성장하며 그를 바탕으로 미래를 설계한다. 서당 개 삼 년이면 풍월을 읊는다고 했다. 주변 환경이 우리 미래의 삶에 영향을 미친다는 말이다. 그런 의미에서 지금 우리가 어떤 환경 속에서 사는지 진단해 보는 것은 미래를 예측하는 근거가 될 것이다. 삶이 주변 환경에 크게 좌우된다면, 환경은 긍정적이고 미래발전적인 것이어야 한다. 우리는 좋지 않은 환경 속에 살고 있어도 그로 인한 결과가 당장 나타나지 않기 때문에, 우리를 감싸고 있는 환경을 긴 안목에서 보려 하지 않는다. 환경의 영향으로 나타난 결과는 다시 되돌릴 수 없거나 되돌리는 데 시간이 걸릴지도 모르기 때문에, 우리는 좋은 환경 속에서 밝은 미래가 건설될 수 있도록 환경변화에 주목해야 할 것이다.

불건전하게 변화된 환경은 다양한 분야에 걸쳐 있다. 먹을거리, 볼거리 즐길 거리, 명품 선호나 미모지상주의 등의 사고방식에 이르기까지 우리에게 영향을 미치는 것들은 환경 탓에 참으로 많이 변모했다. 변화된 환경 탓에 생기는 폐해가 밖으로 드러난다면 그나마 처방을 내릴 수 있어 다행이지만, 폐해가 장기에 걸쳐 서서히 드러나면 빨리 깨닫지 못해 파국으로 치달을 수도 있다.

특히 방송매체는 우리의 사고를 강하게 지배하는 환경이다. 우리는 방송을 통해 상당 부분을 사회와 소통하며 살아간다. 하지만 방송매체가 좋은 환경으로 작용하는 것 같지는 않다. 많은 사람들이 방송에서 보여주는 것을 일반화하거나 무조건적으로 따라 하기도 한다. 방송은 불건전한 것을 전파하고 우리를 마비시켜 감각을 잃게도 한다. 유행을 만들고 우리를 부추기기도 한다. 미성년자들에게 연예인이나 운동선수와 같은 인기인을 추종하게도 한다.

그리고 방송언어는 우리의 일상 언어생활에도 크게 영향을 미친다. 예능프로그램은 물론 드라마 등에서의 대화 또한 현장감을 살린다는 핑계로 우리의 언어생활을 무절제하게 만들고 있다. 방송이 앞장서서 사람들의 언어사용을 혼탁하게 하고 많은 전통예절을 의미없게 만들어 버린다. 방송이라는 공적인 자리에서도 출연자들의 대부분이 절제 없이 이야기함으로써, 예절로서의 격식마저 무너뜨리고 위트나 재치라고는 볼 수 없는 수다나 잡담만이 난무하는 대화환경을 만들었다.

설마 연예인들이 나와 사적인 시시콜콜한 이야기들을 늘어놓는 것이 편하고 즐겁게 받아들일 수 있는 방송이라 생각하는 것은 아니리라 믿는다. 도를 넘은지가 오래됐지만 방송환경은 바뀔 기색이 보이지 않는다. 인내하고 신중해야 함은 우리가 갖춰야 할 덕목으로 방송 역시 같은 역할을 수행해야 할 것이다. 가끔 있어야 할 가벼운 것들은 매일 있고 매일 있어야 할 소중한 것들은 가뭄에 콩 나듯이 있으니, 이런 환경에서 우리가 건전하게 배우고 자라기는 쉽지 않을 것 같다. 인기가 있다하여 그것을 최고의 가치처럼 만들어 제공하는 방송환경에서 국가와 국민이 진정으로 추구해야 할 길은 찾아보기 힘들다.

삶의 환경이 소중함을 지적하는 맹모삼천지교란 말이 떠오른다. 인간은 본대로 익히고 생활하는 법이다. 주변에서 무엇을 보고 자라야 우리의 미래가 긍정적이 될지 생각해봐야 할 것이다. 주변 환경이 좋으면 좋은 것을 보고 배울 테니 좋은 사람이 될 확률이 그만큼 높아질 것이다. 가난한 삶 속에서도 좋은 환경을 찾아 이사하듯이 방송프로그램도 좋은 것들만 보고 들어야 우리의 미래가 더 밝아질 수 있다. 방송이 한국의 미래를 어둡게 만드는 최악의 환경으로 작용해서는 안 될 것이다.

지금의 일본방송에서 일본인들이 과연 무엇을 배우고 있을지 아무리 생각해도 떠오르지 않는다. 우리도 닮아가고 있다. 일부 방송에서 건전한 프로그램이 존재하는 것도 사실이지만, 아직도 미래 지향적인 것들보다는 억지웃음을 자아내게 하는 것들이 주류임은 부정할 수 없다. 작지만 강한 나라를 만들고 유지하는 것은 미래지향적인 건전한 환경 속에서 이뤄짐을 다시 한 번 되새겨보고 싶다.

무절제한 표현과 언론의 자유

인천일보, 2013.08.06

언론의 자유에 대한 경계를 놓고 논쟁을 벌이는 일이 잦아졌다. 인터넷상의 정제되지 않은 표현들이 보호를 받아야 하는 자유의 범주에 드느냐 하는 것이다. 언론 탄압이 있어서가 아니라 언론에 의한 피해가 있다고 해서 벌어지고 있는 일이다. 불특정 다수가 특정 집단이나 특정 개인을 대상으로 무차별적으로 퍼붓는 인신 공격성 발언이 보장할 가치가 있는 언론의 자유로, 이를 보장하는 것이 헌법정신에 부합하는지 이해가 교차하는 대목이다.

개인에게 피해를 주는 행위는 인터넷상이라 해서 묵인되지 않는다. 오히려 인터넷상에서 당하는 피해가 더 치명적임은 많은 사례가 증명하고 있다. 그런 만큼 제도변경이나 법적규제를 강화해서라도 악의적 행위만은 뿌리 뽑아야 한다. 규제책이 있다 해도, 지금과 같은 상황에서는 무용지물과도 같다.

개인 간에는 수치심이나 불쾌감만으로도 처벌이 가능한 사회인데, 인터넷상이라 해서 특정인에게 정신적 테러를 가하고 치명적인 피해를 주는 행위가 보호를 받을 자유라면, 자칫 범죄도 자유일 수 있다는 논리가 된다. 그런 표현까지도 규제하지 않아야 언론의 자유를 지킬 수 있다면, 차라리 언론의 자유가 다소 위축되더라도 규제를 하는 것이 개인을 보호하는 길이다. 무례하고 난폭하기만 한 인터넷상의 표현을 규제하면 정작 필요한 언론의 자유가 침해를 당하는 일로 이어진다는 우려가 있지만, 이는 기우에 지나지 않는다. 자유를 탄압하는 것은 제도에 상관없이 비민주적 정권하에서는 어떤 형태로든 자행된다. 이 때문에 민주주의를 지켜내는 일로도 충분하다고 본다.

익명성이 보장된 인터넷상이라 해서 지금과 같은 무절제한 표현은 많은 사람에게 상처를 주고 분열을 시킬 뿐, 정의를 위하거나 불의에 항거하는 행위로 볼 수 없다. 보호해야 할 이유가 없어 보인다.

언론의 자유를 왜 소중한 가치로 여기는가? 언론이 불의에 항거하는 양식적인 행동이기 때문이다. 민주주의를 발전시키고 부당한 권력에 맞서기 위해 필요한 언론이 탄압을 받아서는 안 되기 때문이다. 건전한 사회건설에 필요한 언론을 보장해야 한다는 의미에서 언론의 자유가 주창되지, 입에 담을 수 없는 욕설이나 비방과 같은 표현이 자유라고 말할 수는 없다.

사회발전을 저해하는 저속한 언론과 사회발전을 촉진하는 건전한 언론을 구별하지 못할, 수준 낮은 한국은 아닐 것이다.

정도의 문제이지만, 아니면 말고 식이나 그냥 싫어서 해보는 식의 악의적 표현은 범죄로 변할 수 있다. 지금 인터넷상에 보이는 온갖 악성 표현들이 언론의 범주에 들 수는 없다. 근거 없는 내용 탓에 치명적인 피해를 입은 개인은 그 상처를 치유하지 못하고 죽음으로까지 내몰리기도 한다. 피해를 준 자가 언론의 자유라는 테두리 안에서 보호를 받는다는 것이 온당할 수는 없다.

우리 사회에 불공정한 갑을관계, 불법, 탈법, 악습 등이 산재하는

데, 어떤 형태로든 바로잡아야 한다. 정의사회 구현을 위해 갑의 부당함이나 부도덕함을 폭로하고 비난하고 욕하는 것은 당연한 일일지도 모른다. 하지만 그에도 용인될 수 있는 한도가 있다. 절제된 표현으로도 얼마든지 강하게 비판하거나 비난할 수 있으며, 응징할 수 있다. 익명으로 이뤄지는 표현이지만 밝혀진다 해도 당당할 수 있어야 하고, 설령 당당하다 하더라도 표현에 신중을 기해야 한다. 개인에게 욕을 보이고 상처를 줄 수 있는 내용을 공개적으로 표현할 때에는 그에 따른 책임도 감수할 수 있어야 한다. 그래야만 언론이 발전하고 그 언론 자유에 대한 보장이 가치를 낳는다.

방송이 국민의 바른 언어 해쳐

인천일보, 2019.07.26

방송은 일반대중의 시청을 전제로 하는 공기와도 같아 언어사용에 정도를 지켜야 한다. 그런데 작금의 방송은 서로 편하게 대화를 주고받는 프로그램이 주류를 이루면서 정중함이 결여된 언어를 일상으로 사용하고 있어, 시청자들에게 불쾌감을 주고 국민의 의사소통 수준마저 끌어내리는 도구처럼 되고 있다.

바른 언어사용을 무기로 할 줄 알았던 방송인들조차 제대로 된 언어를 사용하지 못함으로써 시청자들에게 비정상적인 표현이 정상적인 표현처럼 자리 잡게 하고 평범하게 사용하던 경어마저 딱딱하다거나 격식체의 무거운 표현인 양 인식하게 하고 있다.

언어예절을 지키며 정중한 표현을 사용해야 하는 방송이 시청자를 어려워하지 않고, '습니다'체 대신에 '요'체를 남발한다든지, '하세요' '보시죠' '할게요'처럼 사적인 대화에서나 사용할 분별없는 표현들을 정상인 양 사용해 진행자들의 자질을 의심케 하고 있다. 자신들이 사용하는 표현이 부적절한지도 깨닫지 못하고 모니터링도 작동하고 있지 않은 듯해 방송언어가 개선될 기미를 보이지 않고 있다. 방송이 보고 배우는 시청자들에게 부적절한 언어 환경을 제공함으로써 많은 사람들이 잘못된 언어를 문제없다고 받아들이는 부정적인 결과를 낳고 있다. 방송이 시청자들에게 한글을 아끼고 바르게 사용하라는 프로그램을 내보낼 처지가 아닌 것이다.

일상에 너무 가벼운 말들이 넘쳐나다 보니 정중한 표현을 익히지 못해 정작 정중한 표현을 해야 하는 상황에서도 아주 가벼운 표현 밖에 하지 못하는 젊은이들이 급증하고 있다. 지성인이라 해야 할 대학생들조차 '습니다'체 하나를 제대로 사용하는 이가 거의 없고 가르쳐도 익숙해지는 데에 시간이 걸린다. 언어에서 악화가 양화를 구축하고 있는 상황이다.

방송 드라마 역시 문제가 심각하다. 드라마의 정상에서 벗어난 터무니없는 장면 설정과 상식을 벗어나는 언어 사용은 작가의 수준을 심히 의심케 한다. 드라마에서 보면 우리네 가정은 일상이 다툼과 같아 자식이 부모에게 함부로 말하고 학교는 일탈된 학생들의 집합소인 양 거칠고 상스럽기까지 한 언어를 사용한다.

우리의 옛 모습을 거친 생활상의 저속어가 난무하는 상황으로 담아내는 경우가 많아, 시청자들에게 품격 없는 언행들이 우리의 평범한 모습인 양 일반화하고 있다.

분노조절장애를 일으키듯 심한 언행을 쏟아내는 장면은 공공성을 추구하는 방송매체에 나오지 않아야 한다. 자주 접하다보면 있을 수 없는 일도 있을 수 있는 자연스러운 일상사가 되고 만다. 모방범죄라는 말이 있듯이 유행처럼 사용되는 잘못된 표현을 방송이 여과 없이 내보내서는 많은 사람들이 쉽게 따라 사용한다. 파급력이 큰 방송에서는 모든 영역에서 바람직하지 않은 언어표현이 사용되지 않도록 사람과 컨텐츠를 재점검해야 할 것이다. 바르고 정중한 언어가 가져다주는 인간적 신뢰는 매우 크므로, 방송은 바른 말, 바른 경어를 사용해야 할 중요한 책무가 있음을 인식해야 한다.

그런 의미에서 다양한 연령층의 언어를 충분히 경험하지 못한 젊은 방송인들이나 오락을 무기로 하는 연예인들보다는 숙련된 자들이 방송 전면에 나와 방송언어의 진면목을 보여줘야 한다.

경험 및 훈련 부족으로 기계같이 읽거나 부적절한 표현을 사용하는 젊은 방송인보다는, 풍부한 경험을 바탕으로 상황에 맞는 적절한 언어를 구사하는 경륜 있는 방송인이 절실해 보인다. 공공성을 추구해야 하는 방송은 준비 안 된 젊음이나 외형보다는 신뢰할 수 있는 안정감이 먼저이다.

언어는 변하는 것이지만 작금의 언어는 교양과 품위를 떨어뜨리고 단순한 의미 전달의 도구로 변하고 있어 인간의 의식수준을 대변하는 언어의 진정한 가치가 쇠락하고 있다.

가정과 학교, 방송에서 제대로 된 언어만 사용해도 청소년들의 언어가 매우 좋아질 수 있음을 생각할 때 부모와 교사, 방송인들의 언어사용에 세심한 주의가 요구된다. 가정에서 잘못 배운 언어라 하더라도 학교가 바로잡아주고 방송매체가 올바른 언어를 일상으로 제공하면 국민들은 보다 나은 언어를 사용하게 될 것이다.

한국인의 사고는 한글 속에서

중부일보, 2006.08.10

한국이 낳은 세계 최고의 연구업적은 한글창제이다. 그런데 한국인의 한글에 대한 애착과 자부심은 별로 크지 않은 것 같다. 하긴 언어를 연구하지 않으면 관심 갖기도 어려울 테니, 한글의 우수성을 못 느끼며 사는 것은 당연할지도 모른다. 한글은 세계에서 가장 과학적인 문자로 그 우수성은 어디에 내놓아도 손색이 없다.

한국인은 일상생활에서 한글만을 사용하지만 전혀 불편함이 없다. 전화문자나 전자메일을 보내면서 한글 이외의 문자를 사용할 필요를 못 느낀다. 전문적인 지적활동도 한글만으로 충분히 가능하다.

우리는 나와 가족의 이름을 한자로 쓸 줄 알아야 하고, 한자성구를 알아야 하며, 중국 성현들의 이름과 사상을 알아야 하는 것처럼 생각하며 살아왔다. 지금도 공자 왈 맹자 왈 하면서, 사서삼경이니 하면서 이를 지적인 자랑거리로 여기면서 살고 있으며, 여전히 방송사의 퀴즈에 한자쓰기문제가 나오는 등 한자를 당연히 알고 있어야 하는 것처럼 하고 있다. 하지만 지금의 한국은 중국에서 모든 것을 받아들이고 중국을 중심으로 해서 살던 예전의 한국이 아니다. 중국의 문자를 쓰고 중국 성현의 사상이나 철학을 들어야 하는 그런 수준 낮은 시대에 살고 있지 않다.

한글은 한자나 일본의 '카나'에 비해 훨씬 더 과학적이고 합리적이며 효율성이 높은 문자이다. 한글 속에 한자어의 비율이 높긴 하지만, 한글표기로 충분하다. 한자를 전혀 몰라도 한글 사용에는 불편함이 없는데, 굳이 한글 속에서 한자를 쓸 필요는 없는 것이다. 한자를 배우면 중국어나 일본어 공부에는 도움이 되겠지만, 이는 어디까지나 외국어 공부의 일환인 것이지 한글 공부에 필수적인 것은 아니다. 한글로 표기하면 그 속에서 모든 원리가 터득되는 것으로, 이를 한자로 알아야 한다는 사고는 별 설득력이 없다. 언어들의 어원이나 생성과정들을 굳이 알아야 할 이유도 없다.

이름은 개인의 정체성을 나타내는 본질이다. 한국인의 이름을 한자로 쓸 줄 알아야 한다는 발상은 우리의 본질을 훼손한다. 공문서 기재 역시 마찬가지다. 한국은 중국이 아닐 뿐더러 한국에는 세계 최고의 문자 한글이 있다. 한글로 이해되는 내용을 굳이 한자 성구로 알아야 할 이유가 없다. 언어는 그 뜻을 이해하면 되는 것이지 그것을 영어로 알고 한자로 알아야만 그 뜻을 아는 것은 아니다. '소귀에 경 읽기'라는 말을 알면 되는 것이지, 이를 '우이독경'이란 한자 성구로 알아야 말의 뜻을 이해하는 유식한 사람인 것은 아니다. 이름을 한자로 써야 하고 한자성구를 알아야 하는 것처럼 몰고 가면 한자의 필요성과 중요성이 대두되겠지만, 그럴 필요는 전혀 없다.

역사 공부나 중국의 이해라면 몰라도 중국의 고전이나 성현들의 이야기를, 현대 한국사회에서 상식으로 갖추고 있어야 한다는 발상은 버려야 한다. 현 시대는 세계 어느 성현의 말도 이미 일반인들의 상식에 불과한 평범한 것들이 대부분으로, 특별히 감동하면서 들을 만한 신선한 내용들이 아니다. 지금은 학문을 접하지 못한 일반 대중들이 대부분을 이루는 그런 문맹시대가 아니다.

우리는 한국인으로서 민족적 자긍심을 제대로 표현해야 한다. 한국은 한자를 쓰는 중국이 아니다. 멀쩡하게 있는 우리의 문자를 두고 한자를 강조하는 것은, 진정한 자주국가로서의 모습이 아니다. 이는 자칫 중국에 예속된 듯이 비칠 수도 있어, 국제관계에도 나쁜 영향을 끼칠 수 있다. 우리는 한국이 중국이거나 일본이기를 거부한다. 오랜 중국과의 관계 속에서 내려온 전통마저도 이제는 한국 고유의 전통으로 자리매김 해야 할 때이다.

그럴 리는 없겠지만, 설령 한자를 모르는 것이 한글 사용에 불편함을 준다 해도, 이는 감수해야 할 사안이며 오히려 한글발전의 계기로 삼아야 할 사항이다. 한자문화권이라지만 한국은 그 속에서 최고의 문자를 만들어내고 독자적 발전을 이룩해 냈다. 오히려 한글은 문자가 없는 나라에 수출을 해도 손색이 없는 우수한 문자이다. 좀더 다듬을 부분도 있지만, 불편한 외국어를 빌려가며 우리들 스스로를 옥죌 필요는 없다.

역사인식 문제로 중국과의 마찰도 상존하고 있다. 우리는 국가의 자존심을 내세우지만, 진정으로 그를 위해 행동하고 있는지 반성해야 한다. 우수한 한국의 자산을 외면하는 구태에서 하루빨리 벗어나야 한다. 한국인의 사고를 한국인의 자산 속에서 표현할 수 있도록 전통적 사고에 대한 발상의 전환이 필요한 시점이다.

한글운용에 한자의 도움 필요치 않아

인천일보, 2015.04.21

세계최대의 발명품인 한글의 가치를 평가절하하는 어처구니없는 정책이 이따금 고개를 들곤 한다. 한글에 한자를 병기한다니, 넘쳐나고 있는 영어를 한글 속에 병기하자고 할 일이다. 늘 사용하고 있으니 그 가치를 모를 수 있다지만, 한글 운용능력에 대한 이해부족에서 기인하는 주장이다.

한국어의 상당부분이 한자에서 왔으니 한자를 알아야 한다는 주장은 한자를 아는 자들의 논리일 뿐 한국어 사용에 한자의 알고 모름은 전혀 문제가 되지 않는다. 한자를 아는 자들은 한자의 가치를 말하지만, 한자를 모르는 자들은 한국어에서 한자의 가치 따위는 없다. 중국인은 한자가 모국어이니 쓰는 것이고 일본인도 한자가 모국어와 같으니 쓰는 것이다. 그보다 훨씬 뛰어난 한글이 있는데 한국인이 한자를 알아야 한다는 주장은 한자를 알고 있는 자들의 시대착오적 주장에 불과한 것이다. 한자를 모르면 단어의 뜻을 모를 것 같지만 천만에 그런 일은 없다.

단어의 어원을 이해하고 신조어를 위해 한자를 알아야 한다지만, 이 또한 한자어를 국어처럼 사용하던 시대의 발상이다. 설령 한자의 지식이 한글운용에 도움이 된다 해도, 우리에게는 한자 의존도를 낮추고 한글을 더욱 발전시켜야 할 책무가 있다. 뜻글자가 아닌 한글로도 어원을 얼마든지 익힐 수 있고, 한자의 조어력이 뛰어나지만, 한글로도 얼마든지 단어를 만들고 조합할 수 있다. 혹 한국어의 부족한 부분이 있으면 이를 발전시키면 되는 일이지 한자의 도움을 빌려야 한다는 발상은 크게 잘못된 일이다. 한국어 사용에서 나타나는 문제점은 한국어 내에서 찾고 해결해야 한다.

상당수의 한국인이 이미 한자 없는 한국어에 아무런 문제를 느끼지 않고 있다. 서적이나 신문뿐 아니라, 메일이나 전화문자에 한자를 사용하지 않는다고 불편함을 느끼거나, 그 내용을 이해하는 데 어려움을 겪는 자는 아무도 없다. 작금의 한국어 사용의 문제점은 한글을 한자로 못 쓰는 데에 있는 것이 아니라, 한국어 운용능력의 급격한 저하에 있다.

최근의 젊은이들은 표현력과 문장력이 크게 떨어진다는 평가이다. 한국어를 바르고 품격 있게 말하지도 못하고 글로도 못쓴다는 것이다. 오죽하면 등록금이 비싸다고 아우성치는 대학에서 초중고에서나 해야 할 글쓰기 과목을 필수로 지정하고 있겠는가? 경어사용의 오류나 욕설 등이 일상화되고, 어법이나 의미가 맞지 않는 표현들이 정착되다시피 하여, 오히려 오용을 허용해야 할 지경에 이르렀다. 인간이 성장함에 따라 언어표현도 변하고 성숙해야 하는데, 취학 전 아동의 표현이 대학생이 된 자의 표현과 같을 정도가 되어 버렸다.

TV에서는 말장난이나 하는 연예예능프로그램도 아닌데 젊은 진행자들이 시청자를 상대로 편한 사이에서나 할 수 있는 가벼운 말들을 사용하여 한국어의 품격을 떨어뜨리고 있다. 그러면서 한편으로 국민들이 일상에서 사용하는 표현에는 옳으니 그르니 하고 있으니 본인들이나 제대로 된 표현을 사용하라고 말하고 싶다.

한국어는 한자처럼 글자체가 정해져 있지 않아서, 오랫동안 비슷한 발음이나 표현으로 사용되고 있으면 어느 쪽도 잘못이라 말하기는 어렵다. 많은 국민들이 저항감 없이 늘 사용하는 말들을 잘못 사용하고 있다는 지적은 한글이 한자와 달리 유연하게 운용될 수 있음을 간과한 처사이다. 많은 이들이 자연스럽게 사용하는 표현을 단지 사전에 없다 하여 틀리다고 지적할 수도 없다. 언어는 변화하는 것으로 사전은 편찬 이전의 사실에 기초한 기술이지 편찬 이후의 변화를 반영하지 못하기 때문이다. 편찬 당시에도 제반 현상을 모두 반영할 수는 없는 것이다.

한국어교육의 문제는 품격 있는 한국어를 사용하게 하는 데 있다. 저속하거나, 잘못 변화된 표현, 경어사용의 오류 등과 같이 잘못 사용되는 한국어의 환경을 바로잡는 것이 교육의 당면과제가 되어야 한다.

한자는 중국어로서의 한자이면 된다. 한국어 운용에서 한자의 지식은 학문을 하는 자들이면 충분하다. 한자를 알고 있으면 한국어에 대한 이해가 깊어질 수 있다. 하지만 한자를 모르는 자들의 한국어 사용에 문제가 있다는 증거는 어디에도 없다. 뭐든 알아서 손해 볼 일은 없지만 한자만큼 익히는 데 시간과 노력이 드는 문자는 세상에 없다. 단순한 글자 익히기에 모든 한국인이 에너지를 낭비할 필요는 전혀 없다.

국제사회에서 경쟁하기 위해 영어가 필수라는 주장처럼 앞으로 중국어를 알아야 한다는 관점에서 한자를 배우는 것이 중요하다는 논리라면 이해할 수 있지만, 옛 사고에 사로잡혀 한국어를 사용하는데 한자를 알아야 한다는 발상은 진부할 뿐이다.

분명 한국어에 한자어가 많지만, 한자어의 의존에서 벗어나는 것이 한국어의 발전임을 깨닫고, 오히려 한자어보다 고유어가 더 많이 사용되는 환경을 만들어가는 교육을 지향해야 할 것이다. 지성인이라는 대학생이 되었는데도 엉망인 한국어를 바르게 사용하도록 하는 교육이 무엇보다도 절실한 상황임을 상기해야 한다.

의사소통 가로막는 사자성어

인천일보, 2012.01.10

2011년의 사자성어로 '엄이도종(掩耳盜鐘)'을 선정했었던 대학교수들은 2012년 새해 희망을 담은 사자성어로 '파사현정(破邪顯正)'을 뽑았다. '파사현정'이란 '그릇된 것을 깨뜨려 없애고 바른 것을 드러낸다'는 뜻이다. 한국인이 뽑은 사자성어라는데 별로 아는 사람도 없는 듯하고, 별로 마음에 다가오지도 않는다. 그도 그럴 것이 평상시에 전혀 사용해본 적도, 들어본 적도 없는 말들이기 때문이다. 알기 쉬운 한국말로 표현해내면 좋을 법한데, 중국의 한자수업을 받는 것도 아니고 관심이 가지를 않는다.

무릇 모든 한국어 표현은 한국인이 쉽게 이해할 수 있어야 한다. 익숙지 않은 한자어는 겨우 달아놓은 해설을 보고서야 알고, 정작 알고 나면 별 뜻도 아닌데 하는 실망에, 그래서 일부러 한자성어로 표현했나 하는 생각마저 들게 한다. 우리가 한자어를 사용하는 것은 한국어가 된 일상어로서의 한자이지 해설을 보고나서야 알게 되는 중국어인 한자가 아닐 것이다.

중국의 고사성어나 사자성어는 의미가 함축적이고 교훈적이여서 좋다. 하지만 이런 어구들은 한국인이 평상시 사용하는 어휘가 아니다. 굳이 사용해본들 유식하다 우러러볼 사람도 없으며 귀 기울일 사람도 없을 것 같다. 평상시 사용하여 알고 있는 한자어가 아니라면 그것은 중국어에 불과하므로 한국인이 특별히 알아야 할 단어가 아닌 것이다.

언어예술인 시도 고유어로 묘사해야 맛이 난다. 한자어가 아닌 고유어로도 아름답고 함축적인 표현은 얼마든지 가능하다는 이야기이다. 시적 표현이 아니어도 한국어의 평범한 말로도 아름다움과 감동은 표현해낼 수 있다.

한국인이 사용하는 언어는 한국어여야 한다. 많은 한자어가 한국어가 되었지만 더 이상 한자어의 확대나 무분별한 사용은 적절치 않다. 한자어를 아는 것이 한국인의 지식이 되는 시대는 지났다. 쉽게 의사소통이 되는 언어를 사용하는 것이 한글창제의 기본정신일 것이다.

요즘은 외국어의 범람으로 익숙하지 않은 언어들이 우리들을 짜증나게 만든다. 많은 표현에 등장하는 외국어는 사람들을 무력하게 만들거나 회피하게 만든다. 지적 자랑을 늘어놓듯이 사용하는 한자 표현도 그중 하나이다. '이심전심', '작심삼일'처럼 많은 사자성어가 우리의 언어생활 속에 살아 움직이지만, 이런 표현조차도 '마음으로 알 수 있다', '결심한 것이 삼일밖에 가지 않다' 등으로 바꾸어 표현해야 할 것 같다. 그렇게 해도 그 뜻을 살릴 수 있으며 비유적 표현 효과도 거둘 수 있다. 한자어로 표현하면 유식하고 정중하며 고유어로 표현하면 무식하고 경박한 것이 아니다. 한국어로 표현해야 한국어가 발전하는 것이다.

전통은 지키거나 극복해야 한다. 한자어를 좋아하는 것은 개인적 취향으로 돌려야 한다. 한자어를 사용하지 않아도, 몰라도 전혀 불편함을 못 느끼는 자들에게 일상어가 아닌 사자성어와 같은 말로 의사소통을 꾀하려는 것은, 잘 알지 못하는 영어 등을 일상어에 섞어 쓰며 의사소통을 저해하는 행위와 같다. 한국말로 이야기하면 다 아는 사항을 한자어로 표현하는 자들에게, 그럼 그것을 영어나 독일어 등으로 표현해보라면 어찌될까? 영어나 독일어 등에도 사자성어와 같은 함축적이고 교훈적인 표현이 분명 존재할 테니 말이다.

한국어 사용에 있어 한자어의 역사와 전통은 굳이 이야기하지 않겠다. 한글은 세계최고의 언어라 칭송받고 있다. 그런 언어를 두고 불필요한 한자어나 외국어 등을 사용하는 일은 자제해야 한다. 한국인들만이 세계적 평가를 받고 있는 한글의 가치를 제대로 인식하지 못해 부끄럽기만 하다. 한글을 제대로 사랑하지 못하면서 한글이 우수하다 하여 이를 타국에 보급하려는 노력은 무엇이란 말인가?

한중관계를 굳이 이야기하고 싶지 않다. 한글이 한자어에 예속되어선 안 된다. 한자는 기본적으로 중국인의 언어이다. 한글은 한국인의 언어생활에 불편함을 주지 않는다. 혹 불편함이 있다면 이는 한글 속에서 노력하고 극복해야 할 우리의 과제이다. 나는 외국에 들어갈 때 입국카드에 한자로 했던 서명을 한글 또는 로마자로 바꾸었다.

한글이 흔들리고 있다

경인일보, 2014.03.14

전화를 받았더니 다짜고짜 '누구 맞으세요?' 하고 묻는다. 'ㅇㅇ이십니까 / 되십니까'가 아니다. '맞냐'고 물으니 순간 내가 뭐 잘못했나 했는데 아무 것도 아니었다. 둘이서 레스토랑에 들어갔다. 젊은 종업원이 '두 분 맞으세요?' 하고 묻는다. '두 분이십니까?'가 아니다. 식사 후 계산대에서 카드를 건네자, '계산 도와드리겠습니다'라고 말한다. 깎아주는 것도 아닌데 무엇을 돕는다는 것인지 알 수가 없다. '계산해 드리겠습니다'로 충분하다. '맞다' '돕다'의 부적절한 사용이다.

병원에 갔다. 젊은 여성이 접수대에 앉은 채 '어서 오세요' 인사를 한다. '진료실 앞쪽에 앉아 계세요', '들어가실게요', 'ㅇㅇ원 나오셨어요' 등의 표현이 이어진다. 정중함도 없으며 경어도 적절치 않다.

방송도 '이래요, 저래요'의 '~요'체를 사용하는 경우가 많다. 아주 가벼운 경어이다. 시청자를 상대로 하는 표현이므로 당연히 '이렇습니다. 저렇습니다'의 '습니다'체를 사용해야 한다. 타인에게 요청하는 '~하세요 / ~하시죠'는 '~하십시오 / ~하시겠습니까?'로 사용해야 하며, '~할게요'는 부적절한 표현이다.

한국어가 흔들리고 있다. 바르지 못한 어휘 사용이 범람하고 경어 사용이 망가지고 있다. 청소년들의 대화에는 은어와 속어, 욕설이 난무하며, 젊은이들은 사물에 경어를 쓰는가 하면 정작 경어를 써야 하는 상황에서는 엉터리 같은 표현을 내뱉는다. 방송에서도 외국어의 남용 및 속어나 유행어의 무분별한 사용 등 언어 사용에 주의를 다하고 있지 않다.

특히 방송언어의 오염은 한국어의 품격 하락을 부채질하고 고착화 할 수 있다. 규범적이어야 할 아나운서들의 표현에서조차 정중함은 결여되고 예능프로들의 영향인지 편한 사이에서나 사용하는 가벼운 문체를 남발하곤 한다. 방송은 예능프로든 뭐든 시청을 전제로하는 이상 절제된 언어를 사용해야만 한다. 시청자는 방송진행자들이 편하게 대해도 되는 그런 대상이 아니다.

드라마 역시 언어생활을 흐트러뜨리는 주범노릇을 하고 있다. 며느리가 시어머니에게 '엄마'라 호칭하는가 하면 사이도 안 좋은데 '습니다'가 아닌 '요'체를 사용하기도 하여 무지인지 의도인지 어처구니가 없어 놀랄 따름이다. 자식이라면 관계에 따라 '엄마, 어머니'를 선택할수 있지만, 며느리가 '엄마'라 호칭하는 것은 단어의 의미를 벗어난 오류일 뿐이다. 비현실적인 상황 설정 및 부적절한 언어사용은 마치 한국사회의 근간을 뒤집어놓겠다는 태도이다. 가족 간의 대화, 사제지간 또는 학생간의 대화, 젊은이들의 일상 대화 등은 절제되어야 할 표현범위를 크게 벗어나 받아들이기 어려운 경우가 많다.

'당연'이 '당근'이 되고, '완전 맛있어'처럼 '완전'이 정도부사를 점령하고 있다. 언어는 변화 발전하는 것이지만, 악화가 양화를 구축하는 것이어서는 안 된다. 근거도 없는 단어들이 자주 사용되다 보니 비정상이 정상처럼 익숙해지고 일상화되고 있다. 일상화된 욕설을 없애야 하듯이 저속하거나 부적절한 유행어는 추방되어야 하는데, 오히려 방송프로그램이 앞다퉈 이를 조장하고 있는 형국이다. 방송의 언어는 시청자들이 쉽게 보고 배우며 확대 재생산하게 되므로, 바르지 못한 표현들은 최대한으로 절제해야 한다.

한국 최고의 창제물인 한글은 어느 시대에도 아름다운 언어로 유지 발전되어 다음 세대로 계승되어야만 하는 것이다.

부적절한 외국어 사용은 한국어에 대한 무지함의 표출

인하대학신문, 2016.11.21

외국어는 외국인과의 의사소통을 위해 사용하는 도구이다. 그런데 학자를 포함한 일부 식자층에서 이제는 젊은 층에 이르기까지 일상생활에서 외국어를 무분별하게 사용함으로써 한국인끼리의 의사소통에도 지장을 초래하는가 하면 자라나는 청소년들에게도 나쁜 영향을 끼치고 있다. 언론매체의 경제면이나 광고 등을 접하면 도대체 무슨 뜻인지 쉽게 이해할 수 없는 외국어를 남발해 읽기를 거부하게 되는 경우조차 나오고 있다. 한국어를 사용하는 한국인을 위해 쓰여진 정보가 한국인에게 이해되지 않는 어처구니없는 일이 발생하고 있는 것이다.

원래 의사소통능력이 뛰어난 자란 상대방이 쉽고 편하게 이해할 수 있도록 말하는 자이다. 한국인에게는 한국어로 말해야만이 편안한 의사소통이 된다는 것이다. 한국어로 표현해야 할 말을 못한다는 것은 한국어로 표현할 만한 한국어지식이 부족함을 드러내는 일이다. 한국어에 없는 사물이나 개념을 제시하는 경우에도 한국어 풀이로 그 이해를 도와야 하는 법인데, 평범한 일상의 글이나 대화에서 외국어를 직접 사용하는 것은 듣는 이의 이해 따위는 안중에 없다는 태도로 비칠 우려가 크다. 전공영역의 특별한 용어라 하더라도 이를 한국어로 설명하지 않고 그냥 외국어로 말하는 것 역시 말하는 이의 일방적인 의사소통방식으로 듣는 이에 대한 배려부족이나 결례라 하겠다.

영어와 한국어 양 언어를 제대로 이해한다면 한국어표현에 영어를 그대로 사용할 필요는 없을 것이다. 한국어를 잘 모른다면 우선 한국어공부를 해야 마땅하다. 한국과 한국어를 아는 것이 한국인을 위해 표현하고 행동하는 기본자세일 것이다. 요즘과 같은 시대에 한국에 없는 개념이 그리 많이 존재하리라고는 생각하지 않는다. 한국어로 생각하고 말하는 한국인에게 부적절한 영어사용은 잘못된 자기 과시나 한국어에 대한 무지의 표출로 받아들여질 수 있는 만큼 당연히 지양해야 할 일이다.

그런데 최근에는 '팁'이며 '콜라보'며 '바디감'이며 예전에 듣지 못한 단어들마저 새롭게 등장하고 있다. 한국어로 자연스럽게 표현해오던 말조차 갑자기 영어로 바꾸어 한국어에는 없었던 말인 양 사용되고 있는 것이다.

대화중에 '팁'을 주겠다고 하여 돈이라도 주는 줄 알았다. 기존에 알던 팁이란 호텔이나 식당 등에서 서비스를 받은 대가로 주는 돈 정도의 한정적인 의미로 사용되고 있었는데, 이제는 뭔가 방법이나 아이디어 등을 알려주는 행위로 '팁'을 주겠다는 표현으로까지 그 의미가 확대되어 사용되고 있는 듯하다. 얼마든지 한국어로 할 수 있는 표현인데 '팁'이란 말이 멋있어 보이는 것인지 참으로 어처구니없는 사용이다. 한국어로 나타낼 수 없는 이렇다 할 의미를 가진 단어들도 아녀 보이는데, 한국어로 표현하면 무미건조하다는 것인지, 그저 뭔가 새롭게 튀어보겠다는 것인지, 사적영역에서도 부적절한 일일 텐데 만인이 볼 수 있는 방송에서 그런 것으로 광고효과를 내겠다는 얄팍한 생각은 있어서는 안 될 일이다. 영어가 아닌 한국어로는 제대로 된 표현효과를 내지 못한다는 발상은 매우 잘못된 것으로 한국어의 가치를 훼손하는 일일 뿐이다. 외국어는 그냥 외국어를 할 때 사용하면 되는 것이다.

한국어에 부적절한 영어사용은 한국어의 발전을 가로막을 뿐만 아니라 한국어를 경시하게 만들 우려가 높은 만큼 반드시 금해야만 한다. 이리 가다가는 한국어에 영어뿐 아니라 중국어사용이 등장할 날도 멀지 않았다. 영어는 되고 중국어나 일어는 안 된다고 말할 수만도 없는 노릇이다. 한국어가 바르게 사용되고 발전해 나갈 수 있도록 한국어사용의 의미를 제대로 인식하고, 특히 언어유행을 주도해 갈 대학생들의 한국어사용에는 보다 깊은 자각이 요구되는 바이다.

'반려견'은 적절한 표현인가

인천일보, 2017.08.18

짝이 되는 동무를 뜻하는 '반려'란 소중한 의미를 갖는 말이다. '인생의 반려자', '평생의 반려자'라는 표현에서 알 수 있듯이, 일반적으로 배우자를 지칭하는 반려자는 배우자 이외의 어떤 가족구성원에게도 사용되지 않는 말이다. 연로한 부모를 평생 모시고 사는 자식도, 시부모와 평생을 의지하며 함께 사는 며느리도 반려자는 되지 못한다. 반려란 말이 짝이라는 한정된 의미를 나타내기 때문이다.

평생을 함께 할 부부가 상대방을 일컫는 말이 반려자인데, 동물에게 반려라는 단어를 사용한다는 것은 참으로 받아들이기 거북하다. 동물이 인간과 부부처럼 지낸다는 것도 아니고, 개가 아무리 사랑스럽고, 외로움을 달래주는 평생의 친구라 해도, 배우자에 써야하는 반려란 말을 붙이는 것은 납득하기 어렵다.

백번 양보하여 외로운 사람과 동고동락하며 반려자의 역할을 대신해주는 개라는 의미에서 반려견이란 말을 수용한다 하더라도, 이는 혼자 여생을 보내는 자들이 기르는 개에게나 비유로 사용할 수 있는 정도이지, 가족이 함께 키우는 개에게는 비유조차 적절하지 않다.

개는 사람과 함께 살 수 있도록 길러진 까닭에 사람에게 사랑받을 만한 충분한 가치가 있고, 경우에 따라서는 사람보다 사람을 더 행복하게 만들어줄 수도 있는 동물이라 여겨진다. 그래서 그런 인간과 동물 사이를 규정하여, 동물을 좋아하여 가까이 두고 귀여워하거나 즐기는 것을 애완이라 하고, 그런 동물을 애완동물이라고 하는 것이다. 애완견은 인간이 아끼고 사랑하는 개라는 의미의 아무런 하자가 없는 단어이다. 애완견으로는 그 의미규정이 부족하여, 완전히 사람처럼 그것도 배우자처럼 그런 의미를 담은 단어로 칭해야 한다는 것인가?

우리가 개와의 공존을 말하는 것은 개를 개로 인정하는 데에서 출발하는 것이다. 개를 사람의 반열에 올려놓듯 사람의 사고 속에서 규정하는 것은, 개를 개로 인정하지 않는 인간의 욕심이라 할 수 있다. 혹 개들에게 사람의 짝이 되라고 하면 많은 개들이 슬퍼할지도 모를 일이다.

우리는 언어선택에 민감한 편이다. 단어에 조금의 부정적인 의미만 있어 보여도, 바로 이를 지적하며 바꿔야 한다고 주장한다. 실은 별 나쁜 의미도 아닌 것 같은데, 어감이 안 좋다며, 차별어라며 많은 단어들을 새 단어로 교체하여, 별 문제도 없어 보이는 기존 단어들의 의미에 사형선고를 내리기도 한다. 그러다보니 늘 써오던 단어를 사용하다 표현의 실수에 휘말리는 경우도 적지 않다.

언론에서도 속어는 물론 정상어의 지위를 얻지도 않은 신조어마저 너무나도 쉽게 사용해 버린다. 검증도 없고 인정도 받지 않은 신조어를 아무렇지 않게 써버리는 방송을 공영방송의 바른 언어사용이라 할 수는 없다. 언론매체에 노출되면 그 단어는 정상어로서의 지위를 확보하게 되고 국민들 사이에도 쉽게 전파되어 언어 오남용이라는 부작용을 낳게 된다.

기왕이면 어감이 좋은 언어를 선택하여 사용해야 하겠지만, 너무 과장되거나 의미를 포장하는 듯한 언어사용은 바람직하지 않다. 사회주의 국가에서나 쓸 법한 영웅칭호를 붙이는 것도 아니고, '국민' 배우(가수, 타자, 여동생)처럼 연예인이나 운동선수에게 붙이는 비유적 표현도 경솔하다. '꽃미남, 꿀벅지, 종결자, 끝판왕'처럼 '꽃~', '꿀~', ~자, ~왕, ~남 / 녀' 등의 조어 역시 자극적이거나 극단적이어 경박한 느낌을 준다. 새로운 표현을 사용하는 데 제대로 된 성찰이 이루어지지 않고 있다.

우리 사회는 조급함에 빠져 차분한 음미도 없이 멀쩡한 것에까지 손을 대며 개혁했다 만족해하는 경우가 많다. 공정사회를 부르짖으며 칼을 쉽게 빼들어도 안 되겠지만, 칼을 뺐다하여 무라도 잘라야 한다는 식으로 무의미한 칼질을 해서는 안 될 일이다. 비정상을 정상으로 개선해야 한다며, 정상을 비정상으로 바꿔놓는 우를 범해서는 안 된다. 부조리나 비정상은 내용을 개선할 일이지 명칭을 바꾼다고 되는 일이 아니다. 개를 반려견이라 하면 버려지는 유기견의 문제가 해결되겠는가.

일상에서 늘 사용하던 단어들을 그저 순수하게 받아들여 그 단어들의 의미를 깎아내리거나 왜곡시키는 일은 멈춰야 한다. 언어에 대한 너무 과장되거나 지나친 포장도 자제해야 한다. 언어는 변하는 것이지만 동물에 짝이란 의미의 말까지 붙이는 것은 지나치다. 키우는 개, 기르는 개, 애견, 애완견, 그것으로 충분하다.

6

교육

— 공교육과 제도·대학·연구 —

체벌과 교육현장

선생님 권위·사기 높이기

무너진 학교, 교사가 살려야

역사과목 수능 지정과 '참교육'

군대문제, 교육으로 풀어야

국가시험 출제오류는 출제위원 탓

사학법 재개정은 국민 뜻인가

교육감은 '능력' 보고 뽑아야

직업 선택 제도적 보장을

졸업·취업 시기 조화롭게

대학발전과 등록금

대학의 성적에 대한 인식 재고해야

대학 오리엔테이션 교내에서 이뤄져야

취업과 대학의 개혁

공간 재배치를 위한 연구 절실

인문학은 바른 인간양성과 국제경쟁력의 원천

외국어는 시기를 놓치면 하기 힘든 공부

4년의 짧은 대학생활, 학업에 빠져보면

총장 직선제 포기는 민주주의 포기

제자 배려 교육행위가 부정청탁 대가라니

학진, 학술지 공인 엄격히 해야

논문이란 창의적 성과를

논문의 현실과 학문의 발전

논문표절은 누구의 책임인가

논문표절은 교수들의 책임이다

모세종의 오피니언

체벌과 교육현장

인천일보, 2006.09.20

학교의 체벌은 없어지는 것이 최상이다. 하지만 언제나 존재하며 가끔 사회문제로 대두된다. 대개 체벌을 한 선생님에게 비난이 쏟아지고, 타 학교에서도 유사한 일이 있다 하며 체벌에 대한 문제제기와 체벌방지 법안을 낸다느니 하며 소동을 벌인다. 본인도 대학 강단에 있다. 교육의 장에서는 때려서라도 고쳐놓고 싶은 생각이 드는 경우가 있다. 대학생쯤 되었으니 말 안 해도 잘할 것 같지만 그렇지만도 않다.

공교육이 무너져 학교의 처참한 모습들이 매스컴에 종종 등장한다. 교실의 모습이 말이 아니다. 수업 중에 잠을 자고 멋대로 돌아다니고, 도대체 선생님들은 무얼 하는 거야 하며 개탄과 분개를 한다. 아니 선생님이 되었으면 사명감을 가지고 학생을 똑바로 지도해야지 저게 뭐야 하며, 우선 선생님들의 교육자적 태도를 지적하게 된다. 학생들이 선생님을 아랑곳하지 않고 제멋대로 행동한다면 그곳에서 바른 교육은 이루어질 수 없다.

청소년들을 그저 이해시키고 좋은 말로 타이른다고 교육이 된다면 얼마나 좋겠는가! 호기심 많고 혈기왕성한 청소년들을 교실 속에 붙잡아놓고 공부만 하라는 교육현실에서, 하라고 해서 고분고분 말

잘들을 학생은 그리 많지 않을 것이다. 획일적 교육이 문제이지, 공부하기 싫은 학생이 있기 마련이다. 하지만 학교는 목표가 있고 규칙이 있고 선생님의 사명감이 있어야 하는 곳이니, 선생님은 학교정상화를 위해 그 책무를 다해야 한다.

요즘 학생들이 누군가를 무서워하고 규칙과 질서를 지키며 그야말로 학생답게 행동하는 시대는 아니다. 물론 이 시대의 학생다움이 무엇인지 생각해 볼 필요는 있겠지만, 도를 벗어난 무절제한 행동들을 거리낌 없이 하는 학생들을 적지 않게 볼 수 있다.

자유에는 책임이 따르지만 아직 성인이 되지 않은 학생들의 자유에는 책임이 동반되지 않는 경우가 많다. 학생이 잘못하면 부모나 담임선생님이 책임도 지고 처리해야 한다. 결국 부모나 선생님은 학생들을 바르게 가르치고 지도할 책무가 있는 것이다. 규칙만 제시하고 말로 타이르면 학생들이 잘 따라주는 그런 학교라면 공교육의 붕괴가 어찌 발생하겠는가? 그렇다면 선생님과 학생 간에는 다소의 긴장관계가 필요하며, 그것이 어떤 형태로 나타나든 교육상의 것이라면 문제 삼는 일은 신중해야 한다.

학생들이 말을 듣지 않는다고 방치한다거나, 수업에 참여치 못하게 한다거나 하면 그것은 학교가 아닐 것이다. 학교는 다양한 학생들이 존재하는 곳이다. 다양한 학생들을 함께 지도해야 하는 상황에서는, 개개인의 사정을 고려하기보다 통일된 규칙을 적용할 수밖에 없다. 그러다보면 본의 아니게 불이익을 당하는 경우도 있게 된다.

우리는 혼내서라도 잘 키워내는 것을 바른 교육이라고 믿어 왔다. 그리하는 교육자를 책임감 있는 교육자라 존경해왔다. 선생님에게 남다른 이성과 도덕을 요구하는 것은 욕심이다. 방법이 틀렸을 수도 있지만, 체벌로라도 학생들을 바로잡겠다는 선생님이 있다면, 그가 가장 사명감이 있는 선생님일 수도 있다.

남녀 학교를 불문하고 여선생님 비율이 높아 다양한 학생들의 생활지도에 어려운 부분이 많을 것이다. 불이익을 감수해서라도 도를 넘는 학생들을 강력하게 지도하겠다는 선생님들의 행동은, 그것이 체벌이든 뭐든 비판의 대상일 수만은 없다. 물론 선생님의 도를 넘는 행동은 비난받고 처벌받아 마땅하다. 하지만 학생들의 도를 넘는 행동도 어떤 선생님인가는 교육해야 하는 것이 현실이다. 선생님이 포기하고 방치하면 그 학생들은 누가 떠맡겠는가? 권위는 질서유지에 불가결한 것이다. 말만 가지고서 서는 권위는 없다. 선생님의 권위는 지키려는 행동이 있을 때 지켜지는 것이다. 체벌이 능사는 아니지만 불가피하게 그 행동이 체벌과 같은 것일 수도 있는 것이다.

교육현장은 사태의 결과만을 놓고 단순하게 생각해서는 안 된다. 그렇게 보면 가해자와 피해자의 개념만이 남아, 교육과정 중에 있을 수 있는 상황들이 흑백논리로 가려지게 된다. 교육과정 중에는 달콤한 경우도 있고 혹독한 경우도 있다. 혹독한 경우 하나만을 놓고 판단하는 것은 옳지 않다.

청소년기는 방황도 하고 저항도 하는 시기이다. 부모나 선생님에게 호되게 혼나기도 하면서 그런 시기를 넘기는 것이다. 선생님은 일에 책임을 져야 하는 사회인으로 이성을 가지고 학생지도에 임해야 한다. 사회가 비판한다 해도 교육적 책임감에서라면 오히려 사랑의 체벌을 가하는 용기도 필요한 것이다. 학교의 붕괴현상 속에서 학교의 문제는 이미 사회전체의 문제로, 이를 학생과 선생님만의 문제로 돌리는 것은 옳지 않다.

선생님 권위·사기 높이기

  학교의 개혁이 선생님의 부조리 척결과 학생의 권익 보호에 초점이 맞춰져 온 이래 선생님의 권위는 땅에 떨어지고 학생, 학부모 관련 단체의 주장과 이에 동조하는 언론 보도만이 살아 움직이고 있다. 좋은 학교를 만들기 위함이었겠지만 결과는 참담하기만 하다.

  공교육이 무너졌다 하면서 이를 바로잡는 일에는 별 관심이 없다. 어른은 고사하고 선생님의 말조차 듣지 않는 학생들의 잘못됨을 지적하면서도 작은 실수 하나만 드러나도 흥분하여 학교와 선생님을 몰아세운다. 사적 주장이 공적 이익에 우선할 수는 없다. 학생들의 일탈이 공교육을 붕괴시키고 있음에도 학생의 자유와 인권을 잘못 적용하고 있다. 다수를 교육할 때 소수의 난동과도 같은 행동을 제지하지 못한다면 전체를 대상으로 하는 공교육이 정상적으로 이루어질 수 없다. 정상적인 교육이 이루어져야 학교로서의 역할을 하는 것이다.

  정상적인 학교를 세우는 일이 모든 것에 우선해야 한다. 학생의 인권 보호가 된들 학교가 학교로서의 기능을 잃게 되면 무슨 의미를 갖겠는가. 학교를 바로 세우는 일이 일탈된 자들의 인권 보호 때문에 기능하지 못하게 된다면 공교육은 폐하고 개인들이 알아서 해야 하는 사교육만이 남아야 할 것이다. 공교육이 필요한 것이라면 학교 밖에 있는 자들의 현실을 외면한 교육 철학의 전개는 자제되어야 한다.

청소년들의 탈선이 도를 넘은 지 오래이다. 선생님의 권위를 누르고 학생의 인권을 신장시켜야 했던 흐름이었다면 이젠 반대의 사이클로 가야할 때이다. 가정에서 돌보지 못하는 자식교육을 학교에서 담당해야 하는 시대적 상황에서, 학부모나 사회는 조급함이 아니라 느긋함을 보여야 한다. 자기 자식의 불편부당이 있다 하더라도 학교 교육의 정상화를 위해서 참고 지켜봐야 한다. 길게 보면 그것이 자식을 바르게 키우는 일이 될 것이다.

한국의 미래를 짊어지고 나갈 학생들의 최소한의 정상적인 교육을 위해 매를 들어야 한다면, 설령 가혹해 보이더라도 감수해야 하는 것인지도 모른다. 질서는 고도의 시민의식이나 위반했을 때에 받게 되는 처벌의 두려움으로부터 생겨난다. 본분을 벗어났을 때 돌아오는 벌이 본분을 지키게 하는 효과를 배척만 해서는 안 된다. 모든 학생을 긍정적으로 보아야 하지만 긍정적으로 보는 것과 긍정적인 사람을 만드는 것은 구별해야 한다.

학생들의 질서 파괴가 심각한 지경에 이르렀고, 선생님을 옭아매어 사명감을 잃게 한 상황에서, 학교를 정상화하기 위해서는 학생을 자제시키고 선생님의 위엄과 사기를 높이는 대전환이 필요하다. 아직도 학교와 선생님들의 부조리한 관행이 사라진 것은 아니겠지만, 그렇더라도 학생의 일탈에는 눈을 돌리면서 그들을 교육하는 선생님에 대해서는 마치 선한 학생들을 나무라고 벌하는 집단처럼 매도하는 것은 옳지 않다. 학생들의 일탈을 제지하지 못하는 상황을 방치한 채 정상적인 교육을 기대할 수는 없다. 교육은 현실이다. 학생이 선생님의 말에 따를 수 있도록 하는 제도가 붕괴된 교육을 살리는 첫걸음이다.

죄를 지으면 그에 상응한 벌을 받아야 한다. 학교라 하여 모든 것을 덮어줄 수는 없다. 규칙을 위반하고 타인에 해를 가하고 상식을 초월하는 일탈 행위를 저지르면 그에 따른 처벌은 불가피하다. 물론 학교란 불완전한 청소년을 올바른 사람으로 키워내야 하는 곳이기에, 학생의 실수나 잘못에도 관용이 먼저여야 한다. 그렇다고 교육적 차원에서의 제재가 필요 없는 것은 아니다.

학교만이 미성년자의 교육을 책임져야 하는 곳이다. 학교가 가정과 같은 따뜻함과 사회와 같은 냉정함을 동시에 가져야 하는 이유이다. 따뜻함은 사랑과 관용으로, 냉정함은 주의나 때론 처벌로 행하는 것이 아니겠는가?

무너진 학교, 교사가 살려야

인천일보, 2012.02.02

　모든 행동에 책임을 져야하는 성인과 달리, 미성년자는 사회의 보호하에 있다. 미성년자인 청소년, 학생들은 성년이 될 때까지 자의든 타의든 부모와 학교선생님의 말을 들으며 자라야 하고, 성년이 아니기에 어지간한 잘못이 있어도 처벌보다는 관용이 우선시 되어야 한다. 학생들의 잘못에 처벌보다 관용이 베풀어진다는 것은 교육과 지도로 해결이 된다고 보기 때문이다. 즉 학생의 잘못이란 성인처럼 심각하지 않을 것이며, 잘 지도하면 반성하고 뉘우칠 것이라는 전제가 깔려 있는 것이다.

　하지만, 이런 전제들은 모두 빗나가 학생들의 행동이 그저 한때의 장난이 아니라 보호받고 있는 범죄처럼 되고 말았다. 공교육 붕괴와 학생들의 일탈행동이 한국의 장래를 암울하게 만들고 있다.

　교사의 사명감, 권위, 소신을 말살하기만 하던 기관들이 학교 폭력사태가 심각해지자 부랴부랴 학생들을 감시·감찰해야 하는 집단인 양 각종 대책을 내놓으니 다행스러운 일이어야 하는데 오히려 어이없기만 하다. 무너진 교육현장을 알면서도 무슨 일이 벌어지기만 하면 학교와 교사들을 압박하던 모습과는 정반대이다.

　망가진 학교현장을 알면서도 학생의 인권, 자율권 신장에만 목소리를 높여왔다. 학교문제를 대부분 학교와 교사의 잘못으로 치부하더니, 언제 그랬냐는 듯이 소란을 떨며 가해학생을 구속하고 처벌하겠다니 소 잃고 외양간 고치기가 따로 없다. 언제나 더 큰 문제가 발생해야만 겨우 깨닫는다.

학생의 권리만을 주장하여 학교나 교사를 몰아붙이던 단체나 이에 동조해 호들갑을 떨며 보도하던 방송프로그램에서는 아무런 말이 없다. 학생이 선생님을 신고하면 무조건 달려가 학생들 앞에서 선생님을 몰아세우던 기관이나, 교육적 체벌이 있을 수 있음에도 그에 대해 무조건 잘못됐다 선생님을 내몰던 각종 단체들의 반성의 소리도 없다. 선생님의 행동에는 민감하게 반응해 모든 책임을 그쪽으로 돌리더니, 학생들의 잘못이 곪아터져 돌이킬 수 없는 상황이 되었는데 학생들에 "문제 있다"라는 말 한마디 제대로 못하고 벙어리처럼 입 다물고 있다.

지금처럼 엉망진창이 된 교실은 말할 것도 없고 따돌림 당하고, 맞고, 급기야 자살하는 학생들이 나오고서야 겨우 학교현장을 되돌아본다니 정말 어처구니가 없다. 학생을 바르게 교육하기 위한 어떤 행위도 범죄행위가 되어 감옥에 가게 하는 것보다는 나을 것이다. 학생들이 모두 선하다는 전제보다는 학생들을 모두 선하게 만들려는 것이 진정한 교육일 것이다.

학교에서 학생들을 가르치고 지도하는 것은 선생님이다. 선생님은 그야말로 지덕체의 교육을 해야 하는 것이다. 덕인 인성을 함양함에 있어서는 변화하는 학생들의 행태를 파악하고 그에 맞는 교육을 해야 하지만, 선생님들의 책임감 있는 행동 없이는 제대로 이루어지기 어렵다.

거칠어지고 다양해진 학생들 교육에 어떤 선생님이 적절한지 고민하고 대안도 마련해야 할 것이다. 모두가 좋은 말로만 해서 듣는다면 좋겠지만 이미 그런 시대는 아니다. 거칠어진 풍토의 다양한 학생들에게는 상황에 맞는 다양한 교육방법이 필요하다. 다양한 칭찬도 다양한 제재도 필요한 것이다. 잘못한 학생을 다른 학교로 떠넘기듯 전학시킨다니 황당하다. 잘못을 뉘우치거나 반성하지도 않은 상황에서 다른 학교로 보내지면 더 큰 문제가 발생할 것은 뻔한 일이다. 공교육은 다수의 선을 위한 것이다. 불가피한 희생이 따른다 해도 다수의 선을 깨는 소수는 막아야 한다. 죄를 지으면 처벌받는다는 것을 모두 알지만 그래도 범죄는 끊이지 않는다.

일회적인 안이한 대처로는 학교문제를 해결할 수 없다. 교육자는 눈치 보지 않고 옳은 일을 행하는 신념이 있어야 하고, 교육계의 리더는 그들의 신념이 훼손되지 않도록 외풍을 몸으로 막아내야 한다. 교사의 교육적 행동을 재단하려 했던 기관이나 단체도 학교나 교사의 말에 귀를 기울여 학교 스스로가 공교육을 회복할 수 있도록 도와주는 것만이 학교문제를 풀어갈 수 있는 궁극적 방법이 될 것이다. 타기관이 언제까지나 학교만 쳐다보고 있을 수는 없는 일이기 때문이다.

역사과목 수능 지정과 '참교육'

인천일보, 2013.09.12

역사교육은 필요하다. 그렇다고 역사교육이 다른 교육보다 더 절실하다고는 생각하지 않는다. 한국인이 한국의 역사를 안다는 것은 필요한 일이다. 하지만 역사를 알아야 한국을 지킬 수 있다든지, 따라서 역사과목을 대입수험의 필수로 해야 한다든지 하는 일은 그 자체가 교육에 대한 왜곡된 시각일 수 있다.

국·영·수가 대입수능 필수과목이지만 국어에 대한 의식이 높아진 것도 아니고, 영어는 여전히 세계에서 가장 못한다고 한다. 수학 또한 세계적 수준이 아니다. 논술과목이 입시에 추가됐지만 예전보다 글쓰기가 나아졌다는 증거도 없다. 타오르는 사교육 시장에 기름만 부었을 뿐이다.

역사에 대한 인식만이 국가의 안위를 지키는 것은 아니다. 역사를 중시하고 잘 알던 자들이 해온 정치에서 우리는 일본의 침략에 나라를 잃고 전쟁으로 분단을 맞아 지금과 같은 작은 나라가 됐다. 국가를 지키고 남북도 통일시키고 우리가 해야 할 일은 참으로 많다. 하지만 국민들이 역사를 알아야 이룰 수 있다는 말은 논리의 비약이다. 독립만세운동을 역사를 통해 배웠기에 한 것도 아닐 테고, 독도를 지키자는 국민의 행동 또한 역사를 더 많이 알아서 하는 일도 아니다.

국민들이 스포츠에 열광하지만, 교육을 받아서 그리 되지는 않는다. 한국인으로 살면서 필요한 때에 역사 이슈에 대한 사실들만 잘 환기해도 애국은 역사교육 유무에 관계없이 국민들이 보일 수 있는 당연한 행위이다. 학교 교육이 아니더라도 국민들이 관심을 갖는 곳에서 역사의식은 고취될 수 있다. 좋은 영화나 드라마, 다큐멘터리 등을 통해서도 국민들은 역사에 대한 좋은 지식과 교훈을 얻을 수 있다.

역사 공부를 통해 한국의 현실을 되짚어보며 우리의 정신을 바로잡는 계기로 삼을 수도 있겠지만 침탈의 수난사를 통한 역사의식 고취가 역사 교육의 목표는 아닐 테고, 역사가 그런 것만을 주로 가르치는 과목도 아니다.

국가의 통일, 멸망, 해방, 분단 등이 모두 타국의 힘에 의해서였다. 당면한 조국통일 문제 또한 타국의 힘에 좌우되어 자구책 하나도 내놓기 힘든 형편이다. 이 모든 것이 역사에 정통한 학자이자 정치가들의 무능과 부패, 권력다툼에서 비롯됐음을 우리 모두 역사에서 배우건만 역사의 교훈은 없었다. 작금의 정치 행태나 사회 각 분야의 기득권 싸움도 역사에서 본 망국 행위의 되풀이와 같다. 역사에서 배운다고 되는 것이 아님을 극명하게 보여주고 있다.

좋은 교육을 받아도 사회에서 보여주는 현실과 맞지 않으면 교육의 의미는 퇴색하고 만다. 국가를 지키는 것은 국민의 건전한 정신에서 나오는 것으로, 역사교육 강화로 얻어지지는 않는다. 사회를 건전하게 만들고 공교육을 정상화시키는 것이 해법이다. 학교 교육을 정상화하면 역사뿐만 아니라 더 홀대를 받는 교과목도 정상적으로 교육을 할 수 있게 되어 건강한 인간을 만들어낼 토대를 마련할 수 있을 것이다.

역사과목 수능필수 지정은 정치가들이 애국자인 양 괜히 목소리를 높이는 것이지 참교육을 위한 발상은 아니다. 학교에서 가르치는 교과목은 모두 필요한 것으로 학생 모두 잘 알아야 한다. 학교 음악수업이 없었으면 애국가도 못 불렀을 것이다. 초·중·고 때 배우지 않으면 사회에 나와서는 영영 접해볼 수 없는 것이 대부분이다.

그러니 결국 초·중·고의 다양한 교과목은 인생의 마지막 교육이 되는 아주 중요한 과정이다. 꼭 필요한 수업들이 수능 탓에 파행을 겪는다면 수능과 대입제도를 개선해야지, 수능 과목의 손질은 교육 정상화의 포기일 뿐이다.

군대문제, 교육으로 풀어야

한국일보, 2014.10.01

군대 내의 사건, 사고가 끊이지 않고 있다. 국가안보를 책임져야 할 군대가 이대로 괜찮은지 국민들의 우려가 큰 상황이다. 대책을 내놓기 위한 군의 움직임이 부산하지만 근본적인 해결책이 나올지는 의문이다.

최근의 사건들은 이미 군에서 흔히 일어나는 일이 되어 관심병사들의 문제만도, 군 지휘체계나 지휘관의 병사관리의 문제만도 아닌 것 같다. 군인이 되는 젊은이와 그를 키워내는 한국 사회 모두의 문제인 것 같다.

군대란 개인의 의사와 상관없이 일정기간 국가를 위해 목숨을 맡기고 의무복무를 해야 하는 곳이다. 경우에 따라서는 개인의 자유나 인격 등이 우선순위의 최하위에 놓일 수도 있다. 자신의 뜻과 상관없이 타에 맞춰야 하는 곳이 군대인 것이다.

어려서부터 예절도 모르고 남의 지시도 받지 않고 참을성도 없이 자란 자들이 군대에 간다 해서 갑자기 변해 군대생활에 적응할 수 있으리란 기대는 잘못이다. 그저 간섭받지 않고 하고 싶은 대로 하는 생활에 익숙한 자들이 자유가 제한되고 통제받는 생활을 쉽게 이겨낼 리 없다.

인격과 자율권이 잘못 반영되어 선생님의 말을 듣지 않고 제멋대로 행동해도 내버려둬야만 하는 교육현실하에서 상관의 지시에 따르고 어려운 환경을 극복해낼 수 있는 자들이 만들어지기란 어려울 것이다.

그런 자들이 성장해 군대에 가야 하는 상황에서 군대 내 사건, 사고가 줄어들 수 있을지 의문이다. 상당수의 관심병사가 있다는데, 과연 그들만이 관심병사이고 그 외에는 모두 괜찮은 것인지, 그렇다면 다행스러운 일이지만, 혹 대부분이 관심병사와 비슷한 것은 아닌지 우려스럽기만 하다.

세 살 버릇 여든 간다는 우리의 속담을 되새겨 볼 때이다. 어려서부터 어려운 환경도 이겨낼 수 있는 교육을 받아야 힘든 군 생활에 대한 적응력도 높아질 수 있고, 남을 괴롭혀서는 안 된다고 교육을 통해 강하게 배워야 타인에 대한 구타나 가혹행위도 줄어들 수 있는 것이다. 잘못 들인 버릇을 부모가 괜찮고 학교가 참는다고 해서 군대나 사회마저 그를 용인하지는 않는 것이다. 가정과 학교, 그리고 사회에서 한 인간이 바른 인격체로 성장할 수 있도록 하는 교육만이 젊은이들의 건전한 미래를 이끌 수 있다.

결국 병영문화를 바꾸는 일보다 더 중요한 것은 변해버린 젊은이들을 바로잡는 일인 것 같다. 그렇지 않으면 개선되는 새로운 병영문화가 오히려 인내심 없는 군인들에게 병영생활을 더욱더 견딜 수 없게 만들지도 모른다.

병영문화의 개선책은 매우 중요하고 시급하다. 하지만 군대란 군인다운 군인이 있어야만 존재의의가 있다는 것을 간과해서는 안 된다. 북한과의 대치는 물론 주변국과의 관계를 생각하더라도 한국의 군대는 강해야만 한다. 경제력이 뒷받침되어 군 장비를 최고의 수준으로 갖춘다 해도 우수한 군인이 없어서는 무용지물일 뿐이다. 지금 우리 사회는 의무를 당당히 해낼 젊은이를 키우지 못하고 있다.

시대변화에 상관없이 어떻게든 군 생활에 잘 적응할 수 있는 인간을 만들어내 우리 군이 관심병사가 아닌 우수 병사들로 구성될 때 한국과 한국민이 지켜질 수 있다는 사실을 우리는 결코 잊어서는 안 될 것이다.

결국 우리의 젊은이들이 건강하고 건전하게 성장할 수 있도록 하는 교육만이 작금의 군대문제나 사회문제를 풀 수 있는 근원책이다. 군대를 갔다 와야 사람이 된다고 했는데, 다시금 그런 말이 유효한 시대를 기대해본다.

국가시험 출제오류는 출제위원 탓

인천일보, 2014.11.24

　우수한 전문가라고 철석같이 믿고 맡긴 수능출제위원들이 학생들마저 오류라고 지적할 수 있는 문제를 출제하여, 또다시 국가시험의 신뢰도를 실추시키고 있다. 수능시험 출제오류는 시험이 종료되기가 무섭게 어김없이 등장하여, 매년 강구하고 있을 재발방지책을 한방에 무너트렸다. 결과를 지켜봐야 하겠지만, 출제오류라는 지적이 나와 재검토한다는 것 자체가 수능출제의 실패일 수밖에 없다. 출제위원들을 제대로 선정하지 못한 당국의 책임은 면할 수 없겠지만, 출제오류는 출제위원들의 잘못일 수밖에 없다. 전문성이 떨어지는 출제위원이 아니고서야 그렇게 매번 출제오류가 나올 수는 없다.

　국가시험이란 출제에 한 치의 실수도 용납될 수 없는 것이다. 시험문제는 여러 명의 출제위원들이 신중을 기해 만들고 검토에 검토를 거쳐 완벽하다고 해서 결정되는데, 거기에 오류가 나온다는 것은 출제위원들의 전문성 부족이 아니고서는 달리 변명할 길이 없을 것이다. 시험문제란 모든 오류의 가능성을 열어두고 단 1%의 이견이라도 나올 수 있는 문제는 당연히 배제되어야 한다. 사물을 보는 시각은 다양한 것이니, 시험이란 그 다양한 시각을 다각도로 반영하여 수험생들의 능력을 평가하면서도 어떤 경우에도 오답이어서는 안 되는 문제를 출제해야 한다. 수능시험은 그 결과로 대학입학의 당락이 결정되는 민감한 것이므로 오류는 물론 변별력까지 감안한 문제가 출제되어야 하는 것인데 변별력이 떨어지는 문제를 내는 것도 출제의 실패나 다름없다.

결국 모든 상황을 종합적으로 고려하여 출제오류를 범하지 않을 최적의 전문가들을 출제위원으로 위촉하는 것이 출제오류사태를 막을 수 있는 최선책임을 간과한 결과이다. 대학의 교수라고 모두가 출제위원으로 충분하리란 생각은 전문가 집단을 잘 모르는 지나친 신뢰일 것이다. 전문가라 하여 그 전문능력을 모두 다 신뢰받을 수 있는 것은 아니다. 또한 능력이 출중하다 해도 시험출제에 적절치 않은 전문가도 있을 것이다. 출제위원 선정에 전문가적 식견이 요구되는 대목이다. 반복되는 출제오류 사태에서 보건데 최적의 전문가를 위촉해야 하는 당국의 출제위원 선정방법은 개선할 필요가 있을 것 같다.

법원의 판결도 1심이 2심에서 뒤집히곤 한다. 판사들의 판결도 다 옳은 것이 아니라는 말이다. 의사를 잘못 만나면 멀쩡한 환자도 죽어 나온다는 말이 있다. 빈번한 의료사고를 보면 이도 틀린 말은 아닌 것 같다. 수능 출제 위원도 잘못 선정하면 출제오류는 얼마든지 발생할 수 있다는 이야기이다. 전문가의 질이 잘 관리되지 않았는데 그저 전문가라 해서 무조건 신뢰를 하다가는 낭패를 보기 십상인 것이다.

결국 반복되는 국가시험의 출제오류는 출제위원 선정의 실패일 것이다. 출제위원 선정이나 출제과정이 공평하고 투명한지의 기준도 출제위원의 능력이 담보되지 않으면 아무런 의미가 없는 것이다. 국가시험이 공신력 있는 것이 되기 위해서는 출제위원을 전문가 집단에서 능력과 경험이 철저히 검증된 자들로 구성해야만 한다. 제대로 된 출제위원 선정 없이 출제오류의 재발을 막기는 어려울 것이다.

모든 국민이 어떤 병원의 어떤 의사라도 믿고 찾을 수 있고, 어떤 법관의 판결이라도 납득할 수 있으며, 또한 어떤 출제위원이 출제한 문제라도 신뢰할 수 있도록 하는 국가의 전문가 구축 및 운영 시스템을 바로잡는 것이 또 하나의 부조리한 사회를 개선하는 길일 것이다.

사학법 재개정은 국민 뜻인가

인천일보, 2006.10.04

　개정된 사립학교법에 대한 논란이 끊이지 않는다. 개정한 법을 놓고 다시 개정해야 한다며 일부 사학법인과 야당의 저항이 이만저만이 아니다. 한국인의 교육에 관한 열정과 관심은 세계 최고라고 일컬어진다. 그런데 그런 우리 국민 대다수가 사학법 재개정에 별 반응이 없으니, 재개정할 필요가 없다는 것인지 조금은 의아하다.

　간혹 정치가들은 국민들이 자세히 알지도 못하고 관심도 없는 사항들을, 마치 찬성이나 반대를 하는 듯이 몰고 가며, 여론을 자신들의 입맛대로 이끌어간다. 그런 정치가들을 지지하거나 추종하는 세력들은 그에 맞추어 시위도 해가며, 정말 어떤 법안들이 잘못이나 된 것처럼 목소리를 높이고 결국 여론몰이에 이용된다. 하지만 관계 당사자도 아니고 정보나 관심이 없는 상당수의 국민들은, 그 법안으로 무엇이 어떻게 되는지 별 신경을 쓰지 않는다. 정부가 비민주적이고 부패한 사학의 개혁을 위해 사학법을 개정했나보다 하며 지나칠 사람들이 더 많을 것이다. 혹 현 정부에 실증을 느낀 사람들이라면 법안의 내용에 관계없이 그냥 반대하는 경우도 있을 것이다.

　국민들이 개정된 사학법에 대해 바르게 이해하고 사학법 재개정에 대한 여론을 형성한다면, 사학법은 재개정하여 보다 나은 법으로 바꿔야 할 것이다. 하지만 해당 단체들의 이권싸움에 국민들이 영문도 모르는 채 휘둘리는 경우가 되어서는 안 된다. 개혁에는 저항이 많다. 기득권을 빼앗기는 측은 나름의 논리로 저항하지만 대개는 자신들에 유리하거나 필요한 부분만을 부각시켜 그것이 전체인 양 항변하는 경우가 많아 시대흐름에 역행한다는 평을 면하지 못하고 있다. 사학법 재개정 논란이 국민을 위한다면서 내실 기득권층 보호에 전력을 다해왔던 구시대적 정치인들의 반복된 모습이어서는 안 될 것이다.

공교육이 무너졌다는 소리는 어제, 오늘의 일이 아니다. 무너진 공교육을 바로잡기 위해 어떤 학교가 학교차원에서 독자적으로 노력했다는 소리는 들어보지 못했다. 언제나 건학이념의 숭고함을 주장하는 사학재단에서조차 그런 이야기는 별로 들을 수가 없다. 정상적인 일은 화제가 되지 못하니 알려지지 않는다. 하지만 좋은 일이나 나쁜 일들은 뉴스로든 소문으로든 들려오기 마련이다. 공교육 붕괴를 개탄하여 사학재단에서 특단의 대책을 내놓아 이를 극복하려 했다는 소리는 듣지 못하지만, 사학비리라며 사학재단의 부조리나 부정, 악행 등은 뉴스에 끊이지 않는다. 의혹이 제기되어 조사를 받는 사학재단마다 사실로 드러나는 엄청난 비리에 놀라움을 금할 수 없다.

사학건립에는 설립자의 숭고한 이념이 있을 것이다. 국가의 미래를 짊어지고 나갈 인재양성기관인 학교설립에 철학과 이념이 없어서야 말이 되겠는가. 사학의 건학이념은 마땅히 존중되어야 하며, 사학은 건학이념을 충실하게 구현해야 한다. 그런 의미에서 사학재단은 숭고한 건학이념 구현을 위해 나름대로의 노력을 해왔을 것이고, 건학이념이 구현된 훌륭한 사학재단들이 많이 탄생했어야 마땅하다. 하지만 실상은 그렇지 못한 것 같다. 물론 훌륭한 사학재단이 전혀 없다는 것은 아니다. 가끔 사학의 건학이념을 이야기하며 개정된 사학법이 이를 훼손한다고 주장한다. 건학이념을 구현하기 위해 행해온 사학재단의 선행과 미덕을 많은 국민들이 잘 알지 못한다.

개정사학법이 건학이념구현에 방해가 된다니 지금까지 건학이념으로 무엇을 해왔는지, 지금까지 잘해오던 건학이념구현에 개정사학법이 무슨 악영향을 끼치는지 모든 국민에게 제대로 알려주어야 할 것이다. 건학이념 훼손을 말하기 전에 건학이념 구현을 위해 무엇을 했는지 되돌아봐야 한다. 공교육의 붕괴와 만연된 사학비리는 건학이념구현의 거부이자 실패를 의미하는 것이기 때문이다.

학교는 모든 국민 한 사람 한 사람을 키워내는 교육의 장이다. 건전한 사학재단의 모습은 일부가 아니라 반드시 전체 사학재단의 모습이어야만 한다. 건학이념의 구현은 바르고 깨끗한 교육의 장을 만드는 것이다. 학교운영에 누가 영향력을 행사할 것인가 하는 권력투쟁적인 사고로는 민주적이고 건전한 사학을 탄생시키기 어렵다. 사학법 재개정이 공교육을 정상화시키고 사학을 살리는 길일 수만은 없다.

교육감은 '능력' 보고 뽑아야

인천일보, 2014.05.28

선거철만 되면 후보단일화가 단골메뉴로 등장한다. 야당 간 단일화가 주류를 이룬다. 하지만 정당공천도 없는 교육감 선거에서 단일화는 생각해볼 문제이다. 더구나 이념적 색채로 단일화 논의가 진행되다 보니, 진보진영의 단일화가 결정되면 나머지는 본의 아니게 보수진영 단일화 논의 테이블에 앉아야만 한다. 보수와 진보로 나뉘어 단일화를 강요받는 모양새다. 여당과 야당에서 공천이라도 받는 듯한 행위이다. 교육감 선거에서 보수와 진보라는 대립구도는 국민 분열을 부추기는 정치판 싸움으로 되기 십상이다.

정당정치를 하고 있으니 당의 공천 없이 선거에 나가기는 현실적으로 어렵다. 당연히 정치에 뜻을 둔 자는 정당에 가입하고 당의 공천을 받기 위한 사투를 벌여야 한다. 공천을 받아 선거에 승리해도 결국은 정당에 예속되어 개인의 소신보다는 당리당략을 위해 한 몸을 던져야 한다. 이런 정당정치 폐해를 지적하며 적어도 교육에서만큼은 정치판에서와 같은 추태가 벌어지지 않도록 하자는 것이 정당공천 없는 교육감선거이다. 그런데 그런 애초 의도와는 다르게 정당의 자치단체장 후보가 교육감 후보와 연계해 선거전을 펼친다면, 모든 교육감후보가 정당과의 관계를 제일의 선거 전략으로 내세우며 정당정치에 편승할 수밖에 없다.

교육감은 인물로 선출해야 한다. 교육감 선거를 억지로 보수와 진보의 틀 속에 집어넣어 여야의 정치싸움처럼 만들어서는 안 된다. 선거가 보수와 진보의 진영논리에 빠지면 검증해야 할 능력이나 자질 등을 정작 평가할 수 없다. 보수와 진보의 단일화가 거부할 수 없는 상황으로 전개된다 해도, 한국의 미래를 좌우하는 교육계의 수장은 균형 감각이 있는 훌륭한 인물을 선택해 미래를 내다보는 통찰력으로 보수와 진보적 가치를 상황에 따라 선택적으로 구현하도록 해야 할 것이다.

교육계가 극한대립을 보이는 정치에 예속되면, 정치권의 흑백논리 진흙탕 싸움에 가세할 수밖에 없어 교육정책에 불협화음이 일고 만다. 교육감 선거에 보수나 진보의 대표가 정해진다 해도 이념의 잣대가 아니라, 교육기관 수장으로서 능력과 자질을 평가하는 선거이어야 백년지대계의 교육을 실현할 제대로 된 교육감을 선출할 수 있다.

정치권은 교육감 후보를 정당 간 대리전처럼 만들려는 태도를 버려야 한다. 오히려 여당이든 야당이든 양당이 다 지지할 수 있는 적임자가 나오도록 환경을 만들어야 한다. 여러 당의 지지를 얻은 후보가 복수로 나와 그들이 인품과 능력과 공약 등으로 국민들의 평가를 받는 선거로 된다면, 정당의 색깔과 관계없는 교육감이 선출된다. 그러면 어느 당 사람이 자치단체장으로 되든 서로 협력이 가능하며, 교육정책을 소신 있게 펴나갈 수도 있다. 또한 어느 당으로부터도 지지를 받지 못한 자가 선거에 나오기는 어려울 테니, 후보 난립은 정당의 지지 유무로 자연스럽게 정리할 수도 있다.

거대한 교육계를 교육감 1인이 이끌어가는 구조인 만큼 그 리더십의 중요성은 정말 크다. 다행히 최근 교육감 선거가 안방 잔치에서 벗어나 대학교수, 총장, 장관 등 중량감 있는 인사가 나서고 있어 교육감의 위상은 물론 교육계 발전에 매우 고무적이다. 하지만 커다란 조직을 이끌었다고 무조건 긍정적일 수만은 없다. 재임 중 과오나 부정은 없었는지, 지역사회 발전을 위한 소통과 기여는 있었는지, 구성원들의 지지 속에 조직을 성공적으로 발전시켰는지 등의 종합적 검증을 해야 할 것이다.

직업 선택 제도적 보장을

인천일보, 2006.07.11

사람은 누구나 환경의 지배를 받아 주어진 환경에 맞추며 행동하게 된다. 대통령이 되면 대통령으로서, 선생님이 되면 선생님으로서 필요한 덕목을 갖춰가며 행동한다. 사람들이 처음부터 어떤 지위에 맞는 능력과 소양을 갖추고 시작하는 것은 아니다. 누구나 지위나 자격이 주어지면 그에 맞도록 자신을 다듬고 갖춰가는 것이다. 그렇다면 많은 직업에 반드시 특정대학이나 대학의 특정학과를 나와야만 잘할 수 있다는 생각은 설득력이 떨어진다.

개인적 노력으로 이룰 수 있는 것이라면 모든 사람에게 동등하고 공평한 기회를 주어야 한다. 어떤 분야의 직업도 필요한 조건이 구체적으로 제시되면 그 일을 하려는 사람들은 그에 맞추어 준비할 것이다. 그 직업이 고도의 능력을 요구하면 그 능력을 갖추기 위해 노력할 수 있다는 것이다. 군인이든 경찰이든 선생님이든 그 누구든 하고 싶으면 할 수 있도록 하면 된다.

직업에 요구되는 능력과 덕목이 있다면 그를 제시하라. 그러면 그 직업을 얻고자 하는 사람은 그를 위해 노력하고 준비할 것이다. 처음부터 불가능하게 하는 형식적인 자격제한은 있을 수 없다. 무엇보다도 신뢰와 도덕성이 요구된다는 법관도 반드시 법대를 졸업해야만 되는 것은 아니다. 대학조차 나오지 않아도 법관이 되어 그 역할을 훌륭히 해내는 경우는 적지 않다.

한국의 교육수준이나 생활수준은 이미 세계적이다. 못 살던 구시대의 교육제도는 과감히 버려야 한다. 못살던 시대에는 필요한 인재를 국가가 직접 양성했지만 이제는 그럴 필요가 없다. 그리고 국민의 세금을 들여 양성하고 그 취업까지 보장하는 특수대학이나, 특혜가 되고 있는 단과대학의 존치는, 다른 이들에게 국가가 취업기회를 박탈하는 불공평한 제도일 수밖에 없다.

모든 사람이 다양한 능력을 갖추고 사회진출을 꿈꾸고 있다. 대학을 마치고 자신이 일하고 싶은 분야를 선택할 수 있도록 가능한 모든 분야를 개방해야 한다. 어떤 분야든 능력을 갖추고 있으면 할 수 있는 것이다. 특별히 보강되어야 할 능력이나 소양이 있다면 뽑은 후 그에 필요한 교육을 시키면 될 것이다. 지금의 무너진 공교육 붕괴현상을 보더라도, 현재의 대학시스템만이 훌륭한 교사를 양성할 수 있다는 사고는 최상일 수 없다.

대학교수들은 교원자격증을 필요로 하지 않는다. 하지만 교원자격증이 없다는 것이 교수의 교육의 문제점으로 지적받지는 않는다. 오히려 요즘 같으면 초·중등교육에서 이루어져야 할 인성교육마저 대학에서 시키는 경우도 적지 않다.

교직자로서의 인품은 스스로 일을 수행하면서 갖출 수 있다. 미국에서 영어를 전공하고 남다른 영어 능력을 갖춘 자가 대학의 교수는 될 수 있어도 중·고등학교의 교사는 될 수 없는 제도는 전혀 설득력이 없다. 제도의 피해자가 있어서는 안 되겠지만, 기득권을 무조건적으로 주장하는 집단이기주의적 태도 또한 있을 수 없다. 능력을 갖춘 모든 자에게 모든 직업의 문이 열려 있어야 한다.

자격제도는 대학과정이 결정하는 것이 아니라 대학교육을 마친 후에라도 선택할 수 있는 제도로 바뀌어야 한다. 대학 4년간은 자신이 어떤 직업이라도 선택할 수 있는 다양한 공부와 경험을 할 수 있도록 해야 한다. 졸업 후의 진로는 1학년 때든 2학년 때든 3, 4학년 때든 시기에 관계없이 선택될 수 있도록 해야 할 것이다.

급변하는 사회에 대응할 수 있기 위해서라도 모든 분야에 불필요한 규제는 과감히 없애야 한다. 전망이 있어 선택한 전공이지만 전망이 없어질 수도, 적성이 맞지 않을 수도 있는 것 아니겠는가? 그렇다면 그때 다시 자신이 하고 싶은 일을 할 수 있도록 대학의 과정이나 사회의 제도는 유연해야 할 것이다.

대학 4학년이 되어 겨우 진로를 결정해도 결코 늦은 결정이 아니다. 그때부터 진로에 맞는 준비를 하면 되기 때문이다. 노동시장의 유연성을 강조하면서 직업선택의 기회를 박탈하는 것은 절대 안 된다. 그것이 민주사회에 맞는 자격제도일 것이다.

졸업 · 취업 시기 조화롭게

인천일보, 2006.11.29

대학의 2학기가 시작되면 졸업을 앞둔 학생들은 취업준비에 여념이 없게 된다. 수업도 해야 하는데 취업준비도 소홀히 할 수 없으니 바쁘기 그지없다. 대학이 학문의 전당이기보다 취업을 위한 준비과정쯤으로 변모한지 오래이고 보면, 취업을 위해 바삐 움직이는 학생들을 수업에 빠지지 말고 공부에 더욱 매진하라고 말하기도 어려운 실정이다.

대학본부에서도 취업을 장려하기 위해 백방으로 노력하며 교수들에게조차도 취업이 잘 될 수 있도록 힘써 달라고 주문하기도 한다. 학생들의 취업 여부가 대학이나 학과의 명운을 좌우하기도 하니 어떻게 해서라도 취업이 잘되도록 뒷받침하는 것은 당연한 일이다. 더구나 지금이 청년실업이 늘어만 가고 취업의 문이 높아만 가는 시기이고 보면, 졸업을 앞둔 학생들의 취업활동은 오히려 장려해야 할 사항이라 할 것이다.

이런 상황이고 보니 졸업학기가 시작되면 강의실에 학생들의 결석이 눈에 띄기 시작한다. 면접시험에 다녀와야 하기에 수업출석이 어렵다며 말해 온다. 이번에는 취업이 되어 이후의 수강이 불가하다며 상의해 온다. 졸업을 전제로 하여 성사된 취업이다. 졸업을 못하게 되면 취업은 취소되고 만다.

하지만 졸업을 하기 위해서는 강의에 출석하여 일정한 성적을 얻어야 한다. 대학의 강의는 수업일수의 25%를 결석하게 되면 성적을 받을 수 없도록 되어 있다. 즉 낙제점수인 F학점이 되는 것이다.

대개의 학생들은 학점에 여유가 없다. 한두 과목 포기를 하거나 낙제점수를 받아도 졸업을 하게 되는 경우는 흔치 않다. 결국은 수강은 하지 않고 성적만 달라고 요구한다. 좌우간 졸업만 할 수 있도록 낙제점수는 면하게 해달라는 것이다. 규정상 출석미달은 F학점인데 선처해 달라는 이야기이다.

취업이 어려운 시대이고 대학이 취업의 도구처럼 되어버린 상황에서, 취업도 중요하지만 마지막 학기이니 끝까지 수업에 최선을 다하여 유종의 미를 거두라고 말하기만은 어렵다. "취업 됐니? 참 잘되었구나!" 하며 오히려 수업에는 안 나와도 된다면서 축하라도 해야 하는 상황이다. 학생들의 입장에서는 모처럼의 기회를 놓칠 수는 없을 것이다. 교수도 난감하기 이를 데 없다. "안 돼! 졸업 후 취업해!" 라고 말할 수 없는 것이 대학가의 현실이다.

한국의 기업체들이 왜 이리 신입사원 모집을 사회제도에 역행하며 행하는지 알 수가 없다. 기업체들이 대학의 졸업시기를 모를 리 없다. 어떻게 보면 우수사원을 선점해야 할 필요가 있는지도 모른다. 기업체를 운영하는 입장에서는 신입사원을 뽑아 미리 교육시켜 다음 해의 출발에 맞춰야 할지도 모른다. 이해 못할 일도 아니다. 하지만 학교란 졸업 시기가 있는 것이고, 그 시기까지는 해야 할 공부가 있는 것이다. 이를 무시하고 기업체들이 수시로 학생들을 데리고 간다면, 졸업학기의 학사과정은 파행으로 갈 수밖에 없다. 대학의 수시입학으로 한국 고교 3학년의 학사운영이 엉망이 되는 것과 마찬가지이다. 엄연히 졸업하기까지, 해야 할 과정이 존재한다. 해도 되고 안 해도 되는 과정이라면 굳이 운영할 필요가 없을 것이다.

개인적으로야 미리 취업이 되는 것이 기쁜 일이기는 하지만 사회 전체의 조화를 고려한다면 회사의 신입사원 모집과 교육, 정식출근의 시기는 조정되어야 할 필요가 분명히 있다. 굳이 미리 데려갈 필요가 있는 것인지 심사숙고해 볼 문제이다.

조기 취업이 정말로 필요하다면 대학의 전반적인 학사일정을 조정해야 하고, 그렇지 않다면 사회제도에 맞추어 학기가 끝나거나 졸업 후에 회사 출근이 이루어지도록 하는 것이 각계 서로의 부조리와 낭비를 없애는 바람직한 길이 될 것이다.

대학발전과 등록금

인천일보, 2011.06.10

국민들은 어째서 노벨상 수상자가 안 나오느냐고, 세계 100대 대학에 들어가지 못하느냐고 한국의 대학과 연구자들을 질책한다. 국민들의 대학에 거는 기대와 요구는 큰데 그런 대학과 연구자들이 만들어지는 여건에 대해선 별 말을 안 한다.

대학의 발전은 비약적이다. 교육환경 개선을 위해 해마다 많은 교수들이 충원되고, 우수교수를 위한 연구비 및 각종 인센티브도 크게 확대되었다. 세계적 경쟁력을 갖추기 위해 고비용의 영어강의 및 외국인교수 채용도 부쩍 늘었다. 급증하는 국제교류로 교수는 물론 학생의 해외연수 및 인턴십도 증가일로에 있다. 해외유학생들로 넘쳐나는 대학은 다문화학교처럼 된 지 오래이며, 유학생을 위한 장학 및 교육제도도 운영하고 있다. 초현대식 고층건물들이 대학 내 곳곳에 들어서 있다. 학생들의 각종 활동에도 대학의 지원이 미치지 않는 곳이 별로 없다. 급증한 교내구성원들의 급여 및 복지도 개선해야만 한다.

이 모든 것을 재정적 뒷받침이 없이 어찌 이룰 수 있었겠는가. 대학은 재정확보를 위해 다양한 방면에서 발전기금을 모금하고 있다. 교수들에게는 많은 연구비를 수주하도록 독려한다. 대학발전을 위한 총장들의 행보 또한 여느 정치가들에 못지않다. 한국의 사립대학은 학생들의 등록금, 기부금, 연구비 등으로 현재의 모습을 만들어 냈다. 여기에 국민의 세금인 정부지원금이 일부 기여했다면 했다. 그저 예전에 비해 등록금이 몇 배 올랐다라는 지적과 그 비판은 자칫 포퓰리즘으로 비칠 수 있다.

대학의 발전에는 등록금인상률에 비할 수 없을 만큼의 큰 비용이 소요되었다. 그 소요비용을 어떻게 해결할지 논의해야 할 시점이다. 물론 현 대학생들의 어려운 상황을 해결하기 위한 '등록금이 비싸니 동결하라'는 식의 여론몰이가 급한 불을 끄는 단기적 처방이 되어 학생들에게 위안을 줄 수는 있겠지만, 등록금은 많든 적든 어려운 학생들에게 영원한 부담일 수밖에 없다. 돈이 드는 대학을 유지하며 학생들의 부담을 줄일 방법이 정부 등의 재정지원 이외에 딱히 없기 때문이다. 인재양성은 국가의 몫으로, 그 소요비용을 수혜자부담 원칙으로 할 수만도 없다. 정부에 재원이 마련되면 재정지원이 될 것으로 믿지만, 결국은 돈이 드는 대학에 돈이 들어오는 구조를 만들어야 하고, 대학이 미래를 보장하는 투자가치가 높은 기관으로 탈바꿈해야 할 것이다.

기여입학제의 도입을 검토해야 한다. 공평한 사회란 서로 다른 형태의 기여 속에서 이루어지는 것으로, 빈부의 상호보완작용을 위화감으로 생각해서는 평등사회구현은 어려울지도 모른다. 모두가 낸 등록금을 일부에게 나누어 주는 대학의 현 장학제도는 그 기준을 성적순이 아닌 경제적 여건으로 전면 바꿔야 한다. 있는 자들이 공부를 잘하는 사회라면 없는 자들이 공부를 잘하는 제도가 교육기회의 균등을 이루는 길이요, 정의일 것이다.

국립대와 사립대를 동일하게 지원해야 한다. 국립대와 사립대의 학생 간에 능력차가 있다고 생각하는 자는 아무도 없다. 국립대 졸업생들이 국가를 위해 더 희생하거나 해야 할 일도 없는 사회이다. 군인마저도 안정된 직장이라 하여 선호하는 시대로, 이미 국가에서 특별히 인재를 양성해야 할 분야도 명분도 없다. 국립대에 가는 특혜는 사립대에 가야 할 당연한 지원을 가로채는 것일 뿐이다.

대학졸업이 취업으로 이어져 미래가 보장된다면 등록금문제는 크게 대두되지 않을 것이다. 취업이 잘 된다면 돈이 드는 해외연수는 물론 성형마저도 감행하는 시대이다. 많은 돈을 들이는데 졸업 후의 미래가 불확실하다면 대학에 드는 투자에 고민하지 않을 자는 없을 것이다. 대학에 드는 비용은 투자대비 효용가치의 증대만이 그 해결책이 아니겠는가.

대학의 성적에 대한 인식 재고해야

인천일보, 2015.01.27

대학생들이 성적평가방법을 바꿨다며 시위를 한다. 좋은 성적을 받아야하는데 제도를 변경하면 나쁜 성적을 받을 수 있으니, 제도를 유지해야 한다는 요구이다.

성적만 발표되면 학생들은 아우성이다. 학점을 올려줄 수 없느냐는 메일과 전화가 쇄도한다. 별별 사정이 다 등장한다. 성적을 올려주지 않으면 죽을 듯한 애원이다. 낙제인 F학점을 면해 달라는가 하면, 최하위 성적인 D학점을 F학점으로 바꿔달라는 사정도 한다. F학점을 받으면 최종성적표에는 기록되지 않기 때문이다. 설령 나쁜 성적을 받더라도 재수강제도를 통하면 좋은 성적으로 둔갑시킬 수도 있다. 이런 성적표가 학생들의 실력을 가늠하는 기준이 되고 있는 것이다.

성적을 잘 받을 수 있는 과목은 수강신청 전쟁이 벌어지고, 설령 필요하더라도 성적받기 힘든 과목은 기피대상이 되고 만다. 좋은 수업, 선택해야 할 수업이 성적 잘 주고 학생들 편의 잘 봐주는 과목이 되어버린 것이다. 성적을 엄격히 부여해야 한다는 따위는 사치스러운 생각이다. 전혀 유익하지 않은 인기인이 활개를 치듯이 수업도 필요성보다는 그저 학생들의 입맛에 맞아야만 인기 있는 과목이 된다.

합격 불합격으로 평가하기 때문에 그저 앉아만 있어도 성적을 받는 수업, 컴퓨터를 틀어놓고 보고만 있어도 되는 수업들이 학생들 사이에 인기이다. 수강신청 전쟁이라는 웃지 못 할 뉴스도 수강에 부담이 적고 수강생이 많으면 성적취득에 유리할 것이라는 세태의 반영인 것이다.

성적이 장학생선발이나 취업 등에 크나큰 영향을 미치다 보니 모두가 불필요한 스펙 쌓기에 지나친 공을 들이듯, 진정한 실력 쌓기보다는 성적의 숫자 올리기에 안간힘이다.

결국 많은 학생들이 좋은 성적을 취득하게 되고, 그런 성적들을 신뢰할 수 없다고 하니, 성적평가제도가 도마에 오른 것이다. 대학의 입장에서는 인플레 되어 있는 성적을 두고만 볼 수도 없고, 결국 교수의 재량이었던 성적평가방식에 칼을 대고 말았다. 수강생들의 성적을 일정비율씩 상대적으로 평가하라는 것이다. 상대평가가 되면 학생 수가 적은 수업에서는 좋은 성적을 받기가 어려우니, 제한적으로 교수재량의 절대평가가 허용되어 왔는데, 그것도 안 된다는 것이다.

취업에는 능력이 중요하다. 능력을 나타내는 대학의 성적은 엄중해야 한다. 그런데 성적이 신뢰를 잃는다면, 이는 대학의 부적절한 제도운영과, 사회의 인재채용 방식에 기인하고 있을 것이다. 취업에 요구되는 성적이 그저 높은 숫자만 보는 형식에 치우치고, 대학이 취업에 목말라하는 학생들의 요구에 타협한 것이다. 취업이 전쟁인 상황에서 기업들의 인재등용 방식은 자칫 대학사회를 크게 왜곡시킬 수도 있다.

성적은 중요하지만 단순한 총점이 아니라 필요한 부분의 성적이어야 한다. 입사시험에 성적을 반영하려거든 전공분야나 졸업시의 능력으로 보는 것이 바람직할 것이다. 비전공 과목을 소홀히 했다고 전공능력이 떨어지는 것도 아니며, 대학 4년간의 평균성적이 실력을 판가름하는 것도 아니다. 1학년 때의 F가 4학년 때 A라면 1학년 때의 A가 4학년 때 B인 학생보다 능력이 뛰어날 수 있음도 봐야 한다는 것이다. 성적이란 노력여하에 따라 얼마든지 좋아질 수 있으니, 고학년 때의 성적이 진정한 능력이라 평가받게 된다면, 저학년 때의 나쁜 성적을 굳이 세탁하지 않아도 될 것이다.

성적은 취득한 그대로 남아있어 그 자취를 볼 수 있어야 하며, 평가 또한 4년간의 성장과정 속에서 보아야 할 것이다.

진리를 추구해야 할 대학이 정도를 포기하고 왜곡된 현실에 타협하려 한다면 대학의 가치는 크게 훼손될 것이다. 학생들의 건전한 요구는 학교제도에 반영되어야 하지만, 성적이나 수강신청에 관한 제도들이 학생들의 선택을 보장한다는 수요자중심교육의 논리에 부합한 것인지 의문이 간다.

대학 오리엔테이션 교내에서 이뤄져야

인천일보, 2015.02.17

3월은 대학이 신입생을 맞이하며 새 학기를 여는 시기이다. 대학은 응당 새로 입학하는 신입생에게 대학생활에 대한 안내를 하게 된다. 신입생 오리엔테이션이다. 오리엔테이션은 대학생활을 시작하는 신입생들에게 꼭 알리고 지도할 사항을 학교가 공적으로 안내하는 행사이다. 학칙이나 제도, 수강신청, 대학시설과 그 이용방법 등을 알려주고, 학생활동 등에 대해 소개하는 정도일 것이다. 당연히 대학의 행정라인과 학과교수들이 주관해야 마땅한 일이다.

그런데 이 오리엔테이션이 학생회가 주관하고 학교당국은 그저 동행만 해 주는 형태로 이뤄지고 있어, 신입생에게 대학생활을 안내해야 하는 오리엔테이션이 선후배들의 단합을 위한 모임의 장으로 이용되고 있다. 오리엔테이션을 해야 하는 주체가 교수가 아닌 학생이 되어버려 본말이 전도된 모양새이다. 대학이나 학과교수들의 역할은 그저 몇 시간의 형식적인 것에 불과할 뿐, 나머지 며칠간의 일정은 주로 학생들만의 행사로 이뤄진다. 물론 신입생에게 학과선배들을 소개하고 만남의 장을 마련해주는 것도 필요한 일이지만, 이것이 입학 전에 있어야 할 시급한 사항은 아닐 것이다.

폭설과 추위가 언제 기승을 부릴지 모를 2월에 외부의 열악한 시설에서 합숙으로 시행하는 오리엔테이션은 안전사고의 위험성도 매우 높다. 눈길에 크고 작은 교통사고는 물론 건물 붕괴로 인한 피해도 발생하여 늘 불안한 여정이다. 또한 음주와 게임 등을 매개로 하는 젊은 남녀의 합숙모임에는 과음과 폭력 등으로 인한 불미스러운 사고도 늘 따르게 마련이다. 사고가 없었다 해도 건전하고 의미 있는 행사라는 평가는 듣기 어렵다. 학부모들의 걱정도 많고, 교수들도 그 필요성에 의문을 제기한다.

대학의 등록금이 비싸다고 학생과 학부모 모두 힘들어 하여, 정치권에서까지 나서고 있지만 이렇다 할 대책을 내놓기는 쉽지 않아 보인다. 기숙사가 부족하여 학생들의 숙소 마련에도 학부모들은 허리가 휠 지경이라 아우성이다. 그런 상황에서 돈 들여서 하는 외부의 합숙 모임은 불필요한 비용을 또 부담하는 일이다.

대학 오리엔테이션이 입학식도 하기 전부터 며칠간의 합숙을 통해 진행해야 할 만한 내용이 있을 리 없다. 입학에 즈음하여 알아야 할 사항은 학교 내에서도 얼마든지 안내할 수 있다. 입학식을 치른 후 단과대학이나 전공학과 차원에서 행하는 것만으로도 오리엔테이션은 충분하다. 신입생과 선배들의 만남도 입학 후 학과 교수들과 함께 자연스럽게 만들 수 있어, 굳이 오리엔테이션을 통하지 않아도 된다.

대학에 입학한 후 학교 내에서 시행하던 오리엔테이션이 군부독재 타도를 외치던 학생들의 민주화운동과 더불어 학생회 주도로 변해, 학생운동이 사라진 현재에까지 이르고 있다. 민주화에 앞장서던 학생들의 요구에 학생회 중심의 단합 합숙모임과 같은 오리엔테이션이 용인되어 온 측면이 있지만, 이제는 학생회가 주관해야 할 명분도 없어 대학의 오리엔테이션은 본래의 자리로 돌아와 그 취지에 맞게 학내에서 비용들이지 않고 간단하게 치러야 할 것이다.

대학의 축제가 이렇다 할 만한 행사는 없고 기간 내내 오로지 음주가무만을 연출하여 그 폐해가 심각한 상황인데, 대학 신입생 오리엔테이션이 그 서곡을 알리는 듯한 행사여서는 곤란하다. 대학생이 되었으니 술도 마시고 놀 수도 있지만 그것은 대학 밖에서 사적으로 이루어져야 한다.

지성의 전당이라는 대학이 비 지성으로 흐르고 있다는 지적은 어제오늘의 일이 아니다. 그런데 대학들이 답습하고 있는 폐해를 개선하기는커녕 방관하고 끌려 다니고만 있다. 아무리 수업이나 연구에 방해가 된다 해도 학생들은 자신들의 일을 거리낌 없이 한다. 도에 넘는 음주가무나 적절해 보이지 않는 행사도 아무런 제재 없이 이루어진다. 대학의 담당부서는 지도나 주의는커녕 사고만 나지 않으면 된다는 식의 태도이다.

성인이지만 대학생들은 교육을 받는 피교육생이다. 교수들은 학생들의 잘못된 부분은 지적하고 고치도록 지도할 책무가 있다. 갈수록 대학의 입학생 수가 줄고 졸업을 해도 취업은 어려워 대학의 위기가 깊어만 가고 있다. 하지만 시대상황을 탓하기에 앞서, 대학은 학내의 부조리를 과감하게 타파하여 건전하고 경쟁력 있는 대학생을 길러내야 한다. 그를 위해 대학생들의 문화도 대학이 일정부분 책임지고 건전한 방향으로 이끌어야만 할 것이다.

올해도 각 대학에서는 신입생 오리엔테이션 행사로 분주한 모습이다. 대학생활의 출발이 타파해야 할 구습으로 시작되는 일을 대학이 더 이상 방관만 하고 있어서는 안 될 것이다.

취업과 대학의 개혁

인천일보, 2015.03.23

모든 정치가가 너나 할 것 없이 표를 얻기 위해 취업을 들먹이며 달성하기 어려운 공약을 남발한다. 취업이 점점 어려워지는 시대적 흐름을 모를 리 없으련만 몇십만 개의 일자리를 창출하겠다며 큰소리를 친다. 대학도 덩달아 춤을 추며 취업에 유리한 것들을 취하려 한다. 취업에 불리하면 학문의 필요성이고 뭐고 필요 없다는 태도이다. 학생들이 어느 곳에 취업을 해야 한다는 것도 없이 그저 취업률이 좋기만 하면 된다는 식으로 취업의 질 따위는 전혀 개의치 않는다. 대학들은 자기 대학의 취업률이 최고라 광고를 해대며 그것을 미끼로 학생들을 유치하려 한다.

대학을 개혁한다며 취업이 잘되는 학과는 학생정원을 늘리고 취업이 안 되는 학과는 정원을 줄이거나 아예 과를 없애기조차 한다. 이것이 대학의 미래를 위한 불가피한 선택이라고 항변을 한다. 위험한 생각이다. 학과가 쇠락하거나 없어지면 후학양성이 어려워져 정작 필요할 때 그 분야의 전문가는 찾을 수 없게 된다.

대학은 전문가 중에서도 최고인 자를 뽑아 연구와 후학양성에 임하게 하는 곳이다. 전문가 양성은 하루아침에 이루어지는 것이 아니어서 한번 없어지면 다시 복원하기 힘들어진다. 세상은 예측하기 어려울 정도로 변하여, 학문분야의 인기도 시시각각 달라지는데, 비인기학문이라 하여 학과마저 없애면 그렇지 않아도 줄고 있는 연구자는 영영 단절되고 만다.

　모든 대학에 모든 학과가 있을 필요는 없지만, 모든 대학에서 퇴출되는 학과가 있어서도 안 될 것이다. 모든 학문분야는 유지되고 연구 또한 중단되는 일이 없어야 한다. 학문분야를 어떻게 묶어 한 단위로 할지, 또한 학문분야에 따라 학생 수를 어떻게 배분할지에 대한 논의는 필요할 것이다. 학생 수가 많고 교수들이 많아야 경쟁력이 생기는데, 인기가 없다고 학과정원을 줄이면 학과의 경쟁력은 사라진다. 대학의 학과를 권역별로 몇 개 대학으로 모으든지 하여 학문의 경쟁력이 유지될 수 있는 구조로 바꿔야 할지도 모르겠다.

　학문은 발전하며 새로운 것을 추구해가지만, 우리 대학들이 보여주는 개혁과 변화에는 구호만 요란할 뿐 실체를 찾아보기가 어렵다. 모든 것이 그대로인데 학과의 명칭만을 손질하여 내놓기도 한다. 글로벌 사회라 하니 전공에 글로벌을 붙이거나 전공명칭을 영어로 바꾸거나 하여, 시대를 선도하는 첨단의 새로운 학과가 탄생한 것처럼 꾸민다. 하지만 무늬만 바꾼 학과에서 진정 새로운 독창성 있는 학문의 성취를 기대할 수 있을지 의문이다. 인기를 쫓다보니 새로운 학과들을 곧잘 만들지만 그런 학과가 기존 학과와 무슨 차이가 있는지 또한 어떤 준비를 하여 만들었는지 준비된 전문가는 있는지 좀처럼 알기가 어렵다. 새로운 학문분야를 출발시키기 위해서는 시간을 가지고 과정을 밟아가며 치밀하게 준비해야 한다. 하루아침에 요술방망이로 치듯 뚝딱 만들어내서는 정체불명의 엉터리 전공이 될 가능성이 높다. 대학이 학생을 상대로 준비 없이 실험을 하는 곳일 수는 없다.

원래 한 가지를 열심히 하게 되면 지식의 폭이 넓어져 다른 것과의 융합이나 접목에 대한 아이디어도 나올 수 있게 되는 법이다. 그런데 지금의 대학은 하나의 전공능력도 제대로 습득하기 전부터 복수전공이다 융합이다 하며 이것저것 다해야 한다는 논리를 강조하고 있어, 전문능력이 떨어지는 어중간한 인재의 배출을 부추기는 상황이다. 다양한 전공을 하는 것도 좋지만, 취업을 하기 위해서는 하나라도 제대로 된 능력을 갖추게 해야 한다. 하나의 전문능력도 올바로 습득하지 못하게 하는 교과과정의 운영은 학생들의 취업능력을 크게 약화시킬 수 있다. 한 우물을 파라는 옛말을 깊이 되새겨야 할 대목이다. 학생들의 취업을 돕기 위해서는 전공분야도 중요하지만, 어떤 분야이든 경쟁력 있는 전문능력을 갖추게 하는 것이다.

대학개혁에는 대학에 임하는 학생들의 의식을 변화시키는 것 또한 중요과제인데, 대학은 늘 교수나 환경에 대한 변화만을 요구할 뿐 학생의 변화에는 뒷전이고 무관심이다. 대학을 가장 자유로운 공간이라 말하는데 이는 학문과 관련된 자유로움이지, 무질서나 무절제를 용인하는 자유로움은 아닐 것이다. 그런데 연구와 교육에 적합한 공간이어야 할 대학이 음주가무나 이벤트, 무질서가 난무하는 놀이터 화하고 있어, 연구와 교육이 점점 위축되는 상황으로 치닫고 있다.

대학은 학생들을 일깨우고 지성인의 전당으로 바꾸는 교육을 개혁의 과제로 삼아야 한다. 대학생들은 등록금이 비싸다 아우성치지만 말고 대학에서 좀 더 많이 얻어내려는 학구적 자세를 가져야 한다. 그것이 취업으로 가는 최고의 길임을 잊어서는 안 될 것이다.

대학 존재의의에 대한 진정한 통찰이 없는 대학개혁으로는 유행가의 인기만이 최고이고 클래식의 가치는 도태되어야 할 구태가 될 수도 있다.

공간 재배치를 위한 연구 절실

인하대학신문, 2018.06.03

인하대가 아름답다 말하는 학생들이 있어 놀랍기도 하고 안도하기도 한다. 자신들이 다니는 대학이니 캠퍼스에 만족해해야 할 텐데 하는 마음 때문인지도 모른다. 잘 가꿔진 본관 앞 정원에 작지만 호수도 있어 그럭저럭 거닐 만한 캠퍼스로, 특히 벚꽃 철에는 만발하는 벚꽃이 캠퍼스 안을 화사하게 꾸며줘 그 아름다움 속에 자신을 담아보게 하며 학생들에게 만족감을 주는 것 같다.

인천의 발전이 한국 최고를 자랑하고 있는데, 인하대캠퍼스도 그에 보조를 맞추어 매우 발전해 가고 있으리라 생각들을 할 것이다. 염원하던 인하대역도 생기고 강남 등 서울 중요지역을 곧장 갈 수 있는 버스노선도 생겨 대학 접근성이 매우 좋아졌고, 대학 밖 주변 환경도 크게 개선되고 있다. 그런데 주변의 변화와는 달리 대학 내의 모습은 크게 달라진 것이 없어 아쉽기만 하다. 대학을 진두지휘할 장의 부재가 장기간 이어지면서 대학의 발전은 오히려 퇴보하는 상황을 맞이하고 있는데, 그런 상황이 해소될 기미를 보이지 않고 있어 안타깝기만 하다.

엊그제 대학 5호관에 가스누출사건이 있었다. 5호관에 연구실이 있는 나는 이곳이 주거지와 같다. 사회생활의 전부를 이곳 5호관을 중심으로 해오고 있는데, 예전보다 나아진 것은 거의 없고 번잡해지기만 한다.

대학은 다양한 연구와 교육이 진행되는 곳으로, 전공분야에 따라 수행하는 일들이 전혀 다르다. 나는 문과대학 교수로 이공계의 연구실과 실험실에서 어떤 일들이 수행되는지 알 수 없으며, 어떤 위험성이 있는지도 모른다. 5호관의 복도를 걷다보면 실험용 장비나 도구들이 복도에 많이 나와 있어, 이미 무뎌지긴 했지만 가끔은 두려운 마음이 들기도 한다. 손대지 말라고 쓰여 있다. 사람손이 닿는 곳에 두고서 만지지 말라는데, 만지면 달아서 안 된다는 것인지 위험해서 안 된다는 것인지 이해할 수 없다. 위험한 것이라면 처음부터 그곳에 두면 안 되는 것일 텐데, 밖에 둔 것을 보면 그리 위험하지 않다고 생각하게 된다.

문과계의 사람은 이과계의 사람과 접하고 사는 것이 달라, 이공계의 실험이 무엇인지, 어떤 위험성이 내포되어 있는지 전혀 알지 못한다. 종종 대학 실험실내에서 사고가 발생하여 뉴스거리가 되곤 한다. 단순한 화재도 위험한데, 이번처럼 가스 등의 사고라면 전혀 문외한인 문과계의 사람들은 그에 대처할 방도를 알지 못하여, 사고 난 선박 속의 승객처럼 그저 누군가의 지시를 기다리며 두려움 속에 있어야 할지도 모른다. 가끔 울리다 멎는 교내 비상벨소리는, 고장 탓인지, 점검이나 훈련 탓인지, 더 이상 비상시가 아닌 평상시의 소리로 다가와 무덤덤해진 듯도 하다.

위험한 사고가 발생하면 대학본부는 관리시스템을 신속하게 가동시켜, 알기 쉽고 지속적인 대응태세를 갖추어야 한다. 출입구가 많은 5호관은 수많은 학생들이 수시로 출입을 하는 대학 최대의 건물인 만큼, 안전사고에 신속하게 대응하는 것이어야 했는데, 좀처럼 일어나지 않는 사고였던 탓인지, 그 대응에는 다소 혼선이 있었던 것으로 생각된다. 교직원들도 전문가가 아닌 만큼 실험실 담당자들의 신속한 정보제공이 있어야만이 발 빠른 대응을 할 수 있는 것이지만, 늘 상존하는 사고위험에 대학본부는 제대로 된 사고대응매뉴얼을 갖추어 불의의 사고에 신속히 대처할 수 있어야만 한다. 2만여 명이 재학하고 있는 거대 대학이다. 사고로 점철된 한국사회에서 늘 안전 불감증을 지적 받고 있는 상황임을 감안할 때, 전문가들이 모인 대학에서 안전사고와 그 대처에 작은 실수라도 있어서는 안 될 것이다.

대학은 그 어느 곳보다 안전문제에 철저해야 한다. 그렇다면 대학의 공간배치는 매우 효율적이어야 할 텐데, 우리대학의 실상은 전혀 그와 반대이다. 공간이 절대적으로 부족한 대학이지만, 그렇다면 전공분야별 공간배치는 더욱더 효율을 기해야만 할 것이다. 위험한 실험실 옆을 안전지식이 없는 자들의 강의실로 사용한다거나, 누구나 자유로이 드나들게 해서는 안 될 일이다.

실험에도 종류가 많겠지만 안전성을 고려하여 전공분야별 실험공간을 적절히 재배치해야 한다. 향후 이공계의 실험을 하는 전공분야는 별도의 건물에 공간을 마련하여, 만일의 사태에도 무고한 피해자가 발생하지 않도록 조처해야 할 것이다.

대학생들이 성인이긴 하지만 매사 조심성 있는 행동만을 하는 것은 아니다. 실수도 할 수 있고 청춘의 호기심으로 무슨 일을 할지 모르는 경우도 있다. 그런 만큼 공간을 용도에 맞게 재배치하고, 느슨하게 보일 수 있는 안전관리시스템도 다시 한 번 점검해야 할 것이다.

인문학은 바른 인간양성과 국제경쟁력의 원천

인천일보, 2015.03.03

산업사회의 발달로 삶은 편리해졌지만, 물질이 인간을 지배하게 되면서 풍요와 빈곤의 대비는 더욱 극명해져 인간의 삶은 점점 피폐해지고 있다. 지구는 망가져가고 인간조차 불필요한 존재로 내몰리고 있다. 편리함과 윤택함의 추구가 오히려 인간의 행복을 빼앗고 있는 상황이다. 이해득실이 인간관계를 지배하여 가족마저도 해체되고, 자유와 인권이 잘못 주창되기도 하여 정도가 무엇인지 혼돈의 사회로 빠져드는 것만 같다.

기업의 성공이 국민을 먹여 살린다며 부작용을 방치한 채 성장만을 채찍질 해왔지만, 성장에도 한계가 오고 사람들은 극도의 피로감을 느낀다. 새로운 성장 동력도 찾아내야 하지만 인간의 진정한 행복에 의문이 던져지고 있는 것이다. 인문학이 새삼 주목받고 있는 대목이다.

그런데 인문학의 중요성과 필요성을 역설하는 시대적 흐름과는 반대로 정작 인문학을 담당하고 있는 대학이 어찌된 일인지 인문학을 폐해야 하는 대상으로 삼고 있어 놀랄 따름이다. 대학의 변혁을 선도하는 자들의 인문학적 소양이 부족한 탓인지, 인문학의 가치가 대학에서 훼손되고 있는 것이다.

인문학에서 어떤 연구와 교육이 이루어지고 그것이 인간에게 어떤 영향을 미치는지 대학이 모를 리 없다. 흔히 문사철로 일컬어지는 대학의 인문학분야는 외국어문학을 포함한 문학, 역사, 철학 등으로 구성된다. 영어능력이 모든 것을 판가름하는 어처구니없는 사회이지만, 영어, 일본어 중국어 등의 외국어도 인문학을 대표하는 분야로, 이런 인문학의 추구 없이 글로벌시대의 경쟁은 상상조차 할 수 없다.

해외에서 공학이나 사회과학, 예술체육 등 그 어떤 분야를 공부하든 해당국의 인문학적 지식 없이는 시작조차 불가능하다. 외국어의 습득 없이 외국의 그 어떤 것도 취할 수 없다. 언어란 한 나라의 문화와 역사, 철학, 사상 등 모든 것을 담아내는 그릇으로, 그런 총체적 학습인 외국어의 습득은 그 나라와 이해하고 교류하는 첫걸음이다. 말 한 마디가 천 냥 빚을 갚는다고 하듯이 언어란 인간을 감동시키기도 하지만, 때론 화나게도 하여 철천지원수로 만들기도 하는 무기이다.

외국이란 언어뿐 아니라 예절, 사고방식, 행동양식에 이르기까지 많은 부분이 우리와 다른데, 얄팍한 지식 탓에 외국에 대한 엉터리 같은 정보가 범람하고, 그로 인한 오해와 편견은 심각한 문제를 초래하기도 한다.

중국의 동북공정이나 일본의 독도, 역사왜곡 문제 등에 분개하지만, 이 또한 인문학적 지식 없이는 아무런 대항도 할 수 없다. 단순히 역사만 공부한다고 되는 것이 아니라, 중국어와 일본어, 그것도 해당하는 시대의 문헌을 소화해낼 수 있는 전문 지식인이 있어야만 이 문제에 대응할 수 있는 것이다.

인문학은 인간의 소통 능력을 높이고 바른 마음의 배려심 있는 인간을 지향한다. 인문학적 소양은 국민의 의식수준을 높이고 질서 있고 범죄 없는 건전한 사회를 제시한다. 전인교육의 기본이 바로 인문학인 것이다. 그런데 대학에서 인기가 없다고 기초학문인 인문학 분야를 축소하거나 없애려 한다니 심히 우려하지 않을 수 없다.

인문학의 쇠퇴에는 인문학도들의 취업에 제한을 두는 기업의 책임도 크다. 사회에서 일할 때 대학의 전공능력은 부분적인 역할을 담당하는 것이다. 인문학도들은 외국어능력뿐만 아니라 사고력과 논리력으로 어떤 일이든 쉽게 적응해낼 수 있는 능력을 익히는 자들로 사람들과의 소통능력도 뛰어나다. 어떤 업무가 주어지든 재빠르게 적응하여 해낼 수 있는 공통분모의 기본 능력을 훈련하는 것이 기초학문을 하는 인문학도들이다. 제대로 된 인문학도라면 일반 사무에 대한 적응력이 뛰어나 어떤 직장의 어떤 일이라도 어려움 없이 해낼 수 있을 것이다.

특별한 기술이나 능력을 요하는 업무가 아니라면 취업에 전공분야를 제한하는 차별은 철폐해야 한다. 요즘의 학생들은 기업에서 요구하는 능력이라면 전공에 상관없이 철저히 준비하고 있어 전공이라는 형식에 색안경을 끼고 볼 필요는 없다.

기업이 어떤 변화에도 빨리 적응할 수 있는 기초능력을 보지 않고, 바로 활용할 수 있는 능력만을 요구한다면, 급변하는 기업환경에 대처하지 못할 수도 있다. 오히려 다양한 인문학도를 활용하면 다양한 아이디어를 얻을 수도 있어 장점으로 작용할 것이다.

대학이란 모든 분야의 발전에 이론적 근거나 기반을 제공하는 연구와 교육을 하는 곳인데, 기업처럼 당장의 이윤만을 바라보듯 변화시키려는 태도는 잘못이다.

한국인이 유엔사무총장 등 세계무대에서 중요한 역할을 할 수 있는 것도, 한국기업이 세계에서 경쟁력을 얻을 수 있는 것도 외국어를 포함한 인문학적 지식이 밑바탕에 있었기에 가능한 것임을 다시 한 번 강조하고 싶다.

외국어는 시기를 놓치면 하기 힘든 공부

인하대학신문, 2017.10.16

　일생을 두고 공부를 해야 한다며 평생학습을 거론하는 시대이다. 인생을 살아가면서 필요에 따라 해야 할 공부가 많다는 것이다. 하지만 공부가 아무 때나 다 되는 것은 아니다. 사회에 나오면 여건이 안 되거나 나이 탓에 하고 싶어도 안 되는 공부가 있다. 학창시절이 아니면 하기 힘든 공부가 있는데 그중 하나가 바로 외국어이다. 누구나가 다 하고 싶어하고, 해야 한다고 생각하지만, 외국어는 뜻대로 잘 안 되는 공부이다.

　대학에서의 공부는 진로와의 관계 속에서 선택한다. 대학이니 전공공부의 중요성은 말할 필요도 없다. 하지만 대학에서 배운 전공지식을 사회에서 활용하지 못하는 경우도 많다. 전공과 관련된 일을 하고 있는 자들도 많이 있지만, 상당수의 직장인들은 그들이 대학에서 전공한 분야와 관련 없는 일들을 한다. 그럼에도 직장에서 요구하는 일들을 잘 소화해 내며 자신들을 발전시켜 나간다. 지금의 우리는 일반적인 교양과 상식만 잘 갖추고 있어도 주어진 일들을 보고 배우면서 어렵지 않게 해낼 수 있는 능력을 갖추고 있는 것이다. 하지만 외국어능력은 그렇지 않다. 기초학문인 외국어는 단계적이고 체계적인 학습이 있어야만이 습득할 수 있어, 그런 과정을 제공하는 학교가 아니고는 좀처럼 습득해내기 어려운 분야이다.

우리는 평소 놀다가도 시험이 다가오면 시간에 쫓기며 시험 준비를 한다. 과목에 따라서는 시험 전날에 벼락치기로 공부해도 좋은 성적을 올릴 수 있다. 하지만 기초학문분야는 벼락치기로 시험을 치러내기가 쉽지 않다. 외국어분야는 거의 불가능하다. 외국어공부는 능력이 축적되어야만 성과를 낼 수 있다. 혼자서도 성공적으로 공부할 수 있는 분야가 많이 있지만 외국어는 이 또한 거의 불가능하다. 경험해보지 않은 차이를 이해해내는 능력을 갖추지 않고서는, 한국과 다른 외국을 외국인처럼 이해하기는 쉽지 않다. 외국어는 지식과 정보를 동원해도 이해되지 않는 부분이 있으며, 우리가 상상할 수 없는 사고가 내재되어 있기도 하여, 대학의 전문적인 교육 없이는 바르게 습득하기 어렵다.

외국어는 모국어와 다른 차이를 소화해내는 섬세함에 피나는 반복 훈련이 있어야 습득할 수 있는 것으로, 그냥 쉬엄쉬엄 틈날 때 해서는 안 되는 공부이다. 머리와 손재주만 있으면 금방 적응하며 잘 해낼 수 있는 분야와 달리, 외국어는 일정기간 전문적이며 집중적인 학습을 통하지 않고서는 습득할 수 없는 분야이다. 외국어는 그저 쉬운 몇 마디 말을 안다고 되는 그런 능력이 아니다. 몇 마디의 쉬운 말로는 대화를 이어갈 수 없다. 초급 능력으로는 평생 아무 능력을 발휘하지 못하는 것이 외국어이다. 일정수준이 되기 전까지 외국어능력은 전문성을 발휘할 수 없어, 일정수준에 오르게 하는 강도 높은 학습과정이 있어야만이 되는 것이다. 정규 학습과정이 마련되어 있는 학교가 아니고는 외국어를 습득하기 어려운 이유이다.

또한 언어란 사회의 모든 지식과 정보를 담아내는 도구이기 때문에 사회 각 분야의 언어를 두루두루 섭렵해야 여러 상황에 대응할 수 있다. 문화에 대한 다양한 이해도 있어야 하고, 외국어를 제대로 공부하는 데에는 대학 4년으로도 넉넉지 않다. 대학 4년 동안 한 우물을 파도 제대로 된 능력을 갖추기 힘든 공부이다. 하지만 한 번 습득이 된 외국어능력은 구구단처럼 쉬이 잊혀지지 않아 개인의 지적수준을 크게 돋보이게 하는 영원한 자산이 된다.

누구나 외국어를 자유자재로 구사하고 싶은 욕망 속에 있지만, 노력 없이 그 꿈을 이룰 수는 없다. 힘든 수련과정을 겪어내지 않고는 습득되지 않기 때문이다. 다소 능력이 부족해도 직장에 들어가 배워가며 할 수 있는 분야가 많지만, 외국어는 배워가며 하는 분야가 아니라 어떤 상황에서도 즉시 활용할 수 있는 능력이어야만 한다. 대학에서 습득하지 못한 외국어를 사회에 나가 필요할 때 하면 될 것이라는 생각은 잘못이다. 외국어는 학창시절이 아니고는 제대로 공부할 수 없다. 대학이 외국어 공부를 할 수 있는 마지막 기회라 생각하고 임해야 한다.

4년의 짧은 대학생활, 학업에 빠져보면

인하대학신문, 2018.12.03

요즘의 대학생들은 하는 일이 많아 참으로 분주한 것 같다. 공부도 해야 하고 돈도 벌어야 하고 남들 하는 일도 모두 해야 한다. 돈 많이 주고 근무여건이 좋은 곳에 취업도 해야 한다. 그런데 예전보다 공부에 쏟는 시간은 많아 보이지 않는다. 화려한 미래를 꿈꾸면서도 대학에서 자신의 미래를 위한 투자에 소홀하다. 주변 사람들과 마찬가지의 동등한 삶을 지향하며 현재를 충족시키기 위한 삶에 급급하다.

돈이 많이 드는 현대사회이다. 차별받지 않는 동등한 삶을 당연한 가치로 여긴다. 누구나가 생활형편에 관계없이 엇비슷한 대학생활을 누려야 한다. 졸업 후의 긴 미래를 위해 부족한 지금을 참으며 노력으로 극복하려던, 그래서 성공한 옛 대학생들은 시대에 맞지 않는 사람들이 된 듯하다. 하지만, 인간은 현재의 부족함을 어떤 형태로든 극복하며 미래를 설계하며 살아야 한다.

제자들에게 무언가를 제안하면 다들 아르바이트로 시간을 만들기 어려워한다. 아르바이트가 학창시절에 반드시 경험해야 할 일들로 자리 잡은 듯하다. 좋은 경험일 수 있지만 공부에 투자하면 보다 나은 미래가 보장되어 일생 여유롭게 살 수도 있을 텐데, 지금 누려

할 것을 위해 아르바이트에 시간을 투자하는 학생이 많아 안타깝다. 먹고 살아야 공부도 하는 것이니, 생계를 위해 직접 돈을 벌어야만 하는 대학생은 예나 지금이나 존재할 것이다. 하지만 학생들에게 학창시절에 해야 할 일에 대해 좀 더 고민해 보라고 말하고 싶다.

인간은 환경에 익숙해진다. 적은 급여에도 익숙해진다. 하지만 참고 노력하여 자신의 가치를 높이면 나중에 좋은 직장에 가게 되고 그리 되면 높은 급여의 좋은 일자리에 익숙해져 그에 맞는 삶을 유지하며 살아가게 된다. 보다 나은 삶을 위해 경쟁이 필연이라면 대학생활은 충실해야만 한다. 대학교 때의 능력으로 평가받아 평생을 가는 것일 수 있기 때문이다.

공부가 다는 아니라고 인생은 성적순이 아니라고 말한다. 공부를 잘하는데 실패할 확률은 적어도, 공부를 못하는데 성공할 확률은 적다는 것이 사회가 보여 온 답일 것이다.

사회는 형식에 의존하며 개인에게 그 형식을 묻는다. 대학과 성적과 외국어 능력 등을 묻는다. 입사시험에 블라인드 면접을 말한다. 형식이 변질되어 사회악이 되어버리면 블라인드면접도 대안일 수 있다. 하지만 인간의 능력과 품성을 그저 면접만으로 간파해낼 수는 없다. 인간은 과정이 능력을 대변하는 것이기에 과정을 보는 것은 개인을 판단하는 매우 유효한 방법이다. 과정이 갖고 있는 의미는 사회가 합의한 평가항목인 셈이다. 면접으로 자기능력을 잘 발휘해내지 못하는 사람도, 개인이 밟아온 과정을 보임으로써 그 능력이 평가받을 수 있다. 대학에 들어왔으면 좋은 능력 쌓기에 최선을 다해야 한다. 대학의 4년도 예외 없이 빨리 지나간다. 대학에서 처음으로 접하는 공부가 많은데 그저 틈나거나 시험 볼 때나 하는 공부로는 부족하다.

등록금이 비싸다고 아우성이지만 한국은 모든 것이 비정상적으로 비싸다. 최저임금을 받는 자들도 있지만 어마어마한 급여를 받는 일반근로자들도 꽤 많다. 귀족노동자들이라는 용어가 있을 정도이니 말이다. 포퓰리즘이 대세인 한국정치에서 마치 등록금 없는 대학을 실현해낼 것 같은 기세이지만, 그것은 결국 대학을 졸업하여 취업하는 여러분의 세금이 담당해야 할 몫이다. 어차피 비싼 등록금을 내고 다녀야 하는 대학이라면 학생들은 대학에서 좀 더 많은 것을 습득해나가려 발버둥 쳐야 한다. 학문의 진보가 빨라 경쟁력 있는 전문능력을 갖추기에 대학 4년은 매우 짧다. 평생을 먹여 살릴 대학에서의 공부가 다른 일의 뒷전으로 밀려서는 안 된다. 고진감래는 이미 사어가 된 듯하지만 그래도 참고 공부에 매달리는 것이 성공의 열쇠이다.

장학제도도 좋아지고 해외 교환학생제도도 확충되고 교수들의 실력도 예전보다 월등해진 것 같은데, 학생들의 대학생활에도 진전이 있어야 할 것이다. 대학생의 본질을 직시하고 청춘의 낭만이나 객기는 미래에 맛볼 행복으로 잠시 접어두고 유익한 대학생활을 설계해야 한다. 사회에 나가면 평생 일만하고 살 수도 있으니, 지금은 일보다 공부에 빠져봄이 어떻겠는가?

총장 직선제 포기는 민주주의 포기

경향신문, 2012.08.24

　국립대학들이 총장 직선제를 포기하는 납득하기 어려운 일이 전개되고 있다. 대표 선출에 직선제가 최선이 아닐 수는 있다. 하지만 임명제나 간선제가 직선제보다 낫다는 보장은 어디에도 없다. 지금까지 경험한 바에 따르면 직선제 이외의 제도는 임명권자의 입맛에 맞는 사람을 선택하는 것에 지나지 않았다. 추천위원회를 통해 선출한다 해도 추천위원 선정 자체에 문제가 있기 때문에 그것이 요식행위에 불과했고 결과를 두고는 늘 잡음이 있어 왔다.

　민주화 이후 많은 시간이 흘렀지만 아직도 권력이 한 곳에 몰려 있고 모두 그곳의 눈치를 보며 지내는 것이 현실이다. 권력 주변에 있어야 행세할 수 있는 세태는 조금도 변하지 않았다. 무릇 인사권이 있어야 조직을 통솔할 수 있다는 논리다. 하지만 이는 성숙된 민주주의를 실현하지 못한 데서 오는 것으로 인간을 상하관계 속에서 복종·불복종의 논리로 판단하기 때문일 것이다.

　대학은 교수와 총장이 서로 존중하는 관계를 갖는 수평조직으로 교수가 총장의 영향을 직접 받는 경우는 많지 않다. 교육과 연구를 주업으로 하는 대학교수가 총장 후보를 밀어 성공한다 해도, 혹 돌아오는 대가라 해야 보직교수가 고작일 것이다. 하지만 보직교수란 사회의 계급 승진과는 전혀 다르고 그야말로 봉사하는 자리다. 짧은 임기가 끝나면 다시 평교수로 복귀하는 것이다. 교수들이 편을 갈라 다투지만 선거는 선의든 악의든 싸움이다. 직선제의 폐해도 있지만, 그래도 총장을 직접 뽑아야 총장이 구성원들의 의견을 경청하고 존중할 수 있다. 총장을 직접 선출하지 않으면 대학이 총장을 중심으로 하는 권위주의 사회로 환원될 우려가 적지 않다.

직선제를 시행하면 인기에 영합한 적절치 않은 후보가 당선되거나 선거의 후유증이 남는다는 폐해를 지적하지만, 바람직하지 않은 후보가 대표로 선출되는 선거는 얼마든지 있다. 오히려 국민의 대표를 뽑는 선거에는 더 인기영합적인 후보가 등장하며, 흑색선전의 이전투구도 다반사이다.

대통령 선거, 국회의원 선거 등 모든 선거가 처절한 싸움으로 일관하고 있다. 국민들을 편 갈라 싸우게 하고 패한 쪽에 참담한 결과를 안겨주지만 직선제 자체를 바꾸자고는 하지 않는다. 직선제의 결과는 늘 아쉬움과 상처를 남기지만 치유가 안 되는 것도 아니다. 대학의 총장 선거에 문제가 있다 해도 정치판 선거에 비하면 새 발의 피다. 대학은 최고 지성인들의 집단이며 대학 문제는 그들 구성원 스스로가 충분히 해결할 수 있다.

무릇 민주주의 사회에서 다양한 의견 표출과 그로 인한 대립은 자연스러운 것이다. 대학의 총장 직선제에 폐해가 있다는 이유로 이를 폐지해야 한다는 주장은 대학 구성원, 특히 교수들에 대한 모독이다. 더욱이 정부의 국립대학 지원이 총장 직선제 폐지를 전제조건으로 한다면 이는 있을 수 없는 비민주적 처사로 대학을 장악하고 관리하려는 저의가 있는 것이다.

간선제의 폐해는 덮어두고 직선제의 폐해만 문제 삼는 것은 옳지 않다. 총장 직선제의 폐해가 무엇이고 그것을 보완하기 위한 방안은 무엇인지 논의하지 않고, 직선제를 간선제로 전환하는 것이 낫다는 발상은 납득할 수 없다.

앞으로 총장이 되기 위해서는 대학 구성원들의 의견을 고려하지 않고 소수 선출 위원이나 교육과학기술부의 눈치를 봐야 한다는 논리인데, 이는 건전한 사고가 아닌 것 같다.

구성원들의 민의 수렴이 필요 없는 간선제의 폐해가 눈에 선하다. 오히려 정말로 문제가 많은 일부 정치판 선거를 개선하는 것이 순서일 것이다. 많은 국민들이 지탄하는 제도는 손대지 않으면서, 민주주의 선거제도에 늘 있어왔던 작은 문제를 구실 삼아 구성원들이 반대하지도 않는 제도를 바꾸려는 것은 민주주의의 발상지인 대학에서 민주주의를 역행하는 일이다.

제자 배려 교육행위가 부정청탁 대가라니

인천일보, 2016.09.21

최근 김영란법이 대학 교수들에게도 적용된다 하여 그 내용에 관심이 많다. 그런데 부정청탁과 처벌에 관한 사례로써 학생이 성적을 부탁해 이를 들어주는 교수는 처벌받는다는 웃지 못할 내용이 있다. 대학의 본질을 이해하지 못하는 터무니없는 예시이다.

대학에서의 성적이란 시험결과뿐 아니라 개인의 노력, 가능성, 학습태도 등을 종합해 내리는 평가로, 교수가 제자를 지도하는 하나의 교육행위에 불과한 것이다. 따라서 성적은 사회에서 학생을 평가할 때 참고자료로 활용하면 되지, 그 자체에 절대적인 의미를 부여할 필요는 없다. 성적이 좋다고 그 분야의 절대능력이 뛰어난 것도 아닌데, 성적만을 평가 잣대로 활용하는 것은 적절치 않다.

교수가 낸 성적은 공시기간이 있고 사후 정정할 수 있도록 제도가 마련되고 있어, 학생의 이의신청이나 부탁 등은 가능한 일이며, 그에 대한 판단은 교수의 몫이다. 성적정정은 절차에 의해 이뤄지는 행위인데 교수가 부정한 청탁을 들어준 것이라 처벌을 한다니 이는 대학이 학생을 키워내는 교육기관임을 망각한 어처구니없는 발상이다.

낙제점수를 받은 학생이 찾아와 선처를 요청했을 때, 그 학생에게 최소한의 성적을 부여해 사회에 내보내도 좋을지 어떨지에 대한 고려는 교수가 재량으로 할 수 있는 정상적인 교육행위이다. 학생의 요구에 경청하는 교수의 행위가 부정이나 부패나 범죄일 수는 없다. 성적의 재평가에 교육적인 융통성을 발휘하느냐 마느냐의 판단은 교수의 몫이지 국가가 관여할 사항이 아니다. 부정청탁으로 재단될 만한 영역이 아닌 것이다.

죄를 지은 자에 대해 개전의 정이 있다고 정상을 참작, 형량에 반영하는 판사의 판결이나, 어떤 이익집단을 위해 행하는 국회의원의 입법 활동 등이 부당한 고려사항에 해당되어 처벌받아야 한다는 이치와 같다.

성적을 고쳐준다 하니 부정을 떠올릴 수도 있겠지만, 대학의 성적관리는 엄격하다. 지켜보는 학생들의 눈도 있고, 교수들의 양식과 자존심도 작용하고 있어, 성적은 학생이 부탁을 한다고 쉽게 들어줄 수 있는 사안이 아니다.

하지만 교수는 학생을 위해 할 수 있는 일을 해야 하는 것이다. 교수가 학생의 개인적인 사정을 듣고 학생의 미래를 위해 낙제를 면할 수 있는 교육적 대안을 제시할 수 있다면 그런 고려는 필요하다. 그렇다고 F가 A로 바뀌는 일은 없을 것이며, 설령 F가 D로 바뀌어 낙제를 겨우 면했다 해도 사회의 평가가 달라지는 일도 없을 것이다. 낙제냐 구제냐의 차이는 백지장 한 장으로 교수의 상황판단에 맡기면 되는 일이다. 안 되는 것은 안 되는 것이지만 경우에 따라서는 교육행위로서 교수가 재량을 발휘할 수 있는 일이다.

요즘의 대학생들은 등록금도 비싸고 취업도 어려워 삶을 힘겨워하고 있다. 한국의 미래가 젊은이들에게 달려있는데 참으로 난감한 상황이다. 학생들 중에는 아르바이트로 어렵게 돈을 벌며 대학을 다니는 자도 많아, 상황에 따라서는 좀 소홀히 할 수밖에 없는 수업도 생기며, 피치 못할 사정으로 시험에 임할 수 없는 과목도 나오게 된다. 하지만 그들 중에는 구제해줄 필요를 느끼는 학생도 있는 법인데, 그런 판단은 사회가 아닌 학교라는 교육현장에서 스승이 제자를 어루만져 줄 수 있는 영역내의 일인 것이다.

엄격함을 추구하는 사회와 달리, 대학은 완전하지 않은 청소년을 교육하는 기관으로, 학생들을 잘 지도하고 이끌어 원만한 사회진출을 돕는 곳이다. 청년실업문제가 심각한 상황에서 천신만고 끝에 이뤄낸 취업에 학생의 고충을 아무것도 고려할 수 없는 것이라면, 학교는 이미 사람을 키워내는 교육기관이라 할 수 없다. 사실 이미 능력을 인정받아 취업이 된 것이라면 성적은 더 이상 의미를 갖지 못할 수도 있다.

그런데 어처구니없게도 국가가 교수가 주는 학생의 성적에 대해 이러쿵저러쿵 간섭을 하려하며, 교수와 학생 간의 교육행위에 부정청탁이란 개념을 개입시키고 있는데, 이는 대학에 대한 부정이며, 교수들에 대한 모독이 아닐 수 없다. 그렇지 않아도 국가의 부당한 관여로 대학이 황폐해지고 있는데, 어처구니없는 일들의 연속으로 대학의 앞날이 어둡기만 하다.

학교도 다니지 않는 자들이 버젓이 학생으로 있는 한국의 대학들, 앞으로 해외에서 활약하는 프로골퍼 등의 운동선수는 당연히 수업에 출석할 수 없으니, 혹 학점을 받아 학생신분을 유지한다면 성적을 부여한 모든 과목의 교수들은 범법자가 되는 것이다.

이제 임명권자가 자기사람을 쓰는 것도 부정한 권력남용이 되는 것이다. 왜냐하면 객관적인 근거 없이 재량권을 개인적으로 사용했으니 말이다. 판사가 변호사의 변론을 듣고 판단을 하는 것도 판단에 영향을 미쳤으니 부정한 판결이라 해야 할지도 모른다. 또한 교수가 학생에게 추천서를 써주는 것도 부정한 행위일 수 있다.

한국 사회는 혼란 속에 무의미한 논쟁거리만을 생산하고 있어 국력소모가 심각하다. 애써 만든 좋은 법이 희화화되고 있어 그 취지가 퇴색하지 않을지 우려스럽다.

학진,* 학술지 공인 엄격히 해야

중앙일보, 2006.08.02

대학이 교수들의 연구 활동을 장려하기 위해 연구업적 심사를 강화한 지 오래이다. 학술진흥재단(학진)이란 곳은 국민의 세금으로 전문가 집단의 연구학술활동을 지원하는 곳이다. 학진은 학회의 학술지를 평가해 '등재지'니 '등재후보지'니 하며 등급을 매겨 공인하고 있다. 대학에서는 학진이 등재(후보)지로 지정한 공인학술지에 게재된 논문을 교수의 채용이나 업적평가의 기준으로 삼는다. 그런 만큼 학진의 학술지 평가는 엄격하고 신중해야 하는데 실상은 그렇지 못하다.

필자의 전공분야는 학회도 많고 학진이 지정한 등재(후보)지도 많다. 같은 종류의 학회가 조금씩 명칭을 달리하며 무수히 존재하고 있다. 한국일본학회, 한국일어일문학회, 한국일본어문학회, 한국일본문화학회, 한국일본어학회, 대한일어일문학회, 일본언어문화학회, 일본어문학회, 동아시아일본학회, 한국일어교육학회, 한국일본어교육학회, 한국일본어교육연구회 등등.

학문이 발전하면 학회가 전문 영역별로 세분화되어 전문성 있는

* 현 한국연구재단

학술단체로 거듭나야 한다. 하지만 그런 경우는 극히 드물다. 회원들의 지역성이나 친소관계 정도가 차이라면 차이랄 수 있을 것이다. 동종 학회의 무분별한 증가는 정상적 활동을 불가능하게 하며 경쟁력 있는 학회가 생기는 것을 가로막게 된다.

학회가 많다 보니 각 학회들은 학술대회의 발표자 모집도 쉽지 않다. 발표 논문의 질 따위는 따질 겨를도 없다. 걸작이든 습작이든 모두 모아 학술대회를 성사시켜야 한다. 대개는 논문의 질에 상관없이 누구나 신청하면 발표할 수 있다.

상당수의 학회지가 학진이 인정하는 공인학술지이다 보니 큰 경쟁 없이 논문이 게재된다. 까다롭게 구는 학회를 굳이 선택할 이유도 없다. 대학은 공인 학술지의 게재 논문을 연구업적으로 인정하고, 학회의 회장이니 이사니 하는 활동을 봉사점수로 부여해 교수들을 승진, 승급시킨다. 물론 연구비도 지급하며 논문을 많이 썼다고 인센티브를 제공하기도 한다. 논문은 질보다 양으로 승부해야 할 상황이다. 학회가 많으니 회장이니 이사니 하는 직함도 남발되어 권위가 없다.

오히려 분야에 따라서는 공인 학술지를 내지 않는 것이 학문 발전을 위한 길이기도 하다. 외국학인 경우는 해당 국가의 학회활동에 참여해 그곳의 권위 있는 학술지에 논문이 게재되도록 지원하는 것이 바람직하다.

대학에 따라서는 권위 있는 일본의 학술지에 게재하기보다 한국의 무수한 공인 학술지에 게재하는 것이 연구업적 평가를 더 후하게 받을 수 있는 우스꽝스러운 일이 벌어지고 있다. 한국학이라면 한국의 학술지가 세계적 권위를 갖는다. 일본학이라면 일본의 권위 있는 학술지가 세계적 권위를 인정받는 것이다. 국내 학회의 역사나 상징성을 감안한다 해도 전문영역별로 하나 정도의 최소한의 학술지를 공인하는 선이어야 할 것이다. 그래야 그나마 전문성을 갖춘 한 곳의 학회라도 경쟁력을 갖추게 될 것이다.

연구학술활동의 장려는 국가의 경쟁력을 높이는 중대한 일이지만 잘못된 제도로는 학회의 난립과 질 저하는 물론 학자들의 신중해야 할 학술활동을 가볍고 이기적으로 만들어 학술활동의 진정한 후원은커녕 국민 혈세만 낭비할 것이다.

전문분야가 다양한 연구학술활동에 대한 제도 운영이 쉬운 일은 아니겠지만, 학진이 의지만 있다면 학회를 정상화시켜 학문 발전의 기틀을 마련할 수 있을 것이다.

논문이란 창의적 성과를

인천일보, 2013.05.22

논문이란 자기주장이며 자기해석으로 타인의 주장을 뛰어넘거나 뒤집는 것이어야 한다. 그런 의미에서 타인의 논문은 비판의 대상이거나 발전의 토대가 될 뿐인 것이다. 미개척 분야의 연구가 불가능한 것은 아니겠지만 대개의 연구는 선행연구를 이해해야만이 쓸 수 있는 것으로 관련 분야의 논문을 참고하지 않고 새로운 논문을 쓰기는 어려운 일이다.

연구에 있어서 타인의 주장은 자신의 새로운 주장에 이용이 되는 것이지 그 이상도 이하도 아니다. 아무리 공부해 지식이 쌓여도 자신의 새로운 주장을 이끌어내지 못하고, 타인의 주장을 정리하거나 뻔한 데이터를 연구결과로 제시하거나 해서는 결국 연구논문이 되지 못한다.

연구 분야에 따라 차이가 있겠지만 연구는 공부와 다른 것으로 아무리 공부해 많은 것을 안다 해도 그로부터 창의적 결과를 내놓지 못해서는 연구가 될 수 없다. 그러니 연구는 공부의 양도 많아야 하겠지만 그 공부의 양이 창의적 성과로 이어지지 않는 한 실패에 그치고 만다. 그런 의미에서 수없이 많이 양산되고 있는 논문들을 과연 논문이라 할 수 있을지, 혹 검증이라도 해본다면 어찌될지 생각만 해도 아찔하다.

연구자들에게 논문을 요구한다 해서 그 많은 연구자들이 모두 논문다운 논문을 만들어 내리라는 기대는 잘못이다.

암의 정복을 위해 많은 의사들이 암에 대한 연구결과를 발표하겠지만 아직도 암은 불치의 병으로 남아 있다. 많은 논문이 본질을 꿰뚫는 핵심적인 연구였다면 암은 이미 정복되고도 남았을 것이다. 연구다운 연구가 얼마나 중요한지를 말하는 대목이다. 하지만 상당수의 연구는 그저 시간을 들여 하면 누구라도 얻을 수 있는 주변적 내용의 것일 확률이 높다. 그래도 주변적인 연구는 그나마 낫다. 아무 성과도 없는 연구도 부지기수일 것이다. 만일 연구를 공부라고 한다면 그간의 연구결과를 잘 정리하는 것도 논문일 것이고, 표절 역시 공부를 해야 나오는 것이니 연구일 것이다.

학위취득을 진정한 연구로 생각하지 않고, 사회진출에 유리한 스펙 정도로 여기는 사회풍조가 타파되어야 한다.

연구를 할 여건도 안 되는 자들의 과한 의욕과 이를 부추긴 대학의 이해가 일치해 대학에서 학위장사를 하니 제대로 된 학위논문이 나올 리 만무하다. 대학의 돈벌이수단이나 교수들의 인적 네트워크 구성에나 쓰일 학위과정에서 엉터리 학위논문이 나오지 않을 수는 없다. 자기가 하던 일을 잘하면 되는 것이지 대학에서 학위를 받아야 더 잘할 수 있는 것도 더 존경을 받을 수 있는 것도 아닐 것이다.

학문연구는 틈나면 할 수 있는 그런 것이 아니다.

매일같이 연구에 몰두해도 연구 성과를 내기 어렵고, 그렇게 해서 내놓은 연구 성과 역시 턱없이 부족해 전혀 경쟁력이 없는 경우가 허다하다. 연구가 전업인 교수들의 논문이 표절에 내몰리는 것을 봐도 연구논문이 그리 쉽게 만들어지지 않는다는 것은 자명한 일이다. 하물며 시간이 날 때 겨우 쓰는 학위논문이 제대로 된 성과를 내리라는 것은 희망사항일 뿐이다.

연구자의 길을 걸을 생각이 없다면 굳이 석사, 박사학위를 탐하지 마라. 정말 연구에 몰두해야 하는 박사학위는 더더욱 그렇다. 터무니없는 연구자도 전문가로 오해받아 거짓을 진실로 전달할 우려가 있는 것이다.

논문의 현실과 학문의 발전

인천일보, 2014.09.17

논문이란 가치 있어야 한다. 하지만 논문이 대량으로 양산되는 상황에서 그런 기대는 안 하는 것이 좋다. 논문은 그저 평범하거나 형식만을 갖춘 것들이 많아, 그런 논문들을 가지고 인사청문회의 검증재료로 이용하는 것은 무의미한 일이다. 논문이란 국회의원들이 출판기념회를 위해 내는 책들과 비슷할 수도 있다. 또한 학위논문이 심사를 통과해 나온 것인데 표절이니 뭐니 하며 심사자는 빼고 저자만을 추궁하는 것도 맞지 않는다.

많은 학술지의 논문들은 연구가 직업인 교수들이 국가나 대학의 연구비를 받고 수행한 것들이지만, 혹 검증이라도 한다면 평가받을 만한 논문 찾기란 생각보다 쉽지 않을 것이다. 연구자로서의 업적을 평가받아 장관후보자가 된 교수의 논문정도는 훌륭할 것으로 기대하지만, 그런 교수들의 논문조차도 매번 표절, 중복게재, 연구비 부당수령 등에 걸리는 것이 현실이다. 그나마 논문의 질까지는 평가하지 않아 다행이라면 다행이다.

논문은 창의적 결과물인 만큼 시도 때도 없이 만들어질 수 있는 그런 성질의 것이 아니다. 그래서 소수의 권위 있는 학술지에 실린 논문만이 소개되고 칭찬 받는 것이다. 그저 시간만 들이면 할 수 있는 것들은 연구라 할 수 없다. 그런데 그런 것들이 모두 논문으로 양산되어 교수들의 업적으로 되고 있다. 당연히 교수들은 좋은 논문을 써야 하지만, 논문을 양으로 평가받는 현실에서는 질 따위에 신경 쓸 겨를이 없다. 쓰레기 같은 서적들이 홍수를 이루고 있지만 논문 역시 마찬가지이다. 쓰레기처럼 묻혀버릴 수백편의 논문보다는 영원히 남을 단 한편의 논문을 쓰는 것이 가치 있는 일임을 망각하고 있는 것이다. 논문을 가장 많이 쓴 사람이 가장 훌륭한 학자라니 정말 어처구니없다. 가치 없는 논문은 안 내는 것이 학자의 양심인데, 이도 무너진 지 오래이다.

모든 연구자에게 논문을 요구하니 학회가 난립하게 되고 결국 많은 학회지의 논문모집과 심사 등이 어려움을 겪는다. 시간이 걸리더라도 우수한 논문만이 나올 수 있도록 해야 한다. 당연히 국내공인 학술지의 평가방법을 논문의 질로만 한정시켜야 한다. 그러기 위해서는 학술지 평가의 초점을 논문심사 제도에 맞추어야 할 것이다. 옥석을 가려낼 만한 권위자의 참여 없이 제대로 된 논문심사를 담보할 수는 결코 없다. 심사제도의 투명성, 공정성 등도 훌륭한 심사자가 있고 나서의 문제이다.

그렇지만 진정으로 학문의 발전을 꾀하려면 논문은 논문대로 질을 높여야 하지만, 전공분야에 따른 다양한 연구를 인정하는 것이 무엇보다도 중요하다. 학문의 다양성을 인정한다면 학문에 따라 요구하는 결과 또한 다양해야 한다. 분야마다 평가해야 할 항목이 다른데, 논문 하나만을 최고의 가치인 양 몰아가서는 학문의 발전은 오히려 뒷걸음질 치게 된다. 예체능의 실기가 있을 뿐만 아니라, 연구에도 논문보다 더 중요한 결과물들이 있는 것이다. 그런데 모든 분야에 논문만을 요구하게 되면, 논문은 생존을 위한 형식적 수단으로 변질되어, 결국 나와서는 안 될 논문들이 양산되게 된다. 논문 외에 저서, 번역, 실기 등이 업적으로 인정받아야만이 각 전문분야가 발전해 나갈 수 있다.

결국 연구는 전공분야에 따라 평가해야 할 항목을 정확히 파악하고 지원 대상도 그에 따라 선정해야 한다. 분야에 따라 다르지만, 연구계획서로 연구비지원을 결정하는 평가제도 또한 개선되어야 한다. 연구가 계획서처럼 성과를 낼 수 있는 것은 아니기 때문이다. 연구가 계획서처럼 이루어진다면 세상에 풀리지 않을 문제는 없을 것이다. 연구를 결과물로 평가하지 않는 제도하에서는 연구비를 받고난 후 결과에 상관없이 논문을 써내야 하니 억지 논문이 나올 수밖에 없다. 세금낭비가 아닌 학문발전에 기여할 수 있는 연구 관리제도를 기대해본다.

논문표절은 누구의 책임인가

한국일보, 2013.04.16

학위를 속이는가 하면 논문을 표절하여 비난을 받는 연예인들이 많다. 박근혜 정부가 출범하면서 고위공직자의 인사청문회에도 논문검증은 어느새 단골메뉴가 되었다. 연구자의 길을 갈 것이 아니라면 굳이 학위를 받아 고생할 일은 아닐 텐데 하는 생각도 든다.

각자의 분야에서 능력을 인정받으며 쌓아온 그간의 명예가 논문표절로 단번에 실추되고 만다. 공부 좀 더 해보려 한 것인데 운도 없다. 그런데 논문표절이 그들만의 책임인지 생각해봐야 할 것 같다.

논문이란 연구자가 그냥 작성해서 내면 되는 것이 아니라, 심사위원들의 까다로운 심사절차를 통과해야만 되는 것이다. 부실한 논문이 통과 된 것은 저자의 잘못이나 실수로만 볼 일이 아니다. 논문이란 그리 특별한 내용이 담겨진 것이 아니어서, 심사하는 교수들이 읽어 저자의 주장이 무엇이고 그것이 저자의 독창적인 것인지 아닌지를 평가하는 것은 그리 어려운 일이 아니다.

만약 논문의 질을 평가하지 못한다면 그건 교수의 자격이 없는 것이다. 기본적으로 틀린 논문, 베낀 논문은 그 분야의 전문가인 교수들의 심사를 통과할 수 없다. 그런데, 그런 논문이 버젓이 통과되었다면 이는 교수들의 자격미달이거나 아니면 다른 이유가 있었을 것으로 봐야 한다. 의외로 논문이 무엇인지 모르는 교수들이 있음도 부정할 수 없을 것 같다.

거짓이거나 남의 이야기를 쓴 학위논문을 제출했는데, 심사위원인 교수들이 그것으로 충분하다고 평가하여 학위를 줬을 경우 그 잘못이 누구에게 있겠는가? 오답을 써냈는데 심사하는 교수들이 정답이라고 채점을 한 꼴 아닌가. 잘못된 논문을 그냥 그것으로 됐다고 교수들이 공적인 평가를 한 것에 다름 없다. 논문 저자에게 책임을 묻는 것은 본말이 전도된 것이다. 오히려 처음 논문을 쓰게 되는 자는 논문을 어떻게 써야 하는지를 잘 모르기 때문에 지도교수의 지도와 주문에 따라 작성하게 된다. 그렇게 해서 만든 학위논문을 학생의 잘못으로 돌리는 것은 분명 문제가 있다.

학위논문이 완성되기까지는 힘든 과정이 자리한다. 논문에 대한 구상을 발표해야 하고, 중간논문 발표회도 가져야 하고, 어느 정도 완성되면 가 논문을 심사위원들에게 제출하여 지도를 받고, 다시 지적받은 곳을 고치고 또 고쳐 마지막에 완성된 논문을 심사받아야 한다. 지도교수가 인정을 해야만 정식 학위논문 심사절차에 들어가고, 거기에서 다수 심사위원들의 심사를 통과해야만 학위를 받는 것이다. 그런 학위논문에 문제가 있다면 당연히 그 책임은 심사위원들에게 있다고 여겨진다.

교수들의 논문도 마찬가지이다. 논문이란 다 심사를 통과해야 하는데 표절이 있었다면 심사위원들의 무능력이나 불성실, 부당함을 지적해야 옳다.

논문은 표절만이 문제가 아니라는 사실을 간과해서는 안 된다. 질을 담보하지 못하는 논문이 업적으로 평가받는다는 것도 큰 문제이다. 국민의 세금인 연구비를 받아 작성한 논문들을 다시 평가해 본다면 표절이상의 시비에 휘말릴 일이 다수 발생할지도 모른다.

연구가 필요하지만 의미 없는 논문을 양산해내는 연구비는 등록금 마련으로 허덕이는 대학생들의 등록금에 충당하는 것이 오히려 나을 것이다. 계획만으로 훌륭한 결과를 담보할 수 없음은 당연한 이치인데, 계획서만 잘 만들면 연구비를 받을 수 있으니 그저 부실한 구조만 잘 통과하면 되는 것이다.

지금과 같은 대학원운영, 교수들의 논문심사와 업적평가방법이 존재하는 한 표절되거나 텅 빈 강정 같은 논문은 계속 양산될 수밖에 없을 것이다.

논문표절은 교수들의 책임이다

한국일보, 2012.05.03

논문표절 문제가 청문회의 단골메뉴였는데 이제는 국회의원 후보자들에게까지 그 영역이 넓어졌다. 당연한 귀결이다.

논문이란 평생 한편을 쓰기가 힘든 분야도 있고, 1년에 수십 편을 쓸 수 있는 분야도 있다. 한편의 논문에 저자가 1인인 경우도 있고, 10인 이상인 경우도 있다. 논문은 분야마다 질과 양은 물론 논문을 만들어내는 과정이나 그를 인정하는 관행도 다르다. 분야에 따라서는 논문을 습작처럼 냈다가 그것을 다시 수정·보완해 보다 나은 논문으로 재탄생시키는 경우도 있다.

하지만 논문이란 기본적으로 저자의 독창적 주장이어야 하는 것으로 기존 연구에서 한발 진전되거나 새로워야 한다. 따라서 논문을 완성시킨다는 것은 기본적으로 학문적 바탕이 있어야 가능한 것으로 연구에 많은 시간을 투자해야 겨우 나오는 것들이라 할 수 있다.

해외유학을 가서 학교에 살다시피 하면서 연구에만 매달려도 박사학위를 따기가 쉽지만은 않다. 물론 대학의 수준에 따라, 학문분야에 따라 그 어려움이 더 크거나 작을 수는 있다. 하지만 박사과정 중에 연구에만 몰두해도 그 성과를 거두기가 어려운 것이다. 교수들도 연구현장에서 벗어나 조금만 게으름을 피우면 논문다운 논문을 내지 못하게 되고, 논문 표절문제에도 휘말리게 된다. 하물며 연구를 전업이 아닌 부업처럼 하면서 좋은 논문을 만들기란 어려운 일이다. 즉 하루 종일 연구만 해도 시원찮은데, 다른 일을 하면서 틈틈이 시간을 내어 하는 연구에서 정상적인 학위논문을 기대할 수는 없는 일이다. 사정상 박사학위가 필요하다 하여 갑자기 하지 않던 공부를 하는 상황에서 어찌 논문다운 논문을 만들어 낼 수 있겠는가. 연구가 주목적이 아닌 상황에서 타인의 힘을 빌리지 않거나 표절 없이 제대로 된 논문을 완성해내기는 쉽지 않은 일이다. 물론 개인차를 부정하는 것은 아니다.

또한 모든 분야의 전문가를 박사학위자로 하려는 관행도 부실 학위자를 양산하는 일이니, 재고되어야 한다. 예체능과 같은 실기로 평가받는 분야는 교수의 임용기준을 실기능력에서 찾으면 되는데, 타 분야와 기준을 맞추려 하다 보니 무리가 따르게 된다. 전공분야의 특수성을 고려하지 않은 일반적인 기준에서 평가하게 되면 교수들의 논문 문제는 더 심각해질지도 모른다.

우리나라에서 학위논문의 표절시비가 끊이지 않는 것은 결국 대학과 교수들의 욕심이 빚어낸 결과이다. 학생이 논문을 표절을 하던 짜깁기를 하던 교수들이 별로 개의치 않기 때문이다. 당연히 학위논문으로서 통과되어서는 안 되는 것을 심사위원들이 부당하게 통과시킨 것이기 때문에, 관행이라 하지만 심사위원인 교수들의 책임이 크다 할 것이다. 학벌을 중시하는 한국사회에서 많이 배웠다는, 전문가라는 증표로 작용하는 박사칭호가 개인의 능력을 포장하기 가장 좋은 것임을 파고들어 대학에서 부적절한 선택을 한 것이나 다름이 없다.

교수나 연구자를 꿈꾸는 많은 자들이 외국유학을 선택한다. 해외 유명대학에서 공부하지 않으면 경쟁력이 없다는 것이다. 지금의 한국을 탄생시킨 원동력임에 틀림없다. 한국도 세계적인 연구중심대학을 만들어야 한다며 대학원을 육성하고 있지만, 아직도 그 경쟁력은 미미하다. 우수한 학생들이 진학하지 않는 대학원이 정상적으로 운영될 리 없다. 질을 따질 상황이 아니다. 누구라도 받아 대학원을 유지하는 것이 급선무이다. 이런 대학원에서 논문표절이 없다는 것이 오히려 이상한 일이다. 훌륭한 연구자를 배출하고 싶었겠지만, 결과는 초라하다.

　이미 대학에 연구와 상관없는 특수대학원이 난립하여 대학원의 가치를 변질시키고 있다. 대학원을 정상적으로 운영하여 대학에서 학위장사를 하는 일이 없도록 해야 하며, 개인도 학위로 자신의 능력을 포장하려는 마음을 버려야 한다.

　국내 대학원에서 배출한 사람들이 세계적인 논문을 양산할 때 한국의 대학이 진정으로 세계적 경쟁력을 갖추는 것이니 대학원을 과감히 정리하여 대학원의 경쟁력을 높여야 한다.

지역

- 인천시 -

'중앙공원'을 최고의 명소로

인천은 동북아시대의 중심

북경과 나고야를 보며

서해의 평화정착 없이 인천시의 자치구현은 불가

 - 온전한 인천 찾아줄 9·18 제3차 남북정상회담

모세종의 오피니언

'중앙공원'을 최고의 명소로

인천일보, 2006.11.15

　인천 구월동의 예술회관이 있는 중앙공원의 일요일은 정겹다. 많은 사람들이 나와 운동도 하고 작은 볼거리도 있고 노천의 공연장에서는 하루 종일 공연소리가 이어지기도 한다. 예술회관에서 개최되는 갖가지의 공연과 전시회 등에도 시민들의 발길이 끊이질 않는다.

　도시 한복판에 자리 잡은 휴식공간은 시민들에게 많은 여유로움을 제공한다. 인천지하철을 따라 길게 전개되는 도심의 공원은 참으로 소중하다. 공원 좌우측은 차도를 사이에 두고, 한쪽은 백화점과 유흥가가 자리하여 인천 최고의 번화가로 성장한지 오래이며, 다른 한쪽 역시 식당가와 유흥가가 모여 있어, 공원이 아니더라도 많은 시민들이 밤낮 가리지 않고 찾아드는 곳이다. 참으로 소중한 도심의 공원이다.

　하지만 공원이 바둑판처럼 도로로 잘려 이어져 있지 않은 점은 못내 아쉽기만 하다. 지금과 같이 공원이 되는 곳이었다면 전체를 하나로 만들었더라면 하는 생각이 든다. 더구나 공원 주변이 지금과 같은 인천 최고의 번화가가 되고 나서 보면 더더욱 그렇다.

　커다란 예술회관도 하나가 된 공원의 어느 한쪽에 위치하여 공원을 중간에서 가로막고 있지 않았더라면 공원은 더욱 넓게 즐길 수 있었을 텐데 하는 아쉬움이 남는다.

기왕이면 공원에서 번화가로 이어지는 곳도 자동차도로를 없애고 시민들이 산책하거나 운동하거나 기타 공연을 관람하고 번화가나 식당가 쪽으로 자유로이 드나들 수 있도록 되었으면 참으로 좋았을 것이다. 그리되면 전철에서 내려 백화점에서 쇼핑도 하고 맛있는 음식도 먹으며 자유로이 공원을 즐길 수 있을 것이다. 도심에 공원과 쇼핑몰 식당가 등이 함께 자리 하는 관광지가 만들어지면 한국에 보기 드문 명소가 탄생할 것이다.

도로를 없애면 교통문제가 예상될지 모르겠지만, 자동차의 통행이 많던 서울시 한복판의 시청 앞이나 청계천로의 변화를 생각한다면 별 문제가 안 될 수도 있다. 도로를 줄이거나 폐쇄하여 자동차를 우회시킨다 해도 결국은 별 무리 없이 소통된다. 기왕에 도심에 위치해 많은 시민들에게 좋은 공간을 제공할 터전이 마련되어 있으니, 언젠가 전체가 하나로 이어진 훌륭한 도심공원으로 조성되기를 기대한다.

인천은 생동감이 넘친다. 인천국제공항의 출범과 함께 한국의 중심지로서의 역할을 시작한 이래, 송도신도시의 개발과 최근 검단신도시 조성 발표에 이르는 광범위한 인천개발계획은 인천의 변화되는 모습을 예측하기 어렵게 만들고 있다.

이제는 서울의 변방이 아니라 자체적으로 충분히 경쟁력 있는 지역으로서의 인천이 만들어져 가고 있는 것이다. 광범위한 개발에 재정확보의 어려움이 따르겠지만, 매우 고무적인 일이 아닐 수 없다.

넓은 인천에서의 새로운 지역개발은 매우 중요하다. 하지만 많은 시민들이 생활하고 있는 기존지역의 개발 역시 그에 못지않게 중요하다. 조각이 나서 제대로 빛을 발휘하지 못하는 공원을 하나로 이어 근사한 도심의 쉼터로 조성한다면 인천에 커다란 볼거리가 생길 것이다.

얼마 전 '사단법인동북아비전21'에서는 인천에 74명의 일본인 아빠들을 초청하여 2박 3일간의 홈스테이를 실시했다. 국제화시대에 걸맞게 인천도 국제교류의 장이 되어야 한다는 생각에서 치룬 행사였다. 대개 한국을 찾는 외국인은 인천공항에서 바로 서울로 들어가 그곳에서 여정을 푼 후, 일을 마치면 서울 등을 구경하고 인천은 공항을 거치기만 하고 귀국해 버리는 경우가 많다.

인천공항을 통해 한국을 찾아오지만 인천을 보기 위해 찾는 외국인관광객은 많지 않은 것이 사실이다. 실제로 짧은 홈스테이의 일정이었지만 일본인들에 보여줄 만한 인천이 언뜻 떠오르지 않아, 인천에서는 잠만 하고 서울로 구경을 갔다가 다시 인천에 귀가하여 잠만 자게 되었다는 사람들이 많았다고 들었다.

도심 한복판에 있는 공원에 와서 길게 전개되는 공원길을 걸으며 한국인의 공연도 보고 쇼핑가에 가서 물건도 사고 한국여행의 백미인 한국요리를 먹을 수 있게 된다면 이 또한 훌륭한 여행이 되지 않겠는가.

인천은 동북아시대의 중심

인천일보, 2006.08.02

　한·중·일이 중심이 되는 동북아시대의 전개는, 동북아를 세계 최강국의 격전지로 만들고 있다. 동북아에서의 승리만이 미래를 보장받을 수 있는 시대이다. 동북아의 한가운데에 위치한 한국은 일본을 추격하고, 중국을 무대로 약진을 거듭하고 있다. 민족의 저력과 반세기만의 눈부신 발전을 바탕으로 동북아시대의 중심에 서야 한다는 각오이다.

　일본은 한국의 발전을, 한국은 중국의 발전을 외형적인 것으로 깎아내리려 하며, 자국의 우위를 주장하고 있다. 하지만 이미 한국은 질적인 면에서도 일본을 위협하고 있다. 생활수준의 향상과 더불어 의식도 높아지고 서비스 수준도 개선되고 있다. 지역 차는 있지만 중국의 발전도 괄목할 만하다. 하루가 다르게 변하고 있어, 질적인 발전에도 그 속도를 예측하기 어렵다. 베일에 싸여 보이지도, 보여주지도 않았던 예전의 중국이 아니다. 잘 반응하지 않던 예전과는 달리 이젠 적극적으로 자기 목소리를 내고 있다. 경제발전과 더불어 얻은 자신감의 결과이다.

　한국은 태평양을 낀 동북아에서의 위치가 무엇보다도 중요하며 현실적이다. 일본의 경제회복과 내셔널리즘으로의 회기, 중국의 경제적 급성장과 강대국으로서의 영향력 행사, 이런 중국과 일본의 틈바구니 속에서 한국이 동북아 허브로서의 역할을 수행한다는 것은 자칫 구호에 그치기 쉽다. 지구촌시대의 리더는 정치가든 누구든 국제적 감각 없이 한국의 비전을 올바르게 제시할 수 없다. 우리의 지식과 상식, 문화적 습관이 세계에 통용되지 않는 경우가 적지 않기 때문이다. 국제적 감각이란 한국적 사고만으로 갖출 수 있는 것이 아니라, 실제로 세계를 발로 뛰면서 보고 배우고 느껴야 얻어지는 것이다.

이런 상황에서 동북아시대의 주역이 한국이라면 그 중심은 인천이어야 한다. 인천이 수도 서울을 열어주는 하늘과 바다의 관문이기 때문이다. 세계를 맞이하는 인천의 인상은 한국의 첫인상이다. 인천의 발전은 선택사항이 아니다. 세계의 주요도시는 바다를 끼고 발전하고 있다. 물류 면에서나 관광 면에서나 바다를 낀 도시야말로 무한한 경쟁력을 갖는다. 일본의 요꼬하마(橫浜), 중국의 상해(上海), 청도(靑島), 그 발전상은 우리의 예상을 훨씬 뛰어넘으며, 인천의 발전 가능성을 크게 시사하고 있다.

얼마 전 한국인이 가장 많이 진출해 있는 중국 청도를 찾았다. 청도의 도심은 이곳이 중국인가 하는 생각을 갖게 하기에 충분했다. 인천과 같은 항구도시 청도. 바다를 끼고 전개되는 도시의 아름다움은 한 폭의 그림과도 같다. 감탄할 만한 선진국의 모습이다. 한국인이 값싼 노동력을 찾아 진출한 그런 도시라고는 상상하기 힘들다. 한국의 관문이며 동북아의 허브를 꿈꾸는 인천의 모습이 초라해 견딜 수가 없다.

인천도 넓은 땅과 바다가 있다. 언제쯤 동북아의 허브에 걸맞은 모습을 갖출 수 있을지 애가 탄다. 인천을 내려다본 모습에는 개성도 조화로움도 없는 성냥갑 같은 건축물들의 무질서한 나열만이 보일뿐이다. 도시경관이 선사하는 아름다움은 찾아보기 힘들다. 한국 도시의 건축물들이 이렇다 할 볼거리를 제공하지 못하는 것과 달리, 청도는 아파트며 호텔이며 대부분의 건축물들이 서로 다른 모양을 하고 있어 외형적으로 볼만하여 지루하지 않다.

서울이 한강을 중심으로 아름다운 도시를 건설하고 있다면, 인천은 바다의 장점을 살린 도시를 건설하는 것이 경쟁력일 것이다. 강의 유한함보다 바다의 무한함이 더욱 매력적이지 않겠는가! 인천은 육해공(陸海空)이 함께하고 있어 동북아시대의 허브 역할을 수행할 최적지이다. 인천을 국제적 감각이 살아있는 경쟁력 있는 도시로 만드는 일은 아무리 서둘러도 지나치지 않는다.

월미도, 차이나타운, 송도, 연안부두 … 인천하면 생각나는 곳들이다. 하지만 그 규모나 시설은 관광지로서의 역할을 하지 못한다. 하물며 외국인에게 무슨 볼거리가 되겠는가? 경쟁력을 갖출 수 있는 곳이라면 내국인이든 외국인이든 그 누가 찾아도 규모나 시설 면에서 감동할 만한 명소로 재개발해야 한다.

관광이 자원이 되기 위해서는 와서 보고, 머물 수 있는 규모가 있어야 한다. 잠시 왔다 보고 그냥 스쳐 지나치는 볼거리는 자원이 될 수 없다. 머물며 볼 수 있는 볼거리, 즐길 수 있는 즐길 거리를 만들어야 한다. 규모가 작은 아름다움보다는 크고 웅장한 아름다움이 국제화시대의 경쟁력이다. 인천만이 내세울 수 있는 바다와 해안을 국제적 경쟁력이 있는 볼거리로 만드는 것이, 수도권의 조화로운 발전과 더불어, 인천이 동북아시대의 허부로 자리매김할 수 있는 최상의 길이다.

북경과 나고야를 보며

인천일보, 2018.11.21

최근 국제학술행사를 위해 중국과 일본을 찾았다. 자주 다니는 곳이라 새로울 것도 없지만, 한국과 치열하게 경쟁하는 나라인지라 변화된 모습을 주의 깊게 살펴보는 것이 방문 목적 중 하나이다.

북경 공항에서 입국수속을 하며 신분확인을 위해 도입된 새로운 시스템에 잠시 당혹감을 느꼈다. 변해가는 시스템에 유학파 국제인임을 자처하던 신분이 공항사정도 모르는 시골사람으로 추락한 느낌이었다. 여권만 제시하면 끝났을 예전의 입국심사와는 달리 기계 앞에서 여권을 대고 지문날인과 함께 쓰인 대로 절차를 진행해야 하는 번거로움에 그간의 오랜 경험은 무용지물이 되고 말았다.

돔구장을 건설해 야구를 실내에서 하게 만든 일본에 놀랐는데, 북경의 공항은 드넓은 산과 들에서나 하는 골프마저 실내에서 하게 만들겠구나 하는 생각을 갖게 하여 내 상상력을 압도했다. 거대 중국이 보여주는 규모에 발상의 차이를 실감하는 순간이었다. 미세먼지와 황사의 발원지로만 생각하던 중국이니 그 정도가 훨씬 심하리라 생각했지만, 그럭저럭 마스크 없이 보낼 수 있어 의아했다. 참가인원이 많아 이동에 대중교통을 이용해 보기로 했다. 치안이나 청결 면에서 다소 꺼려졌지만, 예상과 달리 한국과 다름없는 훌륭한 시설이었다. 대중교통 이용이 거의 없던 나에게 대중교통의 유용함을 일깨워준 중국이어서 아이러니했다.

북경외대에서의 학회는 학부 3학년 학생의 공항 마중과 안내가 있었는데, 그의 유창한 일본어에 깜짝 놀라 그 배경을 물어보니 중국의 엘리트교육이 자리하고 있었다. 그 학생은 외국어고가 아니라 외국어중을 나와 중학교 때부터 일본어를 공부했다고 한다. 중학교 때부터 선발하여 공부를 시키니 그럴 법도 했지만, 말쑥한 모습에 바른 예절, 거기에 일본어 능력까지 칭찬하지 않을 수 없었다. 대학의 규모도 한 학년에 1,000여 명의 적은 수밖에 뽑지 않는다 하여 인구대국 중국에서 그럴 수 있는가 하며 다시 한 번 놀라야 했다. 국가가 적은 규모를 유지하라 한다니 치열할 입시경쟁이 떠올랐다.

인천에서 1시간 반 정도면 도착하는 일본의 나고야는 섬인 중부국제공항을 통해 들어간다. 교통이 철도중심인 일본인만큼 공항에서 1인당 1만 2,000원의 쾌속운임으로 30여 분을 달려 나고야역에 도착했다. 잘 먹어 좋은데 운동을 하지 않아 늘 걱정 속에 사는 한국생활이다. 건강을 위해 걷는 삶이 생활화되어야 하는데, 일본은 걷지 않을 수 없는 환경이어서 과음과 과식만 피하면 건강한 여행을 즐길 수 있다. 4일간의 일정에 일행 모두 하루 2만보 가까이 걸었다. 경비절약을 위해서가 아니라 일정소화에 걷지 않을 수 없어서였다. 걷기에 익숙하지 않은 자는 일본여행이 피곤하다. 오랜만에 맑은 공기를 마시며 걷고 또 걸으며 '이것이야말로 평소 추구해야 할 건강한 삶의 모습인데'라는 생각에 기쁘기만 했다.

인구 200만의 나고야는 300만의 인천보다 작은 도시이다. 그런데 웬걸 웅장한 나고야역 주변의 수많은 인파는 인천에서 상상하기 힘든 모습이었다. 사람들을 피하지 않고는 거닐 수 없었다. 고층전망대에서 내려다보는 나고야의 전경은 인천의 존재를 숨기고 싶을 지경이다. 3대도시를 지향하는 인천시의 미래에 숨가쁨을 느끼는 대목이었다. 지하통로로 연결된 역 주변 고층빌딩들의 수많은 식당은 사람들로 만원세례를 이뤄 여럿이서 들어가 함께 식사하기가 힘들었다. 무리를 하며 살아가는 일본인들이 아닌데, '일본의 경기가 이렇게 좋은가'라는 생각이 들었다. 나고야의 한 여대에서 인하대로 언어문화연수를 오는데 첫 방문 학생들을 만났다. 4학년인데 공부에 뜻을 둔 학생 외에는 전원 취직이 결정되어 있었다.

인산인해를 이루며 활황을 보이는 경기와 졸업하기도 전인 지방 여대생 모두 취업이 결정되는 일본의 상황은, 안정은 온데간데없고 늘 전쟁터와 같이 격랑 속에 사는 한국과는 사뭇 대조적이다. 그런데 어쩐 일인지 한국의 원화만은 고공행진을 거듭하여 일본에서도 돈쓰기를 재촉한다.

북경과 나고야 방문은 발전하는 거대 중국과 안정 속에 경제성장을 구가하는 일본을 보며 한국을 되돌아보게 한다. 부국강병밖에 없다. 통일한국을 이뤄내고, 개인의 우수한 역량이 내부혈투로 소모되지 않고 국력으로 결집되는 나라를 만들어야 한다.

서해의 평화정착 없이 인천시의 자치구현은 불가

– 온전한 인천 찾아줄 9·18 제3차 남북정상회담

인천저널, 2018.10.30

한국의 많은 도시가 자치권을 행사하며 자신들의 행정구역 안에서 자유로움을 만끽하며 평화롭게 생활하고 있어, 남북의 군사적 충돌위협은 먼 타지의 일로 생각할 수도 있다. 한국의 관문으로 미국 맨하탄과 같은 도시를 지향하며 송도, 청라와 같이 눈부신 발전을 이루고 있는 300백만의 거대도시 인천은 남북한의 군사적 충돌위험이 도사리는 냉엄한 현실을 안고 있다. 서해5도나 강화도가 아니더라도 인천의 해안가는 아직도 철조망과 군인들의 초소가 산재되어 있어, 북한과 대치하고 있는 최전선으로서의 분위기를 연출하고 있다. 천안함사건이나 연평해전 등이 말하듯이 인천시는 여전히 남북의 화약고와 같은 상황하에 있는 것이다.

지방자치제가 시행되고 있으니 인천 전역의 행정이 시의 관할하에 이루어지면 좋으련만, 인천은 군사적 대치 지역인 탓에 자치권의 행사가 제한되어, 남북관계의 개선으로 평화가 찾아올 때 비로소 정상화될 수 있다. 북한의 위협이 사라지면 제대로 된 인천을 구현할 수 있을 테니, 금번 9·18정상회담은 온전한 인천을 찾아줄 수 있는 전기를 마련해줄 실질적인 선물이라 하겠다. 아직 남북관계의 진전

상황을 지켜봐야 하겠지만, 그래도 우리의 숙명과제인 남북의 화해, 평화, 통일에의 길은 앞을 향해 전진시킬 수밖에 없기에, 회담결과를 희망적으로 보지 않을 수는 없다.

서울의 관문인 인천이 군사적 위험지역으로 머물러 있어서는 수도권의 미래는 불안할 수밖에 없다. 또한 수도권 미래의 먹거리를 만들어낼 수 있는 해양의 발전이 인천을 통하지 않고서는 불가능한 상황임을 생각할 때 인천의 평화정착은 하루속히 이뤄내야 할 시급한 과제이다. 군사지역이라는 한계 탓에 중요한 해양의 보고임에도 그 자원을 활용할 수 있는 역량을 발휘해오지 못하고 있는 인천은 드넓은 바다에서 어업조차 마음 놓고 하지 못하는 상황이 수십 년을 이어오며, 안전은 물론 어민들의 생업에도 많은 지장을 초래하고 있다.

9·18회담의 합의대로 서해앞바다가 평화수역으로 정착되어 남과 북이 평화리에 공동 활용할 수 있게 된다면 그 중심지역인 인천으로서는 새로운 해양의 역사를 써내려갈 수 있는 역사적 시대를 여는 것이다. 좁은 바다를 사이에 두고 이산의 아픔을 실감하며 한숨만 내쉬는 인천인데, 회담이 성과를 거두어 남북이 평화롭게 조업하는 모습을 볼 수 있게 된다면 인천의 앞바다는 군사적 공포에서 벗어나 분단의 아픔을 치유할 수 있는 통일의 전초기지가 될 것이다. 그런 만큼 9·18회담은 그간 인천이 꿈꾸고 있는 서해안시대의 난제를 일거에 풀어 인천의 재도약을 이끌어낼 수 있는 기회로 삼아야 할 것이다. 남북 간에는 아직도 풀어내야할 숙제가 산적해 있고 북한에 대해 반신반의하거나 부정적 시각으로 보는 국민들조차 있지만, 어찌 됐든 남북이 성취해내야 할 조국의 미래에 초석이 되는 일이라면 그 어떤

풍파라도 극복해나감이 우리의 시대적사명일 것이다.

주변국과의 어려운 제반 환경 속에서 때로는 그들의 손에 놀아나듯 제대로 된 힘을 발휘하지 못해왔지만, 남과 북이 하나로 되는 순간 한국은 그 누구도 과소평가할 수 없는 나라다운 나라로 우뚝 솟는 것이다. 통일된 한국을 두려워하며 방해하는 주변국에 장단을 맞추는 어리석은 일을 되풀이해서는 안 된다.

인천은 남북화해의 실질적 물꼬를 틀 수 있는 최적의 장소이며 이를 실현시킬 수 있는 충분한 역량을 갖춘 도시이다. 인천은 역사적 자취의 의미만을 부각시키는 예전의 도시가 아니라, 신구가 조합을 이뤄 여러 면에서 두루 경쟁력을 갖춘 세계적 도시로 발돋움하고 있다. 대부분의 도시가 침체를 두려워하고 있을 때에도 인천만은 발전의 울림소리가 끊이지 않으며 한국을 견인하고 있다. 이런 인천이 그간 지정학적 문제 탓에 꽃피우지 못한 부분을 9·18 회담이 해소시킬 기회를 주고 있는 것이다.

남북의 화해를 위해 북한 내에서 이뤄낸 개성공단과 금강산관광 등이 재개해야 하겠지만, 인천 앞바다의 서해협력평화지대 구상처럼 남도 북도 아닌 공동구역으로 설정한 지역에서, 그야말로 통일 후에나 그 광경을 볼 수 있는 성과를 이뤄내는 일이야말로 남북화해와 공동번영의 진정한 시작일 것이다. 군사적 충돌도 인천에서였으니 평화와 공동번영에의 길도 인천에서 실현시킴이 옳다. 이런 점에서 인천은 정부와 적극 협력하여 인천의 문제를 인천이 주도해간다는 자세로 남북관계의 해빙무드를 잘 성숙시키는 주인공으로서의 능력을 발휘해야 할 것이다. 서해협력방안이 실효를 거둘 수 있도록 만반의 준비를 다하여 조국통일과 민족번영의 길을 다져나갈 수 있는 중심에 인천이 있어야 할 것이다.

9·18회담에 대한 정치가들의 주장은 서로 다를 수 있지만, 그래도 대다수의 국민들은 금번 회담의 감동을 피부로 느끼며 희망을 노래하고 있다. 남북관계를 감상에 젖어있지 말라 탓만 할 일도 아니다. 우리의 절실함의 반영일 수 있기 때문이다. 우리가 누구를 위해 남북의 대치상황을 이어가야 하겠는가. 가난하고 힘없는 시대의 타국에 의한 정치놀음에 우리의 뜻과는 다른 왜곡된 남북관계가 이어져 왔지만, 이제는 우리가 주체적으로 나서서 남북관계를 정상적인 모습으로 돌려놔야 한다. 이것은 선택의 문제가 아닌 만큼 희생을 말할 수밖에 없는 경우가 발생한다 하더라도 조국의 미래를 위해 이뤄내야 할 것이다. 말할 수 없는 온갖 고초를 치러내며 일본으로부터의 해방을 위해 싸워왔는데, 조국통일을 위해 더 이상 머뭇거릴 일은 아니다. 그 어떤 것보다 통일이 가져다줄 감동만한 것이 우리에게 있을 수는 없다.

남북문제에 대한 여야의 대립도 기존의 모습으로는 안 된다. 한 정당의 정권획득을 위해 조국통일의 위업이 방해받아서는 안 된다. 늘 조국을 위태롭게 하고 조국을 망하게 한 것이 정치이다. 정당의 이익을 위해 국민을 분열의 용광로에 몰아넣고 국가가 망하더라도 권력을 취하겠다는 정치인들의 자세가 바뀌지 않는 한, 어렵사리 찾아든 남북의 화해무드에 차질을 빚을 수도 있어, 남북문제를 더 이상 정쟁의 도구로 끌어들이는 일이 없기를 기대한다. 정쟁도 국가를 위한 것이어야 한다. 우리들끼리 싸우면서 타와의 관계개선을 이뤄낼 수는 없다. 야당도 현 남북관계에 부족한 부분이 있거나 더 좋은 아이디어가 있으면 국민들에게 제시하여 수권야당으로서의 신뢰를 얻어내면 될 것이고, 여당 또한 남북관계의 개선이 여당의 전유물인 양 하거나 정권유지의 수단으로 활용해서는 안 될 것이다. 그래도 남북이 대치하면서 벌이는 무력충돌보다는 평화무드 속에서 발전을 꾀하는 것이, 설령 다소의 혼돈이 따르더라도 긍정적이지 않겠는가.

출처*

"역사에 대한 진정한 반성에서 나올 수 있는 행동인지", 2005.10.28.
"직업 선택 제도적 보장을", 2006.07.11.
"인천은 동북아시대의 중심", 2006.08.02.
"학진, 학술지 공인 엄격히 해야", 〈중앙일보〉, 2006.08.03.
"한국인의 사고는 한글 속에서", 〈중부일보〉, 2006.08.10.
"공권력이 살아야 모두가 산다", 2006.08.23.
"'차고 증명제' 도입 시기", 2006.09.06.
"체벌과 교육현장", 2006.09.20.
"사학법 재개정은 국민 뜻인가", 2006.10.04.
"고향길을 꽃길로", 2006.10.18.
"관공서 야간업무 부서를", 2006.11.01.
"중앙공원을 최고의 명소로", 2006.11.15.
"졸업·취업 시기 조화롭게", 2006.11.29.
"연말에 이웃을 돌아보자", 2006.12.13.
"코리안 타임은 계속되는가", 2006.12.27.
"국민은 빠진 검경수사권 조정", 〈한국일보〉, 2011.06.29.
"대학발전과 등록금", 2011.06.10.
"지역 균형발전은 양보를 통해 이루어진다", 〈동아일보〉, 2011.06.17.
"선생님 권위·사기 높이기", 2011.08.25.
"꼬인 국제관계 해법은 없나", 〈한국일보〉, 2011.09.17.
"'주인' 우롱하는 '머슴'", 〈중앙일보〉, 2011.10.03.
"선거와 노령화시대의 대표", 2011.10.26.
"서민 울리는 정부 주택정책", 2011.12.13.
"의사소통 가로막는 사자성어", 2012.01.10.
"무너진 학교, 교사가 살려야", 2012.02.02.
"무절제한 방송언어", 2012.03.02.
"공천도 스스로 못하는 정당", 2012.03.22.
"논문표절은 교수들의 책임이다", 〈한국일보〉, 2012.05.03.

* 언론매체명이 없는 것은 인천일보임

"국회의원 비례대표제", 2012.05.14.
"한일협력과 국민정서", 2012.07.23.
"에너지 절약은 남의 이야기", 2012.08.01.
"총장 직선제 포기는 민주주의 포기", 〈경향신문〉, 2012.08.24.
"한일관계, 민간교류에서 해법을", 2012.08.27.
"진정한 국방의 의무", 2012.10.17.
"단죄는 정의사회 구현의 조건", 2012.10.30.
"'하우스푸어', 분양방법부터 바꾸자", 〈아시아경제〉, 2012.11.08.
"무책임한 개발계획", 2012.11.16.
"진보개혁정권과 종북세력화", 2012.11.28.
"정치평론과 혹세무민", 2013.01.07.
"선거의 여론조사·출구조사 재고되어야", 〈경인일보〉, 2013.01.08.
"전관예우는 인격적인 것이어야", 2013.01.23.
"공평 인사가 대통합 출발점", 2013.02.25.
"논문표절은 누구의 책임인가", 〈한국일보〉, 2013.04.16.
"일본의 변화와 한국의 자각", 2013.04.29.
"논문이란 창의적 성과물", 2013.05.22.
"국민의 의식수준을 높이자", 2013.07.16.
"무절제한 표현과 언론의 자유", 2013.08.06.
"건전한 '자치'를 이루려면", 2013.08.22.
"역사과목 수능 지정과 '참교육'", 2013.09.12.
"정책이나 제도, 국민을 위한 것이어야", 〈기호일보〉, 2013.09.16.
"과세 정책·제도에 문제 있다", 2013.10.11.
"방송의 질 괜찮은가", 〈기호일보〉, 2013.10.16.
"권력을 남용하지 마라", 2014.01.02.
"개인정보 유출은 정부 책임", 2014.01.29.
"국민의 뜻은 '지자체의회 폐지'", 2014.02.18.
"법관의 양심적 행동 바란다", 2014.03.10.
"한글이 흔들리고 있다", 〈경인일보〉, 2014.03.14.
"실망스러운 '국가 재난대책' 방송 보도", 2014.04.23.
"교육감은 '능력' 보고 뽑아야", 2014.05.28.
"논문의 현실과 학문의 발전", 2014.09.17.
"한일관계에서 얻어야 할 교훈", 〈아시아경제〉, 2014.09.19.
"군대문제, 교육으로 풀어야", 〈한국일보〉, 2014.10.01.
"안전 불감증 국민이 타파해야", 2014.11.04.
"국가시험 출제오류는 출제위원 탓", 2014.11.24.
"대학의 성적에 대한 인식 재고해야", 2015.01.27.
"대학 오리엔테이션 교내에서 이뤄져야", 2015.02.17.

"인문학은 바른 인간양성과 국제경쟁력의 원천", 2015.03.03.
"취업과 대학의 개혁", 2015.03.23.
"'김영란법' 적용대상에 공사구별은 불필요", 2015.03.31.
"한글운용에 한자의 도움 필요치 않아", 2015.04.21.
"뉴스가 국민에 전할 희망은 없는가", 2015.05.19.
"'메르스' 사태와 국민의 의식수준", 2015.06.24.
"배신과 소신", 2015.07.14.
"'롯데' 사태를 보며", 2015.08.11.
"일본의 사죄보다 중요한 것은 우리의 자세", 2015.09.08.
"개혁의 대상 적절한가", 2015.09.22.
"갑의 횡포는 갑을 용인하는 사회의 책임", 2015.11.17.
"국회의원 당선횟수 제한해야", 2015.12.22.
"새로운 국제 감각 만들어야", 2016.01.06.
"'국회의원 권한' 제3기구서 만들어야", 2016.07.27.
"제자 배려 교육행위가 부정청탁 대가라니", 2016.09.21.
"부적절한 외국어사용은 한국어에 대한 무지함의 표출", 2016.11.21.
"사드배치, 한국의 미래 내다봐야", 2017.01.09.
"시대흐름 올바로 읽는 국가정책이어야", 2017.06.07.
"선거법·부정청탁금지법 개정해야", 2017.06.14.
"국제관계는 생존전략이어야", 2017.07.10.
"'반려견'은 적절한 표현인가", 2017.08.18.
"동물보호의 전제는 사람의 안전과 이해", 2017.09.07.
"외국어는 시기를 놓치면 하기 힘든 공부", 〈인하대학신문〉, 2017.10.16.
"아직도 권력 앞에 무기력한 한국사회", 2017.11.02.
"국민 일상 위협하는 적폐해소가 더 절실", 2018.01.03.
"세금은 걷기만 하면 되나", 2018.02.14.
"아파트 관리 새로운 제도 도입해야", 2018.04.25.
"'여론조사'라 하지 말고 '의견조사'로 바꿔야", 2018.05.23.
"공간 재배치를 위한 연구 절실", 〈인하대학신문〉, 2018.06.03.
"지방선거 후보선택은 인품·주변인물 살펴야", 2018.06.06.
"폐지가 옳은 전기세 누진제", 2018.08.15.
"규제할 방송이 어디 '먹방'뿐인가?", 2018.08.29.
"순기능 못하는 댓글 폐지해야", 2018.10.24.
"서해의 평화정착 없이 인천시의 자치구현은 불가", 〈인천저널〉, 2018.10.30.
"4년의 짧은 대학생활, 학업에 빠져보면", 〈인하대학신문〉, 2018.12.03.
"북경과 나고야를 보며", 2018.11.21.
"혈세인 국회 예산 심의, 납세자 안중에 없어", 2018.12.19.
"부동산정책이 증세 위한 꼼수인가", 2019.01.16.

"한일관계의 현재에서…", 2019.02.20.

"국회의원의 분노조절장애", 2019.03.20.

"수도권 신도시주택정책 당장 중단해야", 2019.05.15.

"국가가 늘 싸우고 사는 국민 만들어", 2019.06.12.

"애국의 방법, 국민의 선택에 맡겨야", 〈경기일보〉, 2019.07.22.

"방송이 국민의 바른 언어 해쳐", 2019.07.26.

"매각대금 한국이 일본에게 돌려주면", 2019.08.02.

"국민통합의 정치 절실하다", 2019.08.16.

"국제관계의 새 틀 대학생들이 모색하길", 〈인하대학신문〉, 2019.09.02.

저자 **모세종**

명 력 ・전주고등학교
・한국외국어대학교
・日本) 筑波大學 (석사 / 박사)

경 력
대 학 ・인하대학교 교수(1995~현재)
・인하대학교 대외협력처장 겸 유학생센터장 역임
학 회 ・한국일본언어문화학회 편집위원장(2019~현재)
・한국일본언어문화학회 회장(2014~2018)
사회활동 ・사단법인 동북아비전21 이사장(2007~현재)
・인천국제교류재단(인천광역시 출연기관) 이사(2010.12~2014.11)
・경인방송 사회이사(2013.3~2015.3)
・경인방송 파워인터뷰 "모세종교수가 만난 사람들" 진행(2012.1~2014.1)

모세종의 오피니언

초판인쇄 2020년 3월 11일
초판발행 2020년 3월 25일

저　　자 모세종
발 행 인 윤석현
발 행 처 제이앤씨
등록번호 제7-220호
우편주소 서울시 도봉구 우이천로 353 성주빌딩 3F
대표전화 (02) 992-3253
전　　송 (02) 991-1285
전자우편 jncbook@daum.net
책임편집 박인려

ⓒ 모세종, 2020, Printed in KOREA.

ISBN 979-11-5917-154-3 (03300)　　　　　　　　　정가 20,000원

This work was supported by INHA UNIVERSITY Research Grant